U0654082

管理研究丛书

国家自然科学基金重点项目（71333010）
气候变化背景下低碳农林业发展战略及政策研究：基于作用、潜力和成本效益的分析

中国对外贸易与二氧化碳排放关系研究

许 源　顾海英 - 著

A Study on the Relations Between Chinese Foreign Trade and CO_2 Emission

上海交通大學出版社
SHANGHAI JIAO TONG UNIVERSITY PRESS

内容提要

在气候变化的背景下，如何在经济发展的同时减少二氧化碳排放已经成为世界各国所共同面临的问题。本书运用投入产出法和计量经济学方法对中国对外贸易与二氧化碳排放关系进行实证研究，结果表明，虽然中国对外贸易中隐含了大量的二氧化碳，但是其有利于二氧化碳排放的减少，中国的二氧化碳排放增长的根源不在于对外贸易；中国的环境规制对中国碳密集型行业的出口贸易有着显著的负影响，中国存在污染避难所效应，但不存在污染避难所假说。因此，中国政府应将控制二氧化碳排放的政策重点放在转变经济增长方式、调整产业结构和能源结构以及提高能源利用效率等方面，同时实施适度严格的环境规制。

图书在版编目(CIP)数据

中国对外贸易与二氧化碳排放关系研究 / 许源，顾海英著．—上海：上海交通大学出版社，2019

ISBN 978-7-313-22133-9

Ⅰ．①中…　Ⅱ．①许…②顾…　Ⅲ．①对外贸易-二氧化碳-排气-研究-中国　Ⅳ．①F752

中国版本图书馆 CIP 数据核字(2019)第 230944 号

中国对外贸易与二氧化碳排放关系研究

ZHONGGUO DUIWAI MAOYI YU ERYANGHUATAN PAIFANG GUANXI YANJIU

著　　者：许　源　顾海英

出版发行：上海交通大学出版社　　地　　址：上海市番禺路 951 号

邮政编码：200030　　电　　话：021-64071208

印　　刷：当纳利(上海)信息技术有限公司　　经　　销：全国新华书店

开　　本：710mm×1000mm　1/16　　印　　张：12.5

字　　数：221 千字

版　　次：2019 年 12 月第 1 版　　印　　次：2019 年 12 月第 1 次印刷

书　　号：ISBN 978-7-313-22133-9

定　　价：78.00 元

前言

气候变化已经受到当今人类社会的普遍关注，而人为活动导致的温室气体浓度增加“很可能”(90%以上的可信度)是导致气候变化的主要原因。当温室气体(主要是二氧化碳)的浓度超过550×10^{-6}时，会导致全球气候变暖，冰川融化、海平面上升，病毒增加、物种减少，气候灾害频繁等。因此，削减二氧化碳的排放量、遏制全球气候变化是世界各国共同的责任。为了应对全球气候变化带来的挑战，1992 年《联合国气候变化框架公约》(UNFCCC)明确提出了“控制大气中温室气体浓度上升，减少二氧化碳排放是国际社会共同的责任和义务”；1997 年，UNFCCC 框架下的第 3 次缔约方大会通过的《京都议定书》中以法律约束力的形式控制温室气体的排放；2015 年，第 21 次缔约方大会通过的《巴黎协定》则明确了全球共同追求的主要目标：将 21 世纪全球平均气温上升幅度控制在 2℃以内，并将全球气温上升控制在前工业化时期水平之上 1.5℃以内，认为这将大大减少气候变化的风险和影响。

作为世界上负责任的大国，中国始终积极建设性地参与气候变化国际谈判，尤其是 2009 年在哥本哈根举行的第 15 次缔约方大会上，我国积极地做出重要承诺：到 2020 年，我国单位国内生产总值(gross domestic product, GDP)的二氧化碳排放量比 2005 年下降 40%～45%，并将其作为约束性指标纳入国民经济和社会发展中长期规划。在作为实施《巴黎协定》所制订的行动计划——“国家自主贡献”中，中国又进一步确立了减排目标：到 2030 年左右，二氧化碳排放达到峰值并争取尽早达峰；单位国内生产总值二氧化碳排放比 2005 年下降 60%～65%等。①目前，中国到 2020 年的上限目标已提前 3 年完成，②但必须清醒地认识到，这只

① 文中数字摘引自中华人民共和国国家发展和改革委员会于 2015 发布的文件——《强化应对气候变化行动——中国国家自主贡献》。

② 据《中国应对气候变化的政策与行动 2018 年度报告》显示，2017 年中国单位 GDP 的二氧化碳排放量比 2005 年下降约 46%。

是说明我国碳排放快速增长的局面得到了初步扭转,作为世界上最大的二氧化碳排放国,中国未来仍然面临着严峻的碳减排形势。因此,大力发展低碳经济是中国未来经济发展的客观要求和战略选择。

20 世纪 90 年代中期以来,贸易与环境问题一直是国际学术界关注和研究的热点问题之一。改革开放以来,中国经济经历了 40 年的高速增长,而与此相伴的是对外贸易的高速增长和二氧化碳排放的急剧增加,现在中国已经是世界上最大的对外贸易国(2013 年)和二氧化碳排放国(2006 年)。从理论上讲,贸易与环境相互影响:不仅贸易会影响环境质量,而且环境规制反过来也会影响贸易。那么,在气候变化和低碳经济的背景下,中国对外贸易与二氧化碳排放之间有着怎样的关系?中国因生产对外贸易中的产品而排放了多少二氧化碳,其行业分布及国别流向如何?中国会不会因为发展对外贸易而增加了二氧化碳排放,或者为控制或减少二氧化碳排放而影响到对外贸易发展呢?另外,中美贸易摩擦正在不断升级,从碳排放的角度看,中国为美国承担了多少二氧化碳减排责任呢?研究这些问题,对于中国如何通过制定贸易政策,调整贸易结构,保持对外贸易持续健康地发展,缓解日益增加的二氧化碳排放压力,应对后京都时代的国际气候谈判乃至中美贸易争端谈判具有重要的理论价值和现实意义。

本书运用投入产出法和计量经济学方法对上述问题进行研究,其目的旨在协调中国对外贸易与二氧化碳排放之间的关系,希望中国在经济贸易发展的同时,尽量减少二氧化碳排放。本书的主要内容集中在中国对外贸易的隐含碳、中国对外贸易的碳排放效应、环境规制对中国碳密集型行业出口贸易的影响等 3 个方面。

总体上,中国对外贸易隐含了大量的二氧化碳排放且排放量不断增长,而中间投入的进口为国内生产节省了越来越多的二氧化碳排放;从行业结构看,中国各行业的二氧化碳排放系数在逐步减小,中国对外贸易的行业结构有助于减少二氧化碳排放,但 2000 年后对外贸易对节能减排的贡献度在减小;从国别或地区流向看,近 10 年来美国已经成为中国最大的净出口隐含碳接受地,中美双边贸易中中国"碳贸易逆差"年均达到 3.86 亿吨二氧化碳,相当于美国对《巴黎协定》承诺的年均温室气体减排量的 49%,中国为美国承担了大量的碳减排责任。由于中国非碳密集型的清洁行业比碳密集型行业更具有比较优势,中国对外贸易显著减少了二氧化碳排放量和二氧化碳排放强度,中国二氧化碳排放增长的根源不在于对外贸易。中国环境规制在世界范围内处于中等水平,其对中国碳密集型行业的出口贸易有着显著的负影响,中国存在污染避难所效应。然而,中国环境规制并没有严格到导致中国的碳密集型行业向国外转移，污染避难所假说在中国不成立；同时，中国也没有成为国外的污染行业避难所。

因此，中国应该转变经济增长方式，调整产业结构和能源结构，提高能源利用效率，同时进一步优化贸易结构，扩大对外贸易对碳减排的贡献度，以缓解中国的碳排放压力，在后京都时代的国际气候谈判乃至中美贸易争端谈判中拥有更大的主动权。另外，从环境规制对出口贸易的影响角度看，中国环境规制的加强还有一定的空间，不必降低环境规制以获取碳密集型产品的国际竞争力，而应该根据经济贸易发展水平适度加强环境规制，同时各行业应该加强技术创新，以降低生产成本尤其是环境成本，提高国际竞争力。

许　源　顾海英

2019 年 8 月 18 日

目 录

第 1 章　导　论

1.1　研究背景与意义

气候变化已经受到当今人类社会的普遍关注，而世界各国大量排放的二氧化碳等 6 种温室气体则是导致气候变化的根源之一，[①]在经济发展的同时如何减少二氧化碳排放已经成为世界各国面临的共同问题。为了应对全球气候变化带来的挑战，国际社会一直在不懈努力，特别是 1992 年联合国环境与发展大会首次提出了“可持续发展”(sustainable development)的理念，签署了《联合国气候变化框架公约》(UNFCCC)，明确提出了控制大气中温室气体浓度上升，减少二氧化碳排放是国际社会共同的责任和义务；1997 年 UNFCCC 框架下的第 3 次缔约方大会签署的国际条约《京都议定书》以法律约束力的形式来控制温室气体排放。这样，碳排放空间逐渐成为一种稀缺资源，在一定程度上决定了经济的发展模式，而伴随着气候变化问题而来的低碳经济作为一种新的经济模式初露端倪。

然而，随着中国经济快速增长的是对外贸易的快速增长和二氧化碳排放的急剧增加：中国进出口总额从 1990 年的 5 560.1 亿元上升到 2012 年的 28 102.5 亿元(1990 年不变价)，年均增长 18.4%；[②]贸易开放度(进出口贸易总额占 GDP 的比例)从 1990 年的 29.8%增加到 2012 年的 47.0%，最高达到 65.2%(2006 年)；[③]中国的二氧化碳排放量从 1990 年的 21.78 亿吨上升到 2012 年的 81.06 亿吨。[④] 如图 1 - 1 所示，中国对外贸易开放度与二氧化碳排放之间似乎存在着正相关关系。

---

① 《京都议定书》规定的 6 种温室气体包括二氧化碳(CO_2)、甲烷(CH_4)、氧化亚氮(N_2O)、六氟化硫(SF_6)、氢氟碳化物(HFCs)和全氟化物(PFCs)，其中二氧化碳的排放量是最大的，占这 6 种温室气体总排放量的 80%(Ahmad and Wyckoff, 2003)。

② 虽然 2013—2017 年中国贸易额(1990 不变价)有所下降。

③ 原始数据来自《中国统计年鉴》，经作者计算得出。

④ 数据来源于美国能源信息署(US Energy Information Administration, EIA)。

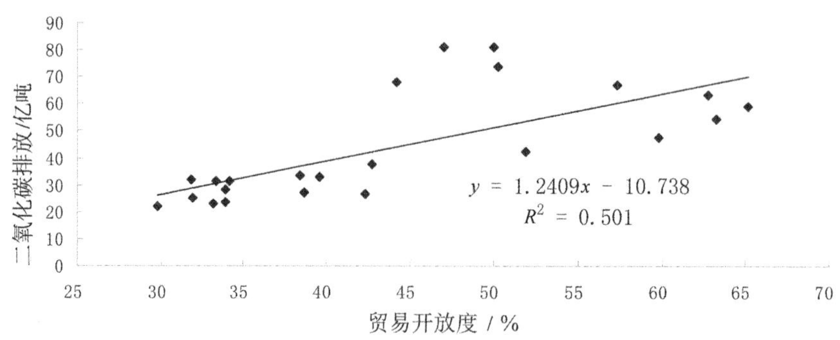

图 1－1 中国对外贸易开放度与二氧化碳排放

(资料来源:贸易开放度是根据《中国统计年鉴》数据计算,二氧化碳排放总量来源于美国能源信息署)

于是,人们就很自然地将快速增长的对外贸易与中国急剧增加的二氧化碳排放联系起来,认为对外贸易是中国二氧化碳排放增加的重要原因。有关研究文献也认为对外贸易对中国二氧化碳排放的影响不容忽视(Ahmad and Wyckoff, 2003;Wang and Watson,2007;Pan, Phillips, and Chen, 2008;张友国,2010等)。与此同时,随着"绿色贸易壁垒"的不断加强,特别是"碳关税"(carbon tariff)①概念出现以来,贸易与气候变化之间的国际争议更趋激烈,这对许多发展中国家特别是中国提出了严峻的挑战。

2010年世界银行发表的以"贸易和气候变化"为题的《2010年世界发展报告》中指出,国际贸易和气候变化两个体系的交互作用对于国际社会尤其是发展中国家而言具有特别重大的意义。在此背景下,如何协调贸易与气候变化之间的关系正吸引着越来越多的学者的关注,国际经济学界对贸易与气候变化研究也保持着日益增长的态势。如今,中国是世界上最大的国际贸易国,又是世界上最大的二氧化碳排放国之一。那么,中国对外贸易中隐含的二氧化碳到底有大?中国对外贸易对二氧化碳排放的影响到底是正面的还是负面的?同时,在低碳经济背景下,中国控制或减少二氧化碳排放对中国发展对外贸易又有何影响?带着这些问题,本书对中国对外贸易与二氧化碳排放关系进行研究,旨在协调两者之间的关系。本研究具有以下理论与现实意义:

① "碳关税"的含义是对高能耗的产品进口征收特殊的二氧化碳排放关税。其概念由法国前总统希拉克提出,用意是消除欧盟碳排放交易机制运行后欧盟的碳密集型产品可能遭受的不公平竞争。2009年6月26日,美国众议院通过《美国清洁能源安全法案》,提出从2020年开始对来自中国、印度等未承担约束性温室气体减排的主要发展中国家的进口产品征收"碳关税"。

(1) 系统地评估中国对外贸易中的隐含碳,包括中国总体上生产排放、消费排放与出口、进口、净出口中的隐含碳、中间投入品的进口与再出口隐含碳,以及中国对外贸易隐含碳的行业结构、国别(地区)流向乃至中美双边“碳贸易”问题。这对于中国如何通过制定贸易政策,调整贸易结构,以控制乃至减少中国出口贸易中的隐含碳,增加进口贸易中的隐含碳,缓解日益增加的二氧化碳排放压力,应对后京都时代的国际气候谈判乃至中美贸易争端谈判具有重要的现实意义。

(2) 实际上中国对外贸易到底对二氧化碳排放产生了怎样的影响?在气候变化背景下,客观地评价中国对外贸易的碳排放效应,对于制定中国的贸易政策具有重要的理论价值和现实意义。

(3) 在气候变化背景下,中国加强环境规制,控制乃至减少二氧化碳排放,对于中国对外贸易尤其是碳密集型行业的对外贸易到底有何影响?研究这一问题对于中国如何适度地控制乃至减少二氧化碳排放,保持对外贸易持续健康地发展有着重要的理论价值和现实意义。

1.2 研究内容

在文献综述和分析中国对外贸易现状的基础上,本书首先以投入产出理论为指导,在估算基于能源消费的中国二氧化碳的直接排放的基础上,结合构建的非竞争性投入产出模型,系统地评估中国对外贸易中的隐含碳;同时,以国际贸易与环境关系理论为指导,研究中国对外贸易的碳排放效应以及低碳经济背景下中国控制或减少二氧化碳排放对中国对外贸易的影响;最后,提出协调中国对外贸易与二氧化碳排放关系的政策建议。

本书共有 7 章,其中第 4～6 章是本书的核心部分。全书具体内容如下:

第 1 章是导论部分,主要介绍研究背景与意义、研究内容与本书的主要特色。

第 2 章是文献综述,运用归纳分析法对国内外研究现状进行述评,包括国际贸易中的隐含碳、国际贸易的环境效应以及环境规制对国际贸易的影响。

第 3 章对中国对外贸易的现状进行描述性分析,作为后面有关分析的基础,包括总体情形及其发展趋势、行业结构以及各行业的比较优势。

第 4 章运用非竞争性投入产出方法,系统地评估中国对外贸易中的隐含碳。以投入产出理论为指导,在估算基于能源消费的中国二氧化碳的直接排放的基础上,运用构建的非竞争性投入产出模型,估算并分析中国对外贸易中的隐含碳,包括总体排放、行业结构、国别(地区)流向以及中美双边“碳贸易”问题等;同时还分析了基于二氧化碳排放视角的中国污染贸易条件;最后,基于以上分析给出结论和政策含义。

第 5 章以国际贸易与环境关系的理论为指导,运用工具变量法,对中国对外贸易碳排放效应进行计量分析。首先为了解决贸易的内生性,利用外生的地理特征为中国对外贸易构建一个合适的工具变量,在此基础上分析既定经济条件下中国对外贸易对二氧化碳排放的影响;接着分析对外贸易对中国经济增长的影响,然后构建中国对外贸易对二氧化碳排放的总影响模型,分析中国对外贸易的碳排放总效应,包括直接效应和间接效应;最后,基于以上分析给出结论和政策含义。

第 6 章以国际贸易与环境关系的理论为指导,分析了以二氧化碳排放强度衡量的环境规制对中国出口贸易的影响。环境规制对国际贸易的影响可以分为污染避难所效应(pollution haven effect, PHE)与污染避难所假说(pollution haven hypothesis, PHH)。首先考虑到环境规制的内生性,选用“中国能源的生产结构”作为工具变量,检验了中国是否存在污染避难所效应;接着检验了中国是否存在污染避难所假说;最后,基于以上分析给出结论和政策含义。

第 7 章是研究结论与展望,对第 4～6 章的结果进行归纳分析,得出本研究的最终结论,并指出不足之处以及进一步的研究展望。

1.3 本书的主要特色

(1) 考虑到当今国际贸易中含有大量的中间产品,在原有文献基础上构建非竞争型投入产出模型,系统地估算中国对外贸易中的隐含碳,相对于竞争型投入产出模型来说是一个理论方法上的完善。

(2) 本研究充分考虑到了国际贸易的内生性问题,利用外生的地理特征为中国各行业的对外贸易构建了一个合适的工具变量,这为以后研究中国对外贸易与环境之间的关系问题奠定了良好的基础。

(3) 从理论上讲,国际贸易的环境效应分为直接效应和间接效应。目前研究中国对外贸易环境效应的文献,都只是研究对外贸易对环境产生的直接效应,而没有考虑到对外贸易通过经济增长对环境产生的间接效应。本书同时研究了直接效应和间接效应,这样得出的总效应相对客观地反映了对外贸易对环境的真实影响。

(4) 从产出导向的角度,运用二氧化碳排放强度构建了世界各国的环境规制的衡量方法,为相关研究打下基础。

第 2 章　文献综述

有关贸易与环境关系的研究可追溯到 20 世纪 70 年代，主要原因是受到 1972 年联合国人类环境会议的激励。根据 Huang and Labys(2002)的文献，贸易与环境的关系至少包括以下 5 个方面：①环境规制或环境政策对比较优势、专业化、产业结构调整、贸易模式和贸易条件的影响；②贸易对环境质量和福利的影响以及为达到环境目的使用的贸易政策；③为保护产业和刺激经济，作为战略贸易工具的环境政策措施的使用；④贸易政策和环境政策冲突的协调；⑤跨界污染的控制，包括废弃物贸易。受时间和个人能力的限制，结合本书的研究主题，本章仅就国际贸易中隐含的二氧化碳、国际贸易对环境的影响以及环境规制对国际贸易的影响这 3 个方面分别进行综述。

2.1　国际贸易中的隐含碳

一个国家可以通过对外贸易来消费与其生产不一致的商品，这样在一定程度上就可以将其消费与生产所产生的二氧化碳排放相分离。《京都议定书》是从生产的角度而不是从消费的角度来核算二氧化碳排放的，因此有温室气体减排任务的国家可能通过增加从无减排义务国家的商品进口，并减少本国生产而完成自己的减排任务，这样可能造成碳泄漏(carbon leakage)①，进而导致全球温室气体排放的不断增加。这一问题引起了不少研究者的关注。从 20 世纪 90 年代中期以来，有关国际贸易中的隐含碳(embodied carbon)的研究文献不断涌现。

对于国际贸易中隐含碳的研究，投入产出模型是最主要的分析工具，因为它

---

① 碳泄漏是指《联合国气候变化框架公约》附件Ⅰ缔约方采取行动减少碳排放导致非附件Ⅰ缔约方碳排放增加的现象。附件Ⅰ缔约方包括澳大利亚、奥地利、白俄罗斯、比利时、保加利亚、加拿大、克罗地亚、捷克共和国、丹麦、欧洲共同体、爱沙尼亚、芬兰、法国、德国、希腊、匈牙利、冰岛、爱尔兰、意大利、日本、拉脱维亚、列支敦士登、立陶宛、卢森堡、摩纳哥、荷兰、新西兰、挪威、波兰、葡萄牙、罗马尼亚、俄罗斯联邦、斯洛伐克、斯洛文尼亚、西班牙、瑞典、瑞士、土耳其、乌克兰、大不列颠及北爱尔兰联合王国、美利坚合众国，共 41 个缔约方。

能够有效地将二氧化碳排放与包括出口在内的最终需求结合起来,并能充分刻画经济系统中产业之间的相互关联性。投入产出方法有两种:单区域投入产出模型和多区域投入产出模型。单区域投入产出模型一般假定进口产品的二氧化碳排放系数等同于国内相同产品的二氧化碳排放系数,即进口产品是利用国内的能源投入和生产技术生产。由于一国的进口产品来源于世界上多个国家和地区,拥有不同的能源投入和生产技术,二氧化碳排放系数自然也就不同,因此单区域投入产出模型会产生准确度不高的结果。而多区域投入产出模型根据原产地的能源投入和生产技术来估算进口产品的二氧化碳排放系数,则能更准确地估算国际贸易中的隐含碳。虽然多区域投入产出模型估算的结果比单区域投入产出模型估算的结果更加准确,但是从进口替代的角度看,单区域投入产出模型估算的是本国通过进口所节约的国内的二氧化碳排放量,即进口节碳量,因此单区域投入产出模型的假设也是合理的(张友国,2010)。

受数据可得性的限制,只有极少数研究者(如 Peters and Hertwich,2006;Peters and Hertwich,2008a 等)采用多区域投入产出模型来估算贸易中的隐含碳,而绝大多数研究都是基于单区域投入产出模型展开的。基于此,本书只是就单区域投入产出模型的相关文献进行综述。根据对进口商品的处理方法的不同,投入产出模型可以分为两种:竞争(进口)型投入产出模型和非竞争(进口)型投入产出模型(以下简称"竞争型投入产出模型"和"非竞争型投入产出模型")。两者的区别是,前者没有将生产部门消耗的中间投入区分为本国生产和进口两部分,因而无法反映各生产部门与进口商品之间的联系;而后者的中间投入则分为国内生产和进口两部分,因而能够反映各生产部门与进口商品之间的联系。

2.1.1 竞争型投入产出模型

Wyckoff and Roop(1994)的研究是最早的关于国际贸易中隐含碳的文献之一,其认为许多控制温室气体排放的政策是基于减少国内的温室气体排放,这样在排放减少方案仅仅包括温室气体减排国家的情况下,就忽略了国际贸易中的隐含碳的重要性。于是,作者以 6 个最大的经济合作与发展组织(Organization for Economic Cooperation and Development, OECD)成员国(德国、法国、日本、英国、美国和加拿大)为对象,研究了 1984—1986 年国际贸易中的碳排放,结果表明:这 6 个 OECD 成员国制造业进口中的隐含碳占其碳排放总量的 13%。因此,作者认为如果仅仅依赖国内减排,则温室气体减排政策效果较差。Schaeffer and Leal de Sa(1996)运用 Wyckoff and Roop(1994)的模型,利用美国的投入产出表，并假定巴西的进出口商品的生产技术与美国一样，研究了 1970—1993 年巴西非能源商品进出口贸易中的隐含碳，结果显示 1970—1979 年巴西是隐含碳的净进口国，而 1980 年以来巴西出口的隐含碳远远大于进口，1990 年的净出口隐含碳占巴西碳总排放量的 11.4%，约为 830 万吨。发达国家通过进口大量的能源密集型商品，把本国的碳排放转移到了发展中国家。Young(2000)估算了巴西 1985—1996 年出口贸易中隐含的当地污染排放(水污染和空气污染)与 1990—1994 年出口贸易中的隐含碳。通过对比分析，作者认为出口导致了排放增加，至少就巴西的经验来说，不惜代价的出口扩张与环境标准的退化存在着联系。

Munksgaard, Pedersen, and Wien(2000)从家庭消费角度将二氧化碳排放分为直接排放(家庭能源消费产生的排放)和间接排放(家庭需要的非能源产品的生产排放)，假设进口产品的生产技术等于丹麦的生产技术，运用竞争型投入产出模型估算了丹麦 1966—1992 年的家庭消费对二氧化碳排放的影响。研究发现，家庭能源消费是二氧化碳排放增长的主要驱动力；虽然直接排放超过了间接排放，但是间接排放是总排放的重要组成部分，非能源产品的二氧化碳排放增长 15%的主要原因是私人消费的全面增长。Machado, Schaeffer, and Worrell (2001)认为国际贸易是影响一个国家的产业结构进而影响其能源使用和二氧化碳排放的重要因素，假设国内外的二氧化碳排放系数相同，利用竞争型投入产出方法估算了 1995 年巴西国际贸易中隐含的能源使用和二氧化碳排放。结果表明：巴西非能源商品存在隐含能与隐含碳的净出口，其分别占总能源使用的 2.3%与总能源使用产生的碳排放量的 3.6%，且巴西每单位美元出口商品中的隐含能和隐含碳比单位美元进口商品中的隐含能和隐含碳分别高出 40%和 56%。Ahmad and Wyckoff (2003)认为《京都议定书》是从国内生产角度来计算排放的，而且规定的温室气体减排目标是以 1990 年的排放水平为基准的，但是国家的排放水平可能由于生产转移和进口替代等许多因素而发生变化：如果《联合国气候变化框架公约》附件Ⅰ缔约方从非附件Ⅰ缔约方进口来满足国内需求，而且进口的是别国生产的排放强度比国内生产的排放强度更大的产品，那么全球排量将会更高。于是，在考虑进口商品来源国的生产技术而不是用进口国的生产技术替代的情况下，通过研究 1995 年 24 个 OECD 成员国的国内需求与国内生产的二氧化碳排放来探究了国际贸易的作用。结果表明：这 24 个国家的国内需求所排放的二氧化碳比其国内生产所排放的二氧化碳高出 5%，占全球二氧化碳总排量的 80%。

Shui and Harriss(2006)研究了 1997—2003 年美中贸易对二氧化碳排量的影

响。结果表明:①中国向美国出口商品产生的二氧化碳排量由 1997 年的 2.13 亿吨增加到 2003 年的 4.97 亿吨,如果美国从中国进口的产品在其国内生产,美国的二氧化碳排放将增加 3%～6%;②中国每年二氧化碳排放总量的 7%～14%是为满足美国的消费需求的结果;③由于中美存在技术水平和能源结构的差距,美中贸易增加了全球 7.20 亿吨的二氧化碳排量。因此,对于减少美中两国的贸易不平衡以及缓解全球的二氧化碳排放来说,美国向中国出口清洁生产和能源效率的技术可能是一个双赢的战略。需要说明的是,该文对投入产出方法并没有清楚地阐述,只是说明计算中国二氧化碳排量所需要的二氧化碳排放系数是通过中美两国的能源消费结构对比得出的比例乘以美国二氧化碳排放系数而得到的;而美国的二氧化碳排放系数则来自卡内基梅隆大学开发的经济投入产出生命周期软件(economic input output-life cycle assessment, EIO-LCA)。

Kander and Lindmark(2006)用竞争型投入产出法考察了 1955—2000 年瑞典对外贸易中的隐含能和隐含碳情况,研究发现:1970 年以来瑞典一直是隐含能和隐含碳的净出口国。因此作者认为瑞典国内的污染减少可能是因为本国技术效率的提高、消费结构的转变和能源系统的改革,并未通过国际贸易转移国内的环境压力。Mongelli, Tassielli, and Notarnicola(2006) 研究意大利 20 世纪 90 年代国际贸易中的隐含碳,特别是碳泄漏问题,同时运用净出口占消费的比例这一指标来验证污染避难所假说。结果表明意大利存在着碳泄漏现象:20 世纪 90 年代,意大利进口商品的隐含碳年均增长速度为 6.8%,其中从发展中国家(非附件Ⅰ国家)和经济转型国家进口输入的隐含碳年增长率分别达到 8%和 11%,高于从发达国家进口输入的隐含碳年增长率 6%;全球近 25%的进口隐含碳是来源于发展中国家和经济转型国家。另外,没有发现支持污染避难所假说的证据。作者认为,没有反映不同国家的技术特征是其文章的一个缺陷。

齐晔、李惠民、徐明(2008)是早期研究国际贸易中的隐含碳的,其利用竞争型投入产出方法,分别用中国与日本的耗碳水平估算了 1997—2006 年中国进出口贸易中的隐含碳,发现隐含碳净出口占当年碳排放总量的比例分别从 1997 年的 0.5%与 12%上升到 2006 年的 10%与 29.28%。作者认为,无论是生产者还是消费者,都应该对气候变化负责。张晓平(2009)利用 2002 年中国投入产出表与中国海关货物进出口商品分类数据,运用竞争型投入产出方法研究了 2000—2006 年中国对外贸易中的隐含碳,结果表明中国出口商品中的隐含碳从 2000 年的 9.6 亿吨增加到 2006 年的 19.1 亿吨,每年占全国总排量的比重基本为 30%～35%,净出口隐含碳从 2.3 亿吨增加到 7.2 亿吨,中美与中欧贸易顺差是产生碳排放净出口的主要原因。Yan and Yang (2010) 利用1997年的中国投入产出表,运用竞争型投入产出模型估计了1997—2007年中国对外贸易中的隐含碳,发现中国出口贸易隐含碳从1997年的3.14亿吨增加到2007年的17.25亿吨,分别占中国的二氧化碳总排量的10.03%和26.54%;而进口贸易隐含碳从1997年的1.38亿吨增加到2007年的5.88亿吨,分别占中国的二氧化碳总排量的4.40%和9.05%。Liu and Ma(2011)运用竞争型投入产出方法研究了2007年中国对外贸易的隐含碳,结果表明2007年中国碳排量净出口为4.84亿吨,占中国生产碳排量的8.59%;净出口最大的行业依次为纺织业、金属冶炼、金属制品等,最大的净出口接受地依次为我国香港地区和美国、荷兰、英国、新加坡等。

2.1.2 非竞争型投入产出模型

Kondo and Moriguchi (1998) 按"比例等同法"将进口产品分离出中间投入和最终需求,编制非竞争型投入产出表,并从进口替代的角度假设进口的二氧化碳排放强度等于日本国内的排放强度,估算了日本1975年、1980年、1985年和1990年进出口贸易中的隐含碳。研究发现:直到1985年日本的出口贸易中的隐含碳排放都大于其进口贸易中的隐含碳,而到1990年情况发生了逆转。Munksgaard and Pedersen(2001) 从进口替代的角度假设进口的生产技术与丹麦国内的生产技术一样,利用丹麦的投入产出表,基于生产和消费两种核算方法估算了1966—1994年丹麦的碳排量及其贸易差额,结果表明对外贸易对二氧化碳排量有着重要的影响,作者认为对外贸易目标与二氧化碳排放目标的冲突导致要达到国家的二氧化碳排放目标变得更加困难。Sanchez-Choliz and Duarte (2004) 从进口替代的角度假设国内外的二氧化碳完全排放系数相同,利用西班牙的投入产出表,比较系统地分析了1995年西班牙对外贸易中包括再出口产品在内的隐含碳排放问题。研究表明:运输业、采矿和能源业、非金属矿物、化学产品和金属制品是最大的二氧化碳出口部门,而其他服务业、建筑业、运输业和食品业是最大的二氧化碳进口部门;西班牙国际贸易中存在隐含碳的净出口,虽然净出口隐含碳仅占西班牙国内总排量的1.31%,但进口和出口的隐含碳分别占到总需求排量的36%和37%左右。Tunc, Türüt-Asik, and Akbostanci (2007)按"比例等同法"将进口产品分离出中间投入和最终需求,从进口替代的角度假设国内外的二氧化碳完全排放系数相同,估算了1996年土耳其各行业与总体的二氧化碳排放(即生产排放)以及二氧化碳责任(即消费排放),结果表明:土耳其二氧化碳排量为3.00亿吨,二氧化碳责任为3.42亿吨,碳责任比碳排量高出14%;二氧化碳排放与责任最大的是制造业,最小的是农业。作者认为,因为碳泄漏会低估整个世界的温室气体排放,所以基于排放水平的国际温室气体限制是不可靠的,二氧化碳责任似乎是比排放水平更合适的限制措施。Mäenpää and Siikavirta (2007)运用139个部门的非竞争型投入产出模型,分别采用芬兰国内的二氧化碳排放强度以及Ahmad and Wyckoff (2003)得出的24个国家的二氧化碳排放系数数据作为芬兰进口的二氧化碳排放系数,研究了芬兰1999年国际贸易中的温室气体排放与1990—2003年的发展趋势,结果发现两者的差别较小:1999年芬兰进口的二氧化碳总排量分别为3 380万吨与3 440万吨,净出口总排量分别为420万吨与360万吨。1990年以来,由于贸易盈余而不是贸易结构变化导致芬兰逐渐成为温室气体的净出口者。

Weber et al.(2008) 按“比例等同法”将进口产品分离出中间投入和最终需求,从进口替代的角度假设国内外的二氧化碳完全排放系数相同,利用非竞争型投入产出模型计算了中国出口中的隐含碳,结果发现1987—2005年我国出口中的隐含碳占生产总排量的比例由1987年的12%(2.30亿吨)增加到2005年的33%(17.00亿吨),发达国家的消费需求是驱动增长的主要因素。Pan, Phillips, and Chen(2008)按“比例等同法”从进口产品中分离出中间投入和最终需求,将2002年中国投入产出表转换成非竞争型投入产出表,用进口来源地的二氧化碳平均排放强度作为进口产品的二氧化碳排放系数,通过评估中国对外贸易中的隐含碳研究了中国对外贸易在气候变化中的作用,发现生产排放与消费排放之间有着巨大的差异:2006年以生产为基础的二氧化碳排量与以消费为基础的二氧化碳排量从55.00亿吨减少到38.40亿吨,净出口所产生的16.60亿吨的二氧化碳排量主要是满足发达国家的消费。因此,以消费为基础的核算方法是解决碳泄漏问题的可行办法。陈迎、潘家华、谢来辉(2008)按“比例等同法”从进口产品中分离出中间投入和最终需求,将中国2002年投入产出表转换成非竞争型投入产出表,并假设国内外能源消耗的二氧化碳排放强度相同,研究了2002年中国外贸进出口商品中的内涵能源问题;另外,假设部门之间投入产出关系基本不变,根据平均能源强度的变化趋势进行一定的修正,同时考虑汇率变动对外贸的影响,将研究外推到2003—2006年进行时间序列的分析。结果表明:2002年中国出口、净出口的隐含能源总量达4.1亿吨、2.4亿吨标准煤,净出口隐含碳为1.5亿吨;到2006年隐含能净出口约为6.3亿吨标准煤,比2002年增长了162%。姚愉芳、齐舒畅、刘琪(2008)按“比例等同法”将进口产品分离出中间投入和最终需求,编制中国2005年非竞争型投入产出表,从进口替代的角度假设国内外生产相同产品的能源消费量相同，对出口、进口贸易与经济、就业、能源等关系的计算方法进行了探讨。结果表明：2005 年中国出口贸易中的隐含碳比进口贸易节省的二氧化碳多出 6.64 亿吨，认为出口贸易结构偏重，需要调整。魏本勇等(2009)将国家统计局公布的投入产出表按“比例等同法”转换成非竞争型投入产出表，运用非竞争型投入产出模型研究了中国 2002 年对外贸易的隐含碳，发现 2002 年中国为对外贸易隐含碳的净出口国：若分别以中国的二氧化碳完全排放系数和日本的二氧化碳完全排放系数作为进口产品的二氧化碳完全排放系数，则中国净出口的隐含碳分别为 0.23 亿吨和 1.68 亿吨，分别占国内一次性能源消费碳排放总量的 2.03% 和 15.09%。其中，出口的隐含碳为 2.61 亿吨，约占当年国内一次性能源消费碳排放量的 23.45%。Lin and Sun (2010) 按“比例等同法”分离出进口的中间产品，将 2005 年中国投入产出表转换成非竞争型投入产出表，从进口替代的角度假设国内外的二氧化碳完全排放系数相同，运用非竞争型投入产出模型估计了 2005 年中国对外贸易中隐含的二氧化碳排量，发现中国出口贸易隐含碳为 33.57 亿吨，而进口贸易隐含碳为 23.33 亿吨，这意味着中国生产排量大于消费排量，作者认为这也是在当前的气候政策和国际贸易规则下碳泄漏发生的证据。李小平、卢现祥(2010)利用了 OECD 提供的投入产出表，运用 Sanchez-Choliz and Duarte(2004)构建的非竞争型投入产出模型，并从进口替代的角度假定国内外的二氧化碳完全排放系数相同，研究了 1995 年、2000 年与 2005 年中国工业行业对外贸易中的隐含碳，结果发现在中国出口产品的隐含碳中，国内生产的二氧化碳所占比例逐步减少。张友国(2010)在国家统计局公布的投入产出表的基础上编制了 1987—2007 年中国非竞争型投入产出表，并从进口替代的角度假设进口产品是用进口国的技术生产，在此基础上估算了 1987—2007 年中国的贸易含碳量及其行业分布和国别(地区) 流向，并通过结构分解分析了六大因素对其变化的影响。结果表明，自 2005 年以来，中国已经成为碳的净输出国。贸易含碳量的迅速增加主要是由贸易规模的增长带来的，不断降低的部门能源强度则是抑制其增加的主要因素，而进出口产品结构、投入结构、能源结构及碳排放系数的变化对其影响较小。邱强、李庆庆(2012)将国家统计局公布的投入产出表中的进口产品按照同一比例拆分得到进口的中间投入，编制了非竞争型投入产出表，并按照中国前 10 位进口来源地与中国相对的二氧化碳完全排放系数乘以相应的进口份额加权得到进口产品的二氧化碳完全排放系数，在此基础上运用非竞争型投入产出模型，测算了 2002—2007 年中国进出口贸易中的隐含碳，结果表明从 2002 年的 1.38亿吨增加到 2007 年的 3.13 亿吨，中国净出口隐含碳迅速扩大。

2.1.3 述评

如前所述,单区域投入产出模型估算结果的准确度不如多区域投入产出模型。为了克服这一不足而尽可能获得更准确的研究结果,一些学者对单区域投入产出分析框架进行了改进,例如:Ahmad and Wyckoff(2003),Mäenpää and Siikavirta(2007),Pan, Phillips, and Chen (2008),邱强、李庆庆(2012)等考虑了进口国家的生产技术或用进口来源地的平均二氧化碳完全排放系数来估算进口中的隐含碳;Shui and Harriss(2006) 计算中国二氧化碳排量所需要的二氧化碳排放系数是通过中美两国的能源消费结构对比得出的比例乘以美国二氧化碳排放系数而得到的;齐晔、李惠民、徐明(2008),魏本勇等(2009)等分别以中国和日本的二氧化碳完全排放系数作为进口产品的二氧化碳完全排放系数来估算进口产品的二氧化碳排量,并把估算结果分别作为中国二氧化碳净出口的下限值和上限值。以上这些改进从一定程度上弥补了单区域投入产出模型相对于多区域投入产出模型的不足,但是其对进口产品的二氧化碳完全排放系数的估算依然不够准确。因此,有学者认为,可以从另一角度来理解这两种模型所估算的进口隐含碳的含义:从进口替代的角度看,单区域投入产出模型估算的是本国通过进口所节约的在国内生产的二氧化碳排量,即进口节碳量;而多区域投入产出模型估算的是进口品原产地为生产这些产品所产生的二氧化碳排量,即进口含碳量(张友国,2010)。也正因为如此,大多数文献都是从进口替代的角度来估算国际贸易中的隐含碳。

众所周知,在开放经济条件下,一个国家不仅从国外进口产品,而且进口的产品除了满足最终消费,还用于国内生产投入;从国外进口的中间投入所生产的产品,既用于满足国内最终消费,也用于满足出口。在上述文献中,有许多文献是运用竞争型投入产出模型来研究国际贸易中的隐含碳,由于没有将生产部门消耗的中间投入区分为本国生产和进口两部分,因而无法反映各生产部门与进口商品之间的联系,而当代国际贸易中有着大量中间投入的交易,因此竞争型投入产出模型的文献有一个缺陷:无法区分国内生产的产品中有多少是使用从国外进口的中间投入来进行生产的,进而没有考虑到出口产品中所隐含的国外生产所排放的二氧化碳,从而高估了国内生产和出口产品中的隐含碳;同样也就没有考虑到进口产品中有多少中间投入是用来生产出口产品的,从而高估了国内消费和进口产品中的隐含碳。而有关非竞争型投入产出模型的文献由于将生产部门消耗的中间投入区分为本国生产和进口两部分,从而考虑到了在垂直专业化国际分工的背景下中间投入的进口在国际贸易中的作用,因此相对来说这无疑是一大进步。

对于上述非竞争型投入产出模型的文献,也存在以下 3 个方面的缺点:

(1) 许多文献构建的非竞争型投入产出模型不够彻底。如 Sanchez-Choliz and Duarte(2004)、Weber et al.(2008)等虽然采用了非竞争型投入产出模型,但其构建的非竞争型投入产出模型只是将进口产品分为中间投入和最终需求两部分,而对于国内生产所需的中间投入却并没有区分清楚哪些是来自本国的以及哪些是来自进口的,这样当然也就没有将出口中的国内实际出口和进口中间投入的出口彻底分开,也就不是真正意义上的非竞争型投入产出模型。

(2) 虽然采用了非竞争型投入产出模型,但是大多数文献都只是研究了一个国家整体上国际贸易某一方面如出口贸易、进口贸易、进出口贸易或净出口中的隐含碳,而全面研究一个国家总体上生产、消费、出口、进口、净出口隐含碳以及中间投入品的进口与再出口中的隐含碳乃至国际贸易隐含碳的行业分布与国别(地区)流向的文献则很少。

(3) 为了获取非竞争型投入产出表,大多数文献采用"比例等同法"将进口产品分为中间投入和最终需求,来编制非竞争型投入产出表,这样的做法难免有误差;而李小平、卢现祥(2010)则直接利用了 OECD 提供的非竞争型投入产出表,则不失为一个较好的方法。

综上所述,在国际贸易隐含碳的研究中,一些文献运用竞争型投入产出模型,而另一些文献则运用非竞争型投入产出模型,虽然同一模型的具体情形各有不同,但相对于前一模型来说后一模型毫无疑问是一大进步。因此,本书构建非竞争型投入产出模型来研究中国对外贸易中的隐含碳,同时克服了以往文献采用这一模型的 3 个缺点:彻底地将中国生产部门消耗的中间投入区分为本国生产和进口两部分,结合 OECD 提供的中国非竞争型投入产出表,系统且精确地评估中国对外贸易中的隐含碳,包括中国总体上生产、消费、出口、进口、净出口隐含碳、中间投入品的进口与再出口隐含碳,以及中国对外贸易隐含碳的行业分布与国别(地区)流向乃至中美双边"碳贸易"问题。

2.2　国际贸易对环境的影响

国际贸易对环境的影响来自两方面:一是国际贸易引致的经济增长对环境的影响;二是既定收入水平上国际贸易对环境的影响(Frankel, 2003)。

2.2.1 国际贸易引致的经济增长对环境的影响

许多学者认为经济增长与环境之间呈现出环境库兹涅茨曲线(environmental Kuznets curve, EKC)。原始的库兹涅茨曲线(Kuznets curve)描述的是人均收入水平与收入不平等之间的关系。1954 年,在美国经济协会第 67 届年会上,库兹涅茨(Simon Kuznets)做了“经济增长与收入不平等”的主题演讲。他认为随着人均收入的增加,收入不平等也随之增加,但当人均收入达到一定水平后,这种不平等将达到顶峰;随着人均收入的进一步提高,收入不平等反而下降,收入趋向均衡(Kuznets, 1955)。后来,人均收入水平与收入不平等之间呈现的这种倒 U 形关系被称为库兹涅茨曲线。20 世纪 90 年代以后,一些经济学家发现经济增长和环境污染也呈倒 U 形曲线关系:在人均收入较低的阶段,经济增长会导致较高的环境污染;当人均收入达到某个临界点(拐点)后,经济增长会使得环境污染越来越低,环境状况得以改善。Panayotou(1993)第一次把环境污染与人均收入之间的倒 U 形曲线关系称为环境库兹涅茨曲线。环境库兹涅茨曲线背后的思想是,在工业化的初级阶段、经济增长会增加空气和水污染,当国家足够富裕能够支付治理环境费用的时候,经济增长会减少污染。主要的理论解释是虽然生产技术使得某种污染不可避免,但是随着经济的增长,人们对环境质量的需求会增加,在较高的人均收入水平上,经济增长提高了公众对环境质量的需求,这种需求会转变为环境规制,有效的环境规制会使得环境更加清洁。另一种可能的解释是环境库兹涅茨曲线是由经济发展的阶段从农业经济向制造业转而向服务业过渡所引起。然而,如果环境库兹涅茨曲线仅仅是由于经济结构引起的话,那么即使存在国际外部性的情况下,高收入也应该导致更清洁的环境。但是,还没有出现这样的案例,例如还没有出现二氧化碳的环境库兹涅茨曲线。在缺少多方努力的情况下,即使单位 GDP 的排量下降了,但这还不足以减少其总排量。

最早研究环境库兹涅茨曲线的是 Grossman and Krueger(1991),他们运用全球环境监测系统(global environmental monitoring system, GEMS)中的数据,研究了世界多个国家城市空气污染(二氧化硫、烟尘和可悬浮颗粒物)与人均收入的简化型(reduced-form)关系,结果发现二氧化硫和烟尘与人均收入之间呈现出倒 U 形的环境库兹涅茨曲线,拐点的人均 GDP 为 4 000~5 000 美元(1985 年价),而可悬浮颗粒物并没有呈现出倒 U 形的环境库兹涅茨曲线。Grossman and Krueger(1995)在 Grossman and Krueger (1991)的基础上,继续运用全球环境监测系统中的 42 个国家 1977—1988 年空气污染(二氧化硫、烟尘和可悬浮颗粒物)以及 1979—1990 年水污染(河流中的氧态、排泄物污染和重金属污染)的数据,分别研究了城市空气污染以及水污染与人均收入的简化型关系,结果发现:环境质量没有随着经济增长而不断下降,大多数污染物呈现倒 U 形的环境库兹涅茨曲线,其拐点因污染物的不同而不同,但大多数污染物的拐点出现在人均收入 8 000 美元(1985 年价)。运用 Grossman and Krueger (1991)相同或类似的方法,有关文献进行了类似的研究:Selden and Song (1994)利用 30 个国家 1973—1984 年的数据,研究发现了二氧化硫、可悬浮颗粒物、氮氧化物和一氧化碳的环境库兹涅茨曲线,但拐点的人均 GDP(1985 年价)分别为 9 000 美元左右(二氧化硫)、10 000 美元左右(可悬浮颗粒物、氮氧化物)、15 000 美元左右(一氧化碳);Shafik (1994)用 149 个国家 1960—1990 年的数据发现二氧化硫、可悬浮颗粒物的环境库兹涅茨曲线,但是清洁水、城市环境卫生、市政废弃物、河流水污染、森林采伐与碳排放并没有呈现环境库兹涅茨曲线;Hilton and Levinson (1998)运用 48 个国家 1972—1992 年的数据发现汽车铅排量的环境库兹涅茨曲线。Bradford, Schlieckert, and Shore(2000)运用 Grossman and Krueger(1995)的数据研究发现了砷、化学需氧量、溶解氧、铅和二氧化硫的环境库兹涅茨曲线,但其他污染物并没有呈现环境库兹涅茨曲线。Harbaugh, Levinson, Wilson (2002)利用面板数据检验世界范围内的城市空气污染物(二氧化硫、烟尘和悬浮颗粒物)的环境库兹涅茨曲线存在性的证据时,发现经济增长和环境污染之间的这种倒 U 形关系非常容易受到函数的形式、样本和不断更新的数据的影响,最后的结论是不支持环境库兹涅茨曲线。朱平辉、袁加军、曾五一(2010)基于中国 1989—2007 年省级面板数据,使用空间固定效应模型,对 7 种工业污染排放(废水排放量、废水中化学需氧量、废气排放量、二氧化硫排放量、烟尘排放量、粉尘排放量以及固体废弃物排放量)进行环境库兹涅茨曲线实证分析。结果显示:人均工业废水排放量与人均 GDP 之间呈现为只有一个拐点的“倒 N 形”关系,人均工业废气与人均 GDP 呈现为传统的两个拐点的“倒 N 形”关系,现处在曲线上升阶段,其他 5 种工业污染排量与人均 GDP 之间呈现为“倒 U 形”关系。

自 20 世纪 90 年代中期以来,许多学者开始专门研究经济增长与二氧化碳排量之间的关系。最早运用计量方法研究经济增长与二氧化碳排量关系的是 Holtz-Eakin and Selden(1995),其运用简化型二次多项式模型,利用 130 个国家 1951—1986 年的面板数据发现了二氧化碳呈现递减的边际排放倾向,但只有当收入水平非常高时(在样本外)它才会有拐点,在可预见的将来全球的二氧化碳排量还会以每年 1.8%的速度增长;Roberts and Grimes(1997)利用 1962—1991 年世界上98～144个国家的截面数据(作者分30个截面分别进行回归),通过最小二乘法(ordinary least squares, OLS)回归分析发现二氧化碳的排放强度即单位GDP的二氧化碳排量与经济发展水平之间的关系从1962年的线性关系变成了1991年的曲线关系:1970—1975年和1982—1991年世界各国二氧化碳的排放强度与经济发展水平之间呈现倒U形曲线关系。但是作者认为并不是说世界经济通过了假定的碳强度拐点这一发展阶段,这只是一些富裕国家向低收入国家转移高污染产业从而降低了二氧化碳的排放强度,而低收入国家的二氧化碳排放强度还正在恶化,大多数国家的环境库兹涅茨曲线的拐点还没有到达。Moomaw and Unruh(1997)采用16个OECD成员国的1950—1992年的面板数据检验经济增长与人均二氧化碳排放水平的关系,认为两者之间存在N形曲线关系,而不是倒U形的曲线关系。Schmalensee, Stoker, and Judson(1998)将世界141个国家分为发达国家和发展中国家,运用非参数简化型模型,利用1950—1990年的面板数据研究发现:发达国家的人均二氧化碳排放与人均收入之间呈现倒U形的曲线关系,将来全球的二氧化碳排放会继续增加。Agras and Chapman (1999) 利用34个国家(或地区)1971—1989年的面板数据,在考虑到能源价格和贸易的影响时,研究了二氧化碳排放与收入之间的关系。结果发现二氧化碳排放与收入之间没有呈现倒U形关系,二氧化碳排放随着收入单调上升。Galeotti and Lanza (1999)利用1971—1996年110个国家(30个附件Ⅰ国家和80个非附件Ⅰ国家)的面板数据,研究了二氧化碳排放与GDP之间的关系,结果发现存在环境库兹涅茨曲线,但曲线的上升部分与下降部分非常不对称。另外,该文认为由于非附件Ⅰ国家的边际排放倾向为正(虽然递减),随着这些国家排放比例的上升,全球的总排放将增长。Borghesi(2000)利用126个国家1988—1995年的面板数据,研究了人均二氧化碳排放与人均收入之间的关系,没有发现呈现倒U形关系,二氧化碳排放随着收入单调上升。Panayotou, Peterson, and Sachs(2000)利用1870—1994年17个发达国家的面板数据和英美两国的时间系列数据,研究了人均二氧化碳排放与人均收入之间的关系,结果发现无论是面板数据还是时间系列数据,环境库兹涅茨曲线都是存在的;而且加入人口密度、出口贸易和非住宅投资等变量后,环境库兹涅茨曲线仍然稳定存在。Taskin and Zaim(2000)基于二氧化碳排放数据,运用非参数方法研究1975—1990年低收入和高收入国家的环境效率指数与人均GDP的关系,结果发现对于人均收入超过5 000美元的高收入国家呈现倒U形关系,而低收入国家呈现U形关系。Dijkgraaf and Vollebergh (2001) 利用24个OECD成员国1960—1997年的面板数据重新分析了

Schmalensee, Stoker, and Judson(1998)的研究结果,认为跨国数据的同质性假设是有问题的,二氧化碳的环境库兹涅茨曲线是不存在的。Heil and Selden (2001)利用 135 个国家 1951—1992 年的面板数据,运用简化型二次多项式模型,研究发现人均二氧化碳排放随着人均收入单调增加。Azomahou and Van Phu (2001)拒绝使用通常的多项式函数形式的参数方法,而运用非参数方法,利用 100 个国家 1960—1996 年的面板数据,研究了二氧化碳排放与人均收入之间的关系,结果表明二氧化碳排放随着人均收入单调上升。Pauli (2003) 运用分层贝叶斯模型(hierarchical Bayes model),利用 1970—1998 年的数据,对 29 个 OECD 成员国的人均二氧化碳与人均 GDP 之间的关系进行研究,结果发现不存在统一的环境库兹涅茨曲线:其中 12 个国家存在环境库兹涅茨曲线,2 个国家随着收入单调上升,7 个国家随着收入单调下降,8 个国家没有明确的结论。Cole (2004) 利用 OECD 成员国 1980—1997 年的面板数据,考虑到结构变化、污染避难所假说、贸易开放度等变量的情况下,运用简化型模型(含人均收入的三次方)研究了 6 种空气污染物排放(二氧化碳、氮氧化物、二氧化硫、一氧化碳、可悬浮颗粒物、挥发性有机化合物)和 4 种水质量指标(硝酸盐、磷、生物需氧量、溶解氧)与人均收入之间的关系,发现除了挥发性有机化合物和一氧化碳与人均收入之间呈现倒 N 形关系外,其他指标与人均收入之间存在环境库兹涅茨曲线。同时作者认为,由于结构变化和贸易开放度对环境质量有显著的影响,加上存在污染避难所效应,发展中国家是否能重复类似于今天发达国家的“污染-收入”道路的关键在于对制造业的需求收入弹性能否降低。Galeottia and Lanza (2005)认为,目前为止大多数研究集中于当地污染物,而全球排放物特别是二氧化碳排放与收入之间的关系较少受到关注。作者利用 1971—1995 年 108 个国家的面板数据,首先运用简化型模型研究人均二氧化碳排放与收入之间的关系,结果发现:对于所有国家和非 OECD 成员国样本存在非常不对称的环境库兹涅茨曲线,而对于 OECD 成员国样本,存在 N 形曲线。考虑到简化型模型的缺点,同时作者又运用 Gamma 函数和 Weibull 函数进行研究,发现对于所有样本都存在非常不对称的倒 U 形的环境库兹涅茨曲线。Azomahou, Laisney, and Van Phu(2006) 基于世界 100 个国家 1960—1996 年的面板数据,运用非参数回归模型研究表明,人均二氧化碳排放与人均 GDP 存在单调递增的线性关系。Richmond and Kaufmann (2006) 选取 1973—1997 年 36 个国家(20 个 OECD 成员国和 16 个非 OECD 成员国)的面板数据,运用简化型模型(包括二次方形式、线性对数形式)研究能源结构、人均 GDP 与二氧化碳排放之间的关系,发现二氧化碳排放随着人均

GDP单调上升。Galeottia, Lanza, and Pauli(2006)利用1960—1998年国际能源署数据库和1950—1997年二氧化碳信息分析中心数据库,运用Weibull函数模型,同时检验了OECD成员国和非OECD成员国的人均二氧化碳排放和人均收入的关系,发现仅OECD成员国存在环境库兹涅茨曲线。Huang, Lee, and Wu(2008)采用1990—2003年的数据(分别采用线性、二次方与三次方模型)检验转型经济体和《京都议定书》中附件Ⅱ国家的温室气体排放是否存在环境库兹涅茨曲线,结论是对大多数国家来说环境库兹涅茨曲线假说不成立。付加锋、高庆先、师华定(2008)基于生产和消费视角,对1990—2004年44个国家的人均GDP与单位GDP的二氧化碳排放进行面板单位根检验和协整分析,结果显示:无论是从生产视角还是从消费视角,单位GDP的二氧化碳排放都呈现出显著的倒U形。Coondoo and Dinda (2008)选取88个国家1960—1990年的面板数据,将其分为非洲、美洲、亚洲、欧洲和所有国家五组,运用约翰森(Johansen)协整分析技术,研究国家间收入不平等与二氧化碳排放之间的关系,发现国家间收入不平等对二氧化碳排放有着显著的影响;对于欧洲来说,二氧化碳排放与收入之间存在倒U形的环境库兹涅茨曲线;对于所有国家,二氧化碳排放随着收入单调上升。Lee, Chiu, and Sun(2009)运用动态面板数据广义矩估计方法(generalized method of moment, GMM),考虑到贸易和人口的影响,选取89个国家1960—2000年的面板数据,检验了二氧化碳排放的环境库兹涅茨曲线假说。对于所有国家样本的回归结果发现,二氧化碳排放与人均收入之间呈现N形曲线;对于子样本的回归结果表明,中等收入国家、美国和欧洲的二氧化碳排放与人均收入之间呈现倒U形的环境库兹涅茨曲线,高收入国家、低收入国家、非洲以及亚洲和大洋洲国家不存在倒U形的环境库兹涅茨曲线。另外,作者发现国际贸易改善了高收入国家的环境质量,而恶化了低收入国家的环境质量,存在污染避难所假说。韩玉军、陆旸(2009)基于对“环境库兹涅茨假说”暗含的同质性假设质疑的基础上,对世界165个国家进行分组,研究1980—2003年工业比重及收入水平不同的国家的二氧化碳排放与人均收入之间的关系,发现不同国家的结果差异很大,只有“高工业、高收入”国家出现标准的倒U形关系。Aslanidis and Iranzo (2009)运用比多项式模型更加直观、灵活的平滑转换回归模型(smooth transition regression, STR),选取77个非OECD成员国1971—1997年面板数据,研究人均收入与二氧化碳排放之间的关系,发现没有证据表明存在环境库兹涅茨曲线,二氧化碳排放随着收入单调上升,但是作者同时发现低收入国家排放速率增加,中高收入国家排放速率递减。Dutt (2009)选取124个国家1960—

2002 年的面板数据研究了二氧化碳排放与收入的关系,同时探究了管制、政治制度、社会经济条件和教育等因素对这一影响的作用,结果表明:1960—1980 年,二氧化碳排放随着收入单调上升;1984—2002 年,环境库兹涅茨曲线存在;良好的管制、坚强的政治制度、良好的社会经济条件和教育投资能显著减少二氧化碳排放。Kearsley and Riddel(2010)对 Cole (2004)的模型进行扩展(将污染行业进行细分),利用 27 个 OECD 成员国 1980—2004 年的二氧化碳和温室气体数据以及 1990—2004 年的一氧化碳、二氧化硫、氮氧化物、可悬浮颗粒物和挥发性有机化合物数据,研究了人均污染排放与人均 GDP 之间的关系,发现了与 Cole(2004)不同的结论:没有证据表明污染避难所效应对环境库兹涅茨曲线有显著作用,也没有证据表明存在显著的环境库兹涅茨曲线关系,并且还发现环境库兹涅茨曲线转折点的置信区间非常宽,进而怀疑经济增长会自然导致环境质量的改善。Narayan P K and Narayan S(2010) 认为,如果长期的收入弹性小于短期的收入弹性,那么随着收入的增加,二氧化碳排放会减少。作者利用 1980—2004 年 43 个发展中国家的面板数据和时间系列数据从短期和长期收入弹性角度研究了二氧化碳排放与收入之间的关系,时间系列数据的研究发现 15 个发展中国家存在环境库兹涅茨曲线。除此之外,作者还将 43 个国家经过适当的合并划分为中东、南亚、拉丁美洲等 5 个地区并建立面板模型,研究表明,只有中东和南亚地区存在环境库兹涅茨曲线。Acaravci and Ozturk(2010)运用自回归分布滞后模型,利用 19 个欧洲国家 1960—2005 年的时间系列数据,研究能源消费、二氧化碳排放与经济增长之间的关系,结果发现仅有 2 个国家存在环境库兹涅茨曲线。Iwata, Okada, and Samreth(2011)运用混合组均值(pooled mean group,PMG)估计方法,利用 28 个国家 1960—2003 年面板数据,考虑到核能对二氧化碳排放的影响,研究环境库兹涅茨曲线假说对二氧化碳排放是否成立,结果发现二氧化碳排放随着收入单调上升。Jaunky(2011) 延续 Narayan P K and Narayan S(2010)的思路方法,利用 36 个高收入国家(地区)1980—2005 年的数据研究发现:有 5 个国家存在二氧化碳排放的环境库兹涅茨曲线;对于所有国家的样本,二氧化碳排放随收入单调上升。

然而,大多数研究主要集中在世界范围的跨国数据,而对于单个国家的研究相对较少。Vincent (1997)利用 20 世纪 70 年代末至 90 年代初马来西亚州级面板数据,考虑到人口密度的影响,第一次研究作为发展中国家的单个国家的空气和水污染与人均收入之间关系,得出结论:对污染与收入关系的跨国研究没有准确预测马来西亚空气和水污染的趋势;对马来西亚而言,没有发现污染物与收入之间呈现环境库兹涅茨曲线，环境质量随着经济增长在恶化。当然，这一结果可能过多地与个别国家的特征相联系，不能推广到其他国家。De Bruyn，Van den Bergh，and Opschoor（1998）分别利用 4 个 OECD 成员国（荷兰、西德、英国、美国）1960—1993 年的时间系列数据，运用线性动态模型并考虑能源价格的影响的情形下，研究了二氧化硫、二氧化碳、氮氧化物排放与收入之间的关系，得出了类似的结论：除了荷兰的二氧化硫排放随着人均收入增加不断减少外，其他污染物的排放随着收入单调上升，而与技术、结构变化、能源价格负相关。作者同时认为，与其他的简化型模型一样，本文的缺点是没有考虑到国际贸易等因素对环境库兹涅茨曲线的影响。然而，Carson，Jeon，and McCubbin（1997）对以上结论提出了质疑，其考虑到跨国数据的可比性问题，研究了 1990 年美国 50 个州的 7 种空气指标（包括二氧化碳、有毒空气、一氧化碳、氮氧化物、二氧化硫、易挥发有机碳与 PM10）与人均收入的关系，结果发现所有污染物都呈现倒 U 形的环境库兹涅茨曲线。Lim（1997）运用韩国 20 世纪 80 年代以后的时间系列数据，研究了各种环境指标与人均收入之间的关系，结果发现：二氧化硫、二氧化氮、总悬浮颗粒物、生化需氧量、家庭废弃物与人均收入之间呈现环境库兹涅茨曲线，而二氧化碳、森林采伐、工业废弃物随着人均收入的上升而增加。Egli（2001）也认为基于跨国的估计是不可靠的，于是利用德国 1966—1998 年的时间系列数据，考虑到贸易、产业结构和经济增长率等变量的影响，研究了 8 种污染物（二氧化硫、氮氧化物、二氧化碳、一氧化碳、氨气、沼气、颗粒物与非甲烷挥发性有机化合物）的人均排放与人均收入之间的关系，结果表明：氮氧化物和氨气与人均收入之间存在环境库兹涅茨曲线，而其他 6 种污染物并没有出现明确的结论——作者认为这一结果清晰地表明跨国研究是不可靠的。Roca and Alcantara（2001）运用 1972—1997 年的数据研究了西班牙的能源强度、二氧化碳排放与环境库兹涅茨曲线，认为能源强度与二氧化碳排放强度之间并没有一致性。Lindmark（2002）认为一些对单个国家进行时间系列方法研究的时间跨度较短，于是利用瑞典 1870—1997 年的时间系列数据，研究发现二氧化碳排放与收入之间存在环境库兹涅茨曲线。Friedl and Getzner（2003）探究了 1960—1999 年奥地利的经济发展和二氧化碳排放之间的关系，检验单个国家而不是一系列截面国家是否存在环境库兹涅茨曲线。研究发现，奥地利的情形适用于三次方模型，二氧化碳排放和 GDP 之间呈现 N 形曲线关系。Aldy（2005）利用 1960—1999 的年美国州级面板数据，分别运用二次方、三次方简化型模型，同时考虑到贸易、气候条件、煤炭禀赋的影响，研究了处于经济发展高级阶段的美国的人均二氧化碳排放与人均收入之间的关系，结果发现极少数州存在环境库兹涅茨曲线。Lantz and Feng(2006)利用加拿大1970—2000年5个地区的省级面板数据,运用简化型二次方模型,研究人均GDP、人口密度和技术变量与二氧化碳排放之间的关系,发现二氧化碳排放与人均GDP没有显著的关系,但是与人口密度之间呈倒U形关系,与技术变量之间呈U形关系,于是作者认为以前的研究把人口、技术与二氧化碳排放之间的关系指定为线性关系可能是错误的。Halicioglu (2009) 运用自回归分布滞后模型,选取1960—2005年土耳其的时间系列数据研究了二氧化碳排放与收入、能源消费和对外贸易之间的关系,结果发现二氧化碳排放随着收入单调上升,不存在环境库兹涅茨曲线关系,贸易对二氧化碳排放的影响是正向且显著的。

与此同时,也有许多学者对中国的经济增长与二氧化碳排放之间的关系进行了研究。陆虹(2000)通过建立状态空间模型,利用1976—1996年的数据,发现中国人均二氧化碳和人均GDP之间为互相影响的关系,而不是简单地呈现为倒U形关系。Jalil and Mahmud (2009) 运用自回归分布滞后模型(auto-regressive distributed lag, ARDL),选取1975—2005年的时间系列数据研究了中国二氧化碳排放与收入、能源消费和对外贸易之间的关系,其研究结果表明,二氧化碳与收入之间存在环境库兹涅茨曲线,贸易对二氧化碳排放具有正向作用但统计上不显著。林伯强、蒋竺均(2009)使用世界银行时间序列数据研究中国二氧化碳排放拐点,并对其在不同条件下的实现情况进行了预测,结论为中国二氧化碳库兹涅茨曲线的理论拐点在2020年出现,但实证预测表明拐点到2040年还没有出现;理论与实证结果不同的原因在于未考虑其他经济因素的情况下,简单地检验二氧化碳排放与人均收入的关系所得出的结论不够准确;除了人均收入外,能源强度、产业结构和能源消费结构都对二氧化碳排放有显著影响。许广月、宋德勇(2010)选用中国1990—2007年的省际面板数据,采用面板单位根和协整检验方法,对我国碳排放环境库兹涅茨曲线的存在性进行了研究,其结果表明,中国东部地区和中部地区存在人均碳排放环境库兹涅茨曲线,但是西部地区不存在该曲线。Du, Wei, and Cai(2012)基于1995—2009年中国省级面板数据,运用一系列静态和动态面板回归模型研究了中国二氧化碳排放的驱动力,结果发现经济发展、能源强度和产业结构是影响中国二氧化碳排放的主要因素,但是经济发展与人均二氧化碳排放之间的倒U形关系没有得到强烈的证据支持。郑丽琳、朱启贵(2012)基于1995—2009年中国省级碳排放面板数据,利用面板协整和误差修正模型对中国碳排放环境库兹涅茨曲线的存在性进行实证研究,发现碳排放与经济增长间存在长期稳定的倒U形关系,拐点的人均GDP为29 847.29元。胡宗义、刘亦文、唐李伟(2013)利用中国 1979—2008 年的数据,采用非参数模型,同时考虑到外商直接投资、对外贸易、能源强度、城市化率等因素,研究二氧化碳排放的环境库兹涅茨曲线,结果发现中国的人均 GDP 与人均二氧化碳排放之间不存在倒 U 形曲线关系。

2.2.2 既定收入水平下国际贸易对环境的影响

自 20 世纪 90 年代以来,国际贸易对环境的影响一直受到学术界的关注。从理论上讲,国际贸易对环境的影响是不明确的,存在"向底线赛跑假说"(race-to-the-bottom hypothesis)和"贸易得益假说"(gains-from-trade hypothesis)之争:一方面,因担心国际竞争力的丧失,开放的国家会采取更加宽松的环境标准,因此贸易开放将损害环境质量;另一方面,若一国因贸易提高了收入,将会使该国获得更多想要得到的东西,包括环境产品和传统产品,这样贸易开放对环境质量的影响是正面的。那么,在经验分析中,到底是"向底线赛跑"还是"贸易得益"呢? Grossman and Krueger(1991)在系统分析贸易对环境影响时,首创了规模效应、结构效应和技术效应的分析框架。Antweiler, Copeland, and Taylor(2001)在 Grossman and Krueger(1991)的基础上,进一步将规模效应、结构效应和技术效应进行量化,利用 43 个国家 1971—1996 年的数据检验了贸易开放对二氧化硫排放的影响,实证结果表明:如果贸易自由化导致人均 GDP 提高 1%,那么污染浓度将下降 1%,自由贸易有益于环境。Cole and Elliott(2003a)利用 26 个发达国家与发展中国家 1975—1990 年每隔 5 年的数据以及 32 个发达国家与发展中国家的 1975—1995 年的数据分别分析了贸易自由化对二氧化硫与氮氧化物以及二氧化碳与生化需氧量等 4 种环境指标的影响,研究发现贸易开放对环境的影响因污染物的不同以及因变量是人均排放还是排放强度的不同而不同:贸易开放导致二氧化硫和生化需氧量的人均排放减少(因为技术效应大于规模效应),却导致氮氧化物和二氧化碳的人均排放增加(因为规模效应远远大于技术效应),贸易开放导致所有污染物的排放强度降低。Cole(2003)沿着 Antweiler, Copeland, and Taylor(2001)的思路,研究发现贸易对环境的影响取决于一个国家是否在污染密集型产品上有比较优势,总体上贸易有利于减少二氧化硫、氮氧化物和生物需氧量,但是增加了二氧化碳的排放。Cole(2004)利用 1980—1997 年污染密集型产品的南北贸易数据检验 OECD 成员国的倒 U 形环境库兹涅茨曲线有多大程度能被贸易所解释时发现,贸易虽然显著地增加了 OECD 成员国的水污染,但是也显著地减少了空气污染,作者认为这可能由于竞争压力增大而导致的资源有效利用或使用了更加绿色的生产技术。Harbaugh，Levinson，and Wilson (2002)利用面板数据检验世界范围内的城市空气污染物(二氧化硫、烟尘和悬浮颗粒物)的环境库兹涅茨曲线时，加入贸易强度变量后，发现国际贸易显著减少了二氧化硫的排放，而增加了烟尘和悬浮颗粒物，虽然回归结果不显著。Dean (2002)运用赫克歇尔-俄林模型将贸易自由化对环境的影响整合为一个联立方程系统，利用1987—1995 年中国工业省级水污染数据检验了贸易自由化对中国环境的影响，结果表明：在既定的收入水平下，贸易开放对中国环境的影响是不利的，虽然这一不利影响被由贸易引致的经济增长的积极影响所超越。Managi(2004)使用1960—1999 年 63 个发达国家与发展中国家的数据，检验了贸易开放对二氧化碳排放的影响，发现贸易开放对环境的影响是不利的，贸易开放度增加 1%导致二氧化碳排放增加 0.579%。Frankel and Rose(2005)在没有遵循 Antweiler，Copeland，and Taylor(2001)理论模型框架的情况下，借鉴 Frankel and Romer (1999)的方法，为对外贸易构建了一个有效的工具变量，运用 1990 年 41 个国家的截面数据，分析了既定人均收入水平下贸易对环境的影响，发现贸易减少了二氧化氮、二氧化硫和悬浮颗粒物的排放，但是增加了二氧化碳的排放(虽然在工具变量回归时不显著)。Managi，Hibiki，and Tsurumi(2009)认为 Frankel and Rose (2005) 没有遵循 Antweiler，Copeland，and Taylor(2001)理论模型框架因而没有考虑分解效应，于是在 Cole and Elliott (2003a)的模型基础上运用广义矩估计方法解决贸易变量内生性问题和直接利用工具变量解决收入变量内生性问题的基础上，基于 1973—2000 年 88 个国家的二氧化碳和二氧化硫的面板数据以及 1980—2000 年 83 个国家的生化需氧量的面板数据，研究了贸易开放对二氧化碳、二氧化硫和生化需氧量的影响，结果表明：对于 OECD 成员国而言，贸易开放减少了二氧化碳、二氧化硫和生化需氧量的排放，因为负的规模-技术效应超过正的结构效应；然而对于非 OECD 成员国，贸易开放减少了生化需氧量的排放(负的规模-技术效应超过了正的结构效应)，而增加了二氧化碳、二氧化硫排放(因为规模-技术效应和结构效应都是正的)。Ang(2009)研究了 1953—2006 年中国二氧化碳排放的影响因素，结论表明能源消费、高收入和高贸易开放度与碳排放正相关。李小平、卢现祥(2010)利用 1998—2006 年中国工业分行业的面板数据，研究了贸易开放对中国二氧化碳排放的影响，结果发现国际贸易能够减少工业行业的二氧化碳排放总量和单位产出的二氧化碳排放量。何洁(2010)通过建立一个四方程的联立系统，利用中国 1992—2001 年的省级面板数据分析国际贸易对中国工业的二氧化硫排放的影响，结果表明：直接影响是出口增加排放，而进口减少排放；总体影响是出口减少排放，而进口增加排放。李锴、齐绍洲(2011)采用各省会城市到海岸线距离的倒数作为贸易开放度的工具变量，利用1997—2008年的中国省级面板数据，考察了贸易开放和二氧化碳之间的关系，结果发现贸易开放增加了中国省区的二氧化碳排放量和排放强度，国际贸易对中国环境的影响是负面的；Sharma(2011)基于69个国家1985—2005年的动态面板数据，分全样本和高、中、低收入的子样本四种情形，运用广义矩估计方法研究了人均收入、贸易开放度、能源消费和城市化对二氧化碳排放的影响，结果发现在所有4种情形中贸易开放度虽然增加了二氧化碳排放，但在统计上都是不显著的。

近年来，许多学者主要运用自回归分布滞后模型来研究经济增长、能源消费、贸易开放和二氧化碳排放之间的关系：Sharif Hossain(2011)基于新兴工业经济体1971—2007年的时间系列数据，检验了经济增长、能源消费、贸易开放、城市化和二氧化碳排放等5个变量之间的动态关系，结果表明它们之间不存在长期的因果关系。周五七、聂鸣(2012)利用1978—2010年的时间序列数据，对经济增长中的产业结构、能源消费结构、能源效率、对外贸易和城市化等因素与中国碳排放强度之间的动态关系进行检验，结果发现碳排放强度与外贸依存度呈微弱负相关。Jayanthakumaran, Verma, and Liu(2012)基于中国和印度各自1971—2007年的时间系列数据，研究经济增长、能源消费、贸易开放与二氧化碳排放之间的关系，结果发现贸易开放度在短期内减少了中国的二氧化碳排放，但并没有减少印度的二氧化碳排放。Kohler(2013)基于南非1960—2009年的时间系列数据，研究发现人均二氧化碳排放、能源消费、人均收入与对外贸易存在长期关系，高水平的对外贸易意外地减少了二氧化碳排放。Shahbaz, Tiwari, and Nasir(2013)基于印度尼西亚1975—2011年的时间系列数据，检验了经济增长、能源消费、贸易开放、金融发展和二氧化碳排放等5个变量之间的动态关系，结果发现上述变量之间存在长期的因果关系，同时表明贸易开放减少了二氧化碳排放。Ozturk and Acaravci(2013)基于土耳其1960—2007年的时间系列数据，研究了经济增长、能源消费、贸易开放、金融发展和二氧化碳排放等5个变量之间的动态关系，结果发现上述变量之间存在长期的因果关系，而且贸易开放增加了二氧化碳排放。

2.2.3 述评

1. 经济增长对环境的影响

Grossman and Krueger (1991)在研究北美自由贸易协议对环境的影响时，发现经济增长与环境退化之间的倒U形关系。从此以后，大量的经验研究开始涌现。有关环境库兹涅茨曲线的研究可以分为两类：一类是持赞成观点的乐观主义者，认为经济增长最终有利于环境（Grossman and Krueger，1991；Beckerman，1992；Shafik and Bandyopadhyay，1992；Panayotou，1993；Grossman and Krueger，1995 等）。Beckerman（1992）认为，虽然早期的经济增长通常造成环境退化，但是最终大多数国家获得良好环境的最好且可能的唯一方法是变得富裕；Panayotou（1993）认为环境质量的改善是随着经济增长结构变化的一个不可避免的结果。另一类是持不赞成观点的批评者，认为在得到环境库兹涅茨曲线方面存在明显的方法缺陷或主张应谨慎地解释该曲线的成因和含义（Arrow et al.，1995；Stern，Common，and Barbier，1996；Suri and Chapman，1998；Rothman，1998）。原因在于环境库兹涅茨曲线并非对所有的污染物都适用，甚至根本就不存在。虽然在较高的经济发展水平上那些对人类健康有严重影响的污染物下降了，但是对当地有影响的污染物（如二氧化硫）与对全球有影响的污染物（如二氧化碳）有明显的不同：当地的空气污染物随着人均收入的上升而下降，而全球污染物随着人均收入的上升而持续上升。事实上，二氧化碳排放和市政固体废弃物通常都随着人均收入的上升而增加（Nahman and Antrobus，2005）。正如 Harbaugh，Levinson，and Wilson（2002）所说，经济增长和环境污染之间的这种倒 U 形关系非常容易受到函数的形式、样本和不断更新的数据的影响。一些文献也认为环境库兹涅茨曲线只不过是研究方法的产物（Chapman and Agras，1999；Magnani，2000；Heerink，Mulatu，and Bulte，2001；Lekakis and Koukis，2001；Hill and Magnani，2002）。对该曲线主要的质疑和批评集中在以下几点：

（1）各种时间系列、截面和面板分析表明，经验结果对国家样本和时间区间的选择是敏感的，也会因为回归模型中有关影响因素的选择而发生改变（Selden and Song，1994；Hill and Magnani，2002）。

（2）认为环境库兹涅茨曲线的出现依赖于特定函数关系的简化型模型，如人均收入的一次方、二次方、三次方或其对数形式（List and Gallet，1999；Spangenberg，2001；Harbaugh，Levinson，and Wilson，2002；Perman and Stern，2003；Millimet，List，and Stengos，2003），而且此模型纯粹是一个描述，而没有回答污染减少是由环境政策（甚至与经济增长无关）所致还是由自主的结构和技术变化所致（De Bruyn，Van den Bergh，and Opschoor，1998）。

（3）一些文献仅仅研究二氧化碳排放与人均收入之间的关系，没有包括额外的解释变量，在这样的情况下，得出的结论难免有误差（Galeotti and Lanza，

2005)。其实，国际贸易、技术进步和结构变化等因素也部分地解释了环境库兹涅茨曲线存在的原因(Kaika and Zervas, 2013)。比如，有研究认为环境库兹涅茨曲线是国家贸易的结果：发达国家到达较高的经济发展水平时，污染产业向发展中国家进行了转移(Suri and Chapman，1998；Rothman，1998；Cole，2004；Kearsley and Riddel，2010)。De Bruyn，Van den Bergh，and Opschoor (1998) 也认为，其缺点是没有考虑到国际贸易等因素对环境库兹涅茨曲线的影响。

(4)大多数研究主要集中在世界范围的跨国数据，而对于单个国家的研究相对较少。将不同国家的数据集中在一个面板或截面中使用，其背后的基本假设是所有国家的经济发展轨迹是一样的。这样的假设应该受到批评，因为影响环境质量的社会、经济、政治以及生物物理等因素各国有很大的不同(Dinda，2004)。同样地，为了推断研究期间整个国家环境与收入的关系，跨地区研究暗含的假设：在一个给定的国家内所有地区都遵循相同的模式。然而，对于某些国家来说，地区之间的差异是非常明显的。这样，环境与收入的关系不仅在国家之间是不同的，而且在同一个国家的不同地区也是不同的。因此，在单个国家的研究中，时间系列方法似乎比跨地区方法更合适(Borghesi，2001)。

2. 既定收入水平上国际贸易对环境的影响

在上述文献中，以 Antweiler，Copeland，and Taylor(2001)为代表的一些文献遵循国际贸易通过规模效应、技术效应和结构效应影响环境质量的分析框架来研究国际贸易对环境的影响。一方面，因贸易量(特别是出口)的增加，经济规模增加，进而污染增加，因而环境质量通过规模效应而下降；另一方面，国际贸易通过结构效应和技术效应而改善环境质量。若规模效应超过结构效应和技术效应，则国际贸易改善了环境；反之，则恶化了环境。而以 Frankel and Rose(2005)为代表的文献并没有遵循 Antweiler，Copeland，and Taylor(2001)的分析框架来研究国际贸易对环境的整体影响。研究中既有时间系列数据，也有面板数据；既有静态分析，也有动态分析；既有针对单个国家的，也有针对世界范围的。

很显然，上述文献研究的结论各不相同。究其原因，除了样本选择、数据来源、污染物的种类、计量方程形式和计量方法外，还有一个可能的原因就是贸易的内生性问题：贸易与环境之间有着潜在的相互影响，不仅贸易会影响环境质量，而且环境规制反过来会影响贸易，如严格的环境规制会阻碍(促进)污染产品的出口(进口)(Copeland and Taylor，1994)。正如 Antweiler，Copeland，and Taylor (2001)所说，内生性问题可能是其工作的弱点。因此，如果没有有效地处理对外贸易被环境影响的问题，那么估计结果将是有偏的和不一致的，自然也就无法得出对外贸易对环境影响的正确结论。在现有文献中，Frankel and Rose(2005)采用了 Frankel and Romer(1999)的方法为国际贸易构建了一个有效的工具变量，何洁(2010)通过建立方程联立，李锴、齐绍洲(2011)采用各省会城市到海岸线距离的倒数作为贸易开放度的工具变量，①除此之外，其他文献似乎还没有对贸易的内生性问题进行有效的直接处理。虽然一些文献采用动态面板数据的广义矩估计方法，但也只是解决了因变量与其滞后项的内生性问题，并没有直接处理贸易与环境之间的内生性问题；而近年来运用自回归分布滞后模型的文献也只是验证了各变量之间是否存在长期稳定的关系。

因此，为了解决贸易的内生性问题，本书将利用外生的地理特征为中国工业各行业的对外贸易构建一个合适的工具变量。在此基础上，研究既定经济增长条件下中国对外贸易对二氧化碳排放的直接影响，以及中国对外贸易引致的经济增长对二氧化碳排放的间接影响。同时，综合直接影响和间接影响，得出中国对外贸易对二氧化碳排放的总影响。

2.3　环境规制对国际贸易的影响

早在 20 世纪 70 年代就有许多学者开始研究环境规制与贸易模式之间的理论关系，比如 Pethig (1976)、Siebert (1977) 和 McGuire (1982)预测严格的环境规制或代价昂贵的减排规制将削弱一个国家污染行业的竞争地位，并减少(增加)这些行业的出口(进口)；Baumol and Oates (1988)认为环境规制不同的两个国家之间的贸易将导致环境规制宽松的国家专门从事污染密集型产品的生产。然而，直到 80 年代这些理论预测才受到严密的实证检验(Brunnermeier and Levinson，2004)。环境规制对国际贸易模式的影响可以区分为污染避难所效应和污染避难所假说。前者是指环境规制的加强将影响产业选址和国际贸易流向，如果严格的环境规制阻碍(促进)了污染产品的出口(进口)，污染避难所效应将发生；后者是指贸易壁垒的减少将导致污染密集型产业由环境规制严格的国家向环境规制宽松的国家转移(Copeland and Taylor，2004；Taylor 2004)。两者的区别：污染避难所效应是污染避难所假说成立的必要但非充分条件，如果污染避难

① 李锴、齐绍洲(2011)的工具变量，虽然对于中国国内各省的对外贸易来说也不失为一个可供选择的方法，但这一方法对于本书研究的中国国家层面的对外贸易来说是不可行的。

所效应非常强烈，污染避难所假说将出现(Taylor，2004)。另外，如果环境规制对贸易模式的影响很小或没有影响，而是由要素禀赋或技术决定贸易模式，比如资本丰富的国家出口资本密集型产品而不管环境规制的差异，Copeland and Taylor(2004)称之为要素禀赋假说(factor endowments hypothesis，FEH)；如果严格的环境规制将激励创新，提高效率，进而减少生产成本，提高竞争力(Porter and Van der Linde，1995)，那么则称为波特假说(Porter hypothesis，PH)。

按照研究方法，环境规制对贸易模式的影响大致可分为3类。下文将分别进行阐释。

2.3.1 相对简单的统计方法

首先按照污染控制(减排)成本或污染强度将产品分为污染产业和清洁产业，然后检验污染产品的生产、消费或贸易的趋势。Lucas，Wheeler，and Hettige (1992)以及 Birdsall and Wheeler (1993)运用混合的截面模型(pooled cross-sectional model)，应用世界银行开发的工业污染项目系统(industrial pollution projection system，IPPS)数据分别检验了1960—1988年80个国家、25个拉丁美洲国家生产的污染强度，认为贸易自由化与污染密集型产业的发展没有关系：虽然20世纪70年代OECD成员国环境规制加强的同时，发展中国家总体的污染强度增加了，但是只是封闭的经济体趋向于更污染密集型行业，而开放的经济体趋向于更清洁的行业。这两项研究的问题是只把收入水平和国家开放指数作为解释变量，而忽视要素禀赋等因素的作用(Brunnermeier and Levinson，2004)。Low and Yeats (1992)检验了1965—1988年钢铁、有色金属、石油、金属制造业、造纸等污染密集型行业的国际贸易，发现在世界污染密集型产品总出口中，发展中国家获得的份额大幅度上升，而发达国家的份额却逐渐下降。有学者认为，这一结果为污染避难所效应提供了一个粗略的证据，但并没有证明污染避难所效应的存在。事实上，工业化国家仍然是污染产品的最大出口者(Levinson，1996)。而 Mani and Wheeler (1998)用OECD成员国与发展中国家的1960—1995年的数据来检验污染避难所效应，发现在OECD成员国总制造业中污染密集型产品产量的比例下降而在发展中国家这一比例却稳步上升，而且发展中国家污染密集型产品净出口快速增长的时期与OECD经济体污染控制成本快速增长的时期是一致的。于是他们认为，污染避难所效应是真实的，即使对于许多国家来说是暂时的。然而，由于 Low and Yeats (1992)以及 Mani and Wheeler (1998)的分析没有控制变量，他们的解释只能是推测的(Brunnermeier and Levinson，2004)。

2.3.2　基于双边贸易的引力模型

在此模型中，贸易被国家特征的指标如 GDP、人口(population)、陆地面积(land area)和贸易伙伴之间的距离(distance)(包括空间距离、有无共同边界、语言等)所决定。Van Beers and Van den Bergh(1997)基于双边贸易的引力模型，运用 1992 年 21 个 OECD 成员国的截面数据检验了环境规制对贸易流向的影响，发现局部支持污染避难所效应：对于所有产品的出口而言，用环境规制对出口的影响为显著负相关；对于污染密集型产品而言，环境规制对出口的影响不显著——作者将原因归结为大多数污染密集型产品来自资源性行业，而决定这类行业竞争力的主要因素是资源；对于非资源性污染密集型产品而言，环境规制对出口的影响为显著负相关；不管是所有产品、污染密集型产品还是非资源污染密集型产品，环境规制对进口的影响都是显著负相关。Xu(2000)基于扩展的引力模型，运用 20 个国家 1990 年的截面数据检验了严格的环境规制是否减少了所有商品、环境敏感性商品和非资源型环境敏感性商品的出口，结果发现：严格的环境规制不仅没有降低以上商品出口，而且起了促进作用。作者认为，环境规制可能有利于生产率提高，动态的技术革新可能是决定敏感性商品出口的重要因素。Harris，Konya，and Matyas (2002)基于三元(进口、出口和时间)固定效应(three-way fixed effects)的引力模型，运用 1990—1996 年 24 个 OECD 成员国的面板数据，对 Van Beers and Van den Bergh(1997)的结果提供了一个基于方法论的解释，他们认为后者关于环境规制对双边贸易的负影响可能部分因为模型设定有误，一旦考虑到国家特定效应(country specific effects)，环境规制和对外贸易之间的关系将变得不显著，并认为相对于非资源性的容易移动的行业而言，自然资源对污染行业竞争力的决定作用更大。Grether and Melo (2003)通过引力模型，利用 1981—1998 年 52 个国家、国际产业标准分类的 3 位数行业的面板数据检验了用人均国民生产总值差距衡量的环境规制对污染产品和非污染产品进口的影响。结果发现：环境规制对污染产品进口的影响为正但不显著，而对非污染产品的进口影响为负显著，就单个污染行业来说，在研究的 5 个污染行业中，环境规制对非金属矿物、钢铁和造纸进口的影响是正显著的。Selim and Hakan (2006)运用引力模型利用 31 个国家 2000 年截面数据检验了环境规制对贸易模式的影响，发现环境规制对 5 个环境敏感性行业出口的影响为负显著，环境规制对出口有重要的影响。Grether，Mathys，and Melo(2012)运用包括要素禀赋的引力模型，利用 1987 年 48 个国家的截面数据，通过最小二乘法和两阶段最小二乘法(two stages least square, 2SLS)实证分析了环境规制对进口中的污染物(pollution content of imports, PCI)的影响,结果发现总体上影响较小。

在上述运用引力模型的研究中,除 Selim and Hakan(2006)外,没有研究强烈支持污染避难所效应,Xu(2000)甚至认为严格的环境规制不仅没有降低出口,而且促进出口。

2.3.3 基于赫克歇尔-俄林模型

运用赫克歇尔-俄林(Heckscher-Ohlin, H-O)模型,将环境规制当作一种生产要素,检验在自由贸易体制下,环境规制宽松(严格)的国家在生产污染密集型产品上具有比较优势(劣势),并成为这些产品的主要出口(进口)者。Kalt(1988)运用 1977 年 2 位数分类的 78 个行业截面数据的 H-O 模型研究了美国的环境政策是否影响了其产业竞争力,结果发现污染控制成本对美国的净出口的影响为正;当排除自然资源部门时,此影响转变为负;当化学行业被排除时,负影响更加凸显。这些反常的结果可以解释为截面模型不能捕获不可观察的行业异质性(Brunnermeier and Levinson, 2004)。Tobey(1990)的文章是这一领域较早的开创性文献之一,其在 Leamer(1984)提供的赫克歇尔-俄林-瓦内克(Heckscher-Ohlin-Vanek, HOV)模型和 11 种资源禀赋变量的基础上,运用 Walter and Ugelow(1979)根据联合国贸易和发展会议 1976 年关于各国环境问题和国内规则的调查问卷所构建的环境规制指数,利用 1975 年 23 个国家的截面数据检验了环境规制对污染密集型行业的贸易模式的影响。结果发现,严格的环境规制对污染密集型行业的贸易模式的影响不显著。Cole and Elliott(2003b)在 Tobey(1990)的基础上,运用 HOV 模型采用 60 个国家 1995 年的截面数据,检验环境规制对污染密集型产品贸易模式的影响时发现:环境规制与污染产品的净出口不存在明显的关系,即使考虑到环境规制内生性的情况下,也没有改变这一结果。然而,文章认为钢铁和化工行业的净出口在资本丰裕的国家中是大量的,而发达国家资本是丰裕的,这就解释了为什么发达国家的钢铁和化工行业即使面对严格的环境规制也没有转移到发展中国家;有色金属和造纸行业的净出口分别在矿产和森林资源丰富的国家中是大量的,对当地资源的依赖导致有色金属和造纸行业没有转移到环境规制较低的国家。文章把环境规制没有对污染密集型产品贸易模式产生明显影响的原因归结为环境规制和要素禀赋在决定比较优势中的反向作用。Ederington and Minier (2003)和 Levinson and Taylor (2008)认为环境规制对贸易模式的影响很小的原因在于没有把环境规制当作内生变量,于是分别用1978—1992年美国4分位数的标准产业分类的制造业净进口的面板数据、1977—1986年美国3分位数的标准产业分类的制造业从加拿大和墨西哥净进口的面板数据分析了环境规制对净进口的影响，结果均表明：环境规制对美国净进口的影响显著为正，而且内生化的环境规制比外生的环境规制对净进口的影响更大，后者还显示污染控制成本增加最大的行业进口最多。Busse(2004)采用了2001年119个国家的5个高污染行业的截面数据，运用H-O模型检验了环境规制对净出口的影响，结果并没有发现支持污染避难所效应的充分证据。但是钢铁行业例外，严格的环境规制与净出口之间出现了显著的负相关。Ederington, Levinson, and Minier(2005)运用1978—1992年美国标准产业分类4位数水平的制造业的面板数据检验环境规制对美国净进口的影响，认为环境规制对贸易的影响难以发现的原因有：①环境规制对发达经济体与发展中经济体的贸易有着强烈的影响，而大量的贸易发生在发达经济体之间；②对于大多数行业来说，污染控制成本只占总成本很小的一部分；③污染控制成本大的行业在地理上是不容易移动的。考虑到以上情形之后，发现污染控制成本对能够自由移动的污染密集型行业从发展中国家净进口有着显著的影响。陆旸(2009)采用2005年的横截面数据，在HOV模型的基础上利用最小二乘法检验了环境规制对污染密集型商品比较优势的影响，结果发现：环境规制不仅没有降低污染密集型商品的比较优势，而且提高了化工、钢铁和造纸行业的比较优势。

上述运用H-O模型的研究中，采用截面数据的研究没有发现污染避难所效应的充分证据，即使在考虑到环境规制内生性的情况下，也没有改变这一结果；而运用面板数据并且考虑到环境规制内生性的研究却强烈支持污染避难所效应，虽然这些研究的样本只是美国(净进口)，而没有考虑其他发达国家。

2.3.4 述评

综上所述，因采用的方法、选取的样本和数据的不同，到目前为止关于污染避难所效应的实证研究还没有一致的结论。究其原因，根据以上文献可以归纳为以下几种情形：

(1)大多数文献采用截面数据，而截面数据很难控制不可观察的国家或行业特征，这些特征可能与环境规制和经济活动有关系(Levinson and Taylor, 2008)。在简单的截面模型中，遗漏不可观察的变量将导致不能进行有意义解释的互相矛盾的结果。例如，如果某个国家在生产污染产品方面有不能观察的比较优势，它将出口许多这样的产品，产生许多污染并且实施严格的环境规制来控制这些污染。截面数据分析将发现严格的环境规制与出口正相关,这可能被错误地解释为支持波特假说,即严格的环境规制会提高产业竞争力(Brunnermeier and Levinson, 2004)。

(2)环境规制的内生性问题。Ederington and Minier (2003)以及 Levinson and Taylor (2008) 认为以前的研究没有发现污染避难所效应的证据是因为环境规制被当作外生变量。当环境规制被当作内生变量时,它显著地影响了美国的贸易模式。Ederington and Minier (2003)认为,之所以把环境规制当作内生变量,是因为当面临高水平的净进口时政府可能会放松环境规制。Brunnermeier and Levinson(2004)认为环境规制可能由贸易内生地决定,即两者互为因果关系;如果较大的经济活动导致较高的收入,进而导致对环境质量的高需求,这样环境规制可能是贸易的函数。

(3)污染避难所效应(假说)与要素禀赋假说、波特假说的冲突。要素禀赋假说认为,环境规制对贸易模式的影响很小或没有影响,而是由要素禀赋或技术决定贸易模式(Copeland and Taylor, 2004)。国际贸易模式受环境规制、要素禀赋和技术等的共同影响,若环境规制成本太小,而不能超过要素禀赋、技术等对比较优势的作用,即使污染避难所效应存在,环境规制严格的国家可能仍然出口污染密集型商品。波特假说认为,严格的环境规制将激励创新,提高效率,减少生产成本,提高竞争力(Porter and Van der Linde,1995)。这样,创新激励将会抵消严格的环境规制减少出口或增加进口的作用。

(4)大多数污染密集型产品来自资源性行业而在地理上不容易移动,决定这类行业竞争力的主要因素是自然资源(Van Beers and Van den Bergh, 1997; Harris, Konya, and Matyas, 2002);而容易自由移动的行业(footloose industries),如电子电器制造业等则更容易受到环境规制的不利影响(Ederington, Levinson, and Minier, 2005;Kellenberg, 2009)。

(5)基于多边贸易的 HOV 方法存在一个缺点,那就是环境规制对国际贸易的影响可能被抵消了,因为多边贸易是双边贸易的总和(Van Beers and Van den Bergh, 1997)。

鉴于此,本书运用双边贸易的引力模型,采用面板数据同时兼顾环境规制的外生性与内生性来研究环境规制对中国各行业特别是碳密集型行业出口贸易的影响,其特点如下:

(1)为了避免样本选择偏差,选择 2000—2011 年中国与其 56 位主要贸易伙伴之间的双边贸易作为样本,样本容量为 672 个,包括 34 个发达国家(地区)和 24

个发展中国家(地区)。

(2)采用面板数据从而克服了截面数据很难控制不可观察的国家特征,而且考虑到了环境规制的内生性问题,从而克服了外生的环境规制对回归结果的偏差。

(3)运用二氧化碳排放强度来衡量环境规制,目的是考察在低碳经济的背景下,节能减排对中国碳密集型行业的出口贸易是否产生了影响以及怎样的影响。

第3章　中国对外贸易现状分析

如前所述，伴随着中国经济快速增长的是对外贸易的快速增长和二氧化碳排放的急剧增加，人们很自然地将快速增长的对外贸易与中国急剧增加的二氧化碳排放联系起来，认为对外贸易是中国二氧化碳排放增加的重要原因。因此，在研究中国对外贸易与二氧化碳排放的关系之前，这里首先分析一下中国对外贸易的现状，包括总体情形和行业特点，从而了解中国对外贸易的发展态势，更重要的是为后面的分析打下基础。

3.1　中国对外贸易的总体情形分析

3.1.1　中国对外贸易额及其发展趋势分析

改革开放以来，中国对外贸易发展迅速，对外贸易规模不断扩大。如表3-1所示，1978—2013年的35年间，中国货物进出口贸易总额从206.4亿美元增加到41 589.9亿美元，增长了约201倍，出现了年均16.9%的高速增长。其中，出口总额从97.5亿美元增加到22 090.0亿美元，增长了约226倍，年均增长16%；进口总额从108.9亿美元增加到19 499.9亿美元，增长了约179倍，年均增长15.3%。与此相对应的是，中国对外贸易在世界贸易中的地位不断上升。1978年中国货物进出口贸易总额位居世界第29位，1990年、2000年、2010年分别上升到第15位、第8位、第2位，到2013年已经超过美国成为世界第一贸易大国。其中，出口贸易额2010年就已经上升到世界第1位。长期以来，中国对外贸易已成为拉动国民经济增长的中坚力量。自1994年以来，中国对外贸易一直处于顺差状态，特别是2005年后每年顺差超过1 000亿美元，1994—2005年年均增长达到34.16%；2013年实现贸易顺差2 590.1亿美元，是1994年的48倍，1994—2013年年均增长11.4%。中国对外贸易依存度不断上升，特别是1990年以来一直达到30%以上，2006年更是上升到65.17%；虽然2006年以后呈现下降趋势，但是最低的2009年也达到44.19%。

表 3 - 1　中国历年的对外贸易状况

年份	出口额/亿美元	进口额/亿美元	进出口总额/亿美元	净出口额/亿美元	对外贸易依存度/%
1978	97.5	108.9	206.4	－11.4	9.74
1980	181.2	200.2	381.4	－19.0	12.54
1985	273.5	422.5	696.0	－149.0	22.92
1990	620.9	533.5	1 154.4	87.4	29.78
1991	719.1	637.9	1 357.0	81.2	33.17
1992	849.4	805.9	1 655.3	43.5	33.87
1993	917.4	1 039.6	1 957.0	－122.2	31.90
1994	1 210.1	1 156.1	2 366.2	54.0	42.29
1995	1 487.8	1 320.8	2 808.6	167.0	38.66
1996	1 510.5	1 388.3	2 898.8	122.2	33.91
1997	1 827.9	1 423.7	3 251.6	404.2	34.15
1998	1 837.1	1 402.4	3 239.5	434.7	31.81
1999	1 949.3	1 657.0	3 606.3	292.3	33.34
2000	2 492.0	2 250.9	4 742.9	241.1	39.58
2001	2 661.0	2 435.5	5 096.5	225.5	38.47
2002	3 256.0	2 951.7	6 207.7	304.3	42.70
2003	4 382.3	4 127.6	8 509.9	254.7	51.89
2004	5 933.3	5 612.3	11 545.5	320.9	59.76
2005	7 619.5	6 599.5	14 219.1	1 020.0	63.22
2006	9 689.8	7 914.6	17 604.4	1 775.2	65.17
2007	12 204.6	9 561.2	21 765.7	2 643.4	62.78
2008	14 306.9	11 325.7	25 632.6	2 981.2	57.29
2009	12 016.1	10 059.2	22 075.4	1 956.9	44.19
2010	15 777.5	13 962.4	29 740.0	1 815.1	50.24
2011	18 983.8	17 434.8	36 418.6	1 549.0	49.97
2012	20 487.1	18 184.1	38 671.2	2 303.1	47.00
2013	22090.0	19499.9	41 589.9	2 590.1	45.38

资料来源:《中国统计年鉴 2014》。

当然,中国对外贸易发展也不是一直保持平稳增长、一帆风顺的,图 3-1 反映的是 1978—2013 年中国对外贸易发展趋势。可以看出,在 2001 年以前,中国出口额、进口额与进出口总额都表现为比较平缓的增长态势;而在 2001 年我国加入世界贸易组织之后,出口额、进口额与进出口总额均出现迅速增长的态势,但是由于受到 2008 年全球金融危机的影响,2009 年我国的对外贸易额出现过短暂的下降;令人欣喜的是,2010 年后迅速恢复增长,总体上基本保持一个比较快速的增长态势。

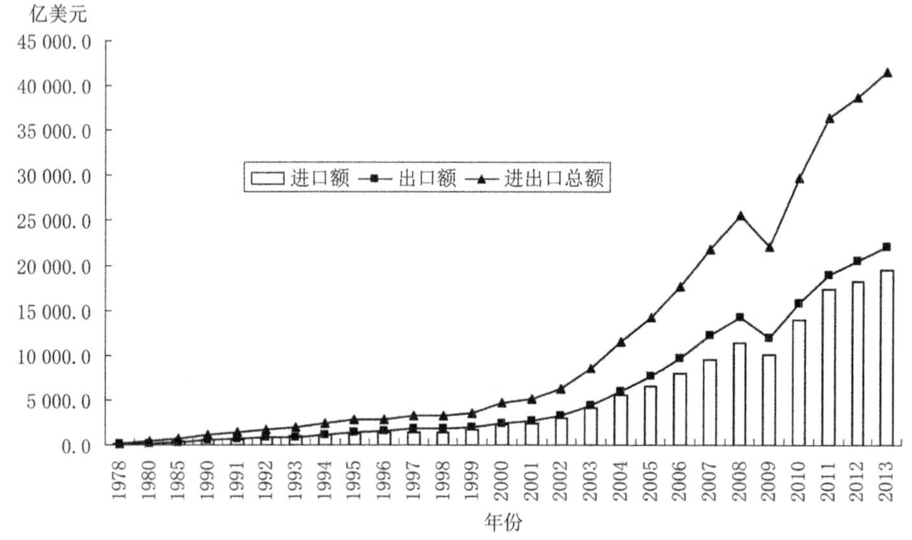

图 3-1 1978—2013 年中国对外贸易发展趋势

(资料来源:《中国统计年鉴 2014》)

3.1.2 中国对外贸易的市场结构分析

1. 中国出口贸易的市场结构分析

本书计算了中国向其前 15 个贸易伙伴的出口值占中国出口总值的比例,以此来说明中国出口贸易的市场结构,了解中国出口贸易的主要流向。由图 3-2 与表 3-2 可以看出中国出口贸易的市场结构具有以下特点:

(1)1981—2013 年,中国香港特区和日本、美国始终是中国最大的出口贸易伙伴。在 2004 年以前,中国向中国香港特区、日本与美国的出口值之和占中国出口总值的比例超过 50%,2005 年以后这一比例虽然有所下降,但也超过了 40%。其中,1998 年以前中国香港特区一直是中国最大的贸易伙伴,日本居第 2 位,美国居第 3 位;1998

年以后，美国成为中国最大的出口贸易伙伴，中国香港特区居第2位，日本居第3位。

(2)中国的出口市场在1981—1991年逐渐集中，而1992—2013年逐渐分散。1981年中国向其前15个贸易伙伴的出口值总和占中国出口总值的比例为77.92%，之后这一比例逐年上升，到1991年达到87.99%；而1992年后这一比例逐年下降，由87.20%下降到2013年的69.09%。中国向其前1、3、5、10位贸易伙伴的出口总和占中国出口总值的比例也基本呈现同样的趋势。这说明1992年以来，中国充分意识到开拓新市场，优化市场结构对于扩大出口贸易的重要意义。正因为如此，由《中国统计年鉴》可以发现中国的出口贸易伙伴由1981年的133个国家或地区上升到2013年的229个国家或地区。

(3)除了中国香港、日本、美国外，中国重要的出口地还有韩国、德国、俄罗斯(或苏联)、新加坡、荷兰、意大利、英国、法国、中国台湾等。然而，1981—1991年，中国澳门、约旦、巴西、罗马尼亚、波兰、泰国等也曾是比较重要的贸易伙伴，而1992—2013年韩国、中国台湾、澳大利亚、印度、加拿大、马来西亚、印度尼西亚等也已上升为中国比较重要的出口地。特别需要说明的是，韩国虽然从1990年才与中国有贸易关系，但是自1995年以来一直是中国第四大出口贸易伙伴，已经成为中国重要的出口地。

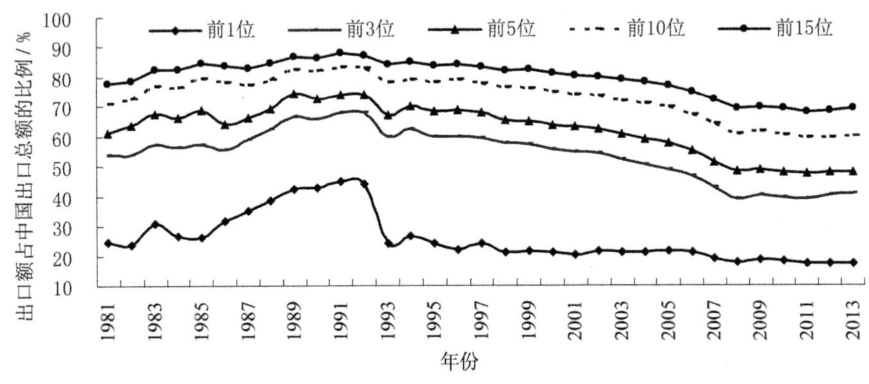

图3-2　中国出口市场集中度变化趋势

表3-2　中国出口贸易的市场结构

单位：%

1981年		1985年		1989年		1991年		1992年	
出口地	占比	出口地	占比	出口地	占比	出口地	占比	出口地	占比
中国香港	24.54	中国香港	26.41	中国香港	42.23	中国香港	44.88	中国香港	44.27

（续表）

1981 年		1985 年		1989 年		1991 年		1992 年	
出口地	占比	出口地	占比	出口地	占比	出口地	占比	出口地	占比
日本	22.19	日本	22.40	日本	16.18	日本	14.32	日本	13.78
美国	7.03	美国	8.58	美国	8.50	美国	8.65	美国	10.14
德国	4.35	新加坡	7.63	德国	3.74	德国	3.29	德国	2.89
新加坡	3.08	苏联	3.65	苏联	3.56	韩国	3.04	韩国	2.84
荷兰	2.12	约旦	3.61	新加坡	3.26	新加坡	2.81	俄罗斯	2.76
约旦	2.06	德国	3.11	荷兰	1.46	苏联	2.55	新加坡	2.40
也门	1.97	巴西	1.57	意大利	1.38	荷兰	1.48	荷兰	1.42
英国	1.92	英国	1.30	英国	1.22	意大利	1.30	意大利	1.29
罗马尼亚	1.75	荷兰	1.20	法国	1.02	泰国	1.18	英国	1.09
巴西	1.60	菲律宾	1.16	泰国	0.96	法国	1.02	泰国	1.06
朝鲜	1.39	意大利	1.08	中国澳门	0.90	英国	1.02	法国	0.90
中国澳门	1.34	罗马尼亚	1.01	澳大利亚	0.82	巴基斯坦	0.84	中国台湾	0.82
法国	1.33	波兰	0.94	加拿大	0.79	中国台湾	0.83	澳大利亚	0.78
意大利	1.20	中国澳门	0.91	波兰	0.74	加拿大	0.78	加拿大	0.77
合计	77.92	合计	84.54	合计	86.77	合计	87.99	合计	87.20

1995 年		2000 年		2005 年		2010 年		2013 年	
出口地	占比	出口地	占比	出口地	占比	出口地	占比	出口地	占比
中国香港	24.21	美国	20.91	美国	21.38	美国	17.96	中国香港	17.41
日本	19.15	中国香港	17.87	中国香港	16.34	中国香港	13.84	美国	16.68
美国	16.63	日本	16.72	日本	11.03	日本	7.67	日本	6.80
韩国	4.50	韩国	4.53	韩国	4.61	韩国	4.36	韩国	4.13
德国	3.82	德国	3.72	德国	4.27	德国	4.31	德国	3.05
新加坡	2.36	荷兰	2.68	荷兰	3.40	荷兰	3.15	荷兰	2.73
荷兰	2.17	英国	2.53	英国	2.49	印度	2.59	英国	2.31
中国台湾	2.08	新加坡	2.31	新加坡	2.18	英国	2.46	俄罗斯	2.24
英国	1.88	中国台湾	2.02	中国台湾	2.17	新加坡	2.05	越南	2.20
意大利	1.39	意大利	1.53	俄罗斯	1.73	意大利	1.97	印度	2.19
法国	1.24	法国	1.49	意大利	1.53	中国台湾	1.88	马来西亚	2.08
泰国	1.18	澳大利亚	1.38	加拿大	1.53	俄罗斯	1.88	新加坡	2.07

（续表）

1995年		2000年		2005年		2010年		2013年	
出口地	占比	出口地	占比	出口地	占比	出口地	占比	出口地	占比
俄罗斯	1.12	加拿大	1.27	法国	1.53	法国	1.75	中国台湾	1.84
澳大利亚	1.09	印度尼西亚	1.23	澳大利亚	1.45	澳大利亚	1.73	澳大利亚	1.70
加拿大	1.03	马来西亚	1.03	马来西亚	1.39	巴西	1.55	印度尼西亚	1.67
合计	83.85	合计	81.23	合计	77.05	合计	69.16	合计	69.09

资料来源：根据《中国统计年鉴》计算。

2. 中国进口贸易的市场结构分析

与出口一样，本书也计算了中国向其前15个贸易伙伴的进口值占中国进口总值的比例，以此来说明中国进口贸易的市场结构，了解中国进口贸易的主要来源地。由图3-3与表3-3可以看出中国进口贸易的市场结构具有以下特点：

(1)1981—2013年，日本几乎一直是中国最大的进口来源地(除了少数年份外)，其他主要进口来源地有韩国、美国、德国等国家和我国台湾、香港地区。我国台湾地区和韩国自从1990年与中国开始有贸易关系以来，就成为中国主要的进口来源地，2000年后分别上升为中国进口来源地的第2位和第3位；美国、德国在中国进口来源地的地位稳中有降，但是始终处于第4、第5位以前；中国香港在中国进口来源地中的地位不断下降，1994年以前至少排在中国进口来源地的第4位，1995—2002年还处于第5或第6位，2003—2013年以来其地位更是逐年下降，由第7为下降到第24位。

(2)除了日本、韩国、美国、德国和我国台湾、香港地区等六大进口来源地以外，近年来澳大利亚、马来西亚、巴西、泰国已经上升为中国重要的进口来源地；比较重要的进口来源地还有新加坡、俄罗斯、意大利、加拿大、印度尼西亚、英国、法国等。

(3)中国的进口市场总体上呈现分散趋势，特别是1993—2013年这一趋势更加明显。需要说明的是，从图3-3看，前1、3、5位与前10、15位的情形有所不同，前三者各自的进口总额分别占中国进口总额的比例在1981—1992年皆呈下降趋势，而后两者各自的这一比例呈上升趋势。然而，这一差别并没有改变中国进口市场不断优化的趋势，而且所有5种情形都表明1993—2013年这一优化的趋势更加明显。

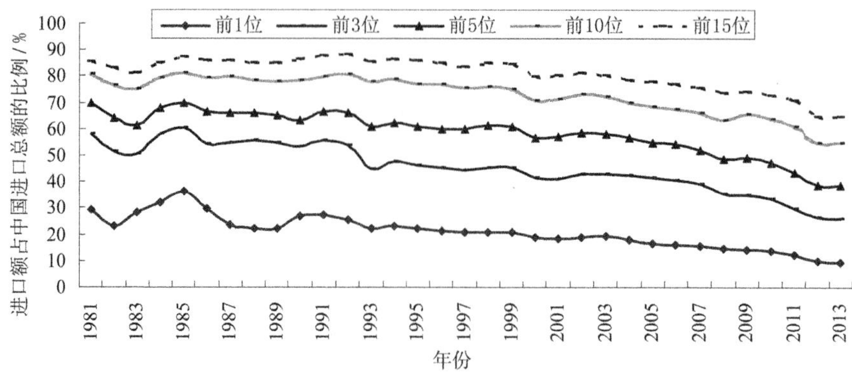

图 3-3 中国进口市场集中度变化趋势

表 3-3 中国进口贸易的市场结构

单位：%

1981 年		1985 年		1989 年		1991 年		1992 年	
进口地	占比	进口地	占比	进口地	占比	进口地	占比	进口地	占比
日本	29.21	日本	36.48	中国香港	22.16	中国香港	27.49	中国香港	25.64
美国	22.08	美国	12.35	日本	18.62	日本	15.79	日本	17.08
德国	6.91	中国香港	11.64	美国	13.90	美国	12.61	美国	11.11
中国香港	5.88	德国	6.52	德国	6.57	中国台湾	5.73	中国台湾	7.32
加拿大	5.55	加拿大	2.81	苏联	3.79	德国	4.80	德国	5.01
澳大利亚	3.49	澳大利亚	2.75	意大利	3.24	苏联	3.28	俄罗斯	4.40
罗马尼亚	2.30	巴西	2.39	新加坡	2.65	加拿大	2.59	韩国	3.27
法国	1.87	苏联	2.38	澳大利亚	2.60	法国	2.47	加拿大	2.41
意大利	1.63	意大利	2.21	法国	2.51	澳大利亚	2.45	意大利	2.18
巴基斯坦	1.57	英国	1.81	英国	1.92	意大利	2.30	澳大利亚	2.09
英国	1.11	法国	1.73	加拿大	1.91	印度尼西亚	2.21	印度尼西亚	1.94
朝鲜	1.10	罗马尼亚	1.41	巴西	1.66	韩国	1.68	法国	1.87
苏联	1.00	西班牙	1.34	泰国	1.34	新加坡	1.67	新加坡	1.54
古巴	0.90	阿根廷	0.81	马来西亚	1.22	英国	1.48	英国	1.27
瑞士	0.85	印度尼西亚	0.81	印度尼西亚	1.03	马来西亚	1.27	马来西亚	1.04
合计	85.47	合计	87.44	合计	85.12	合计	87.82	合计	88.18

(续表)

1995年		2000年		2005年		2010年		2013年	
进口地	占比	进口地	占比	进口地	占比	进口地	占比	进口地	占比
日本	22.35	日本	19.05	日本	16.60	日本	13.72	韩国	9.39
美国	12.42	中国台湾	11.70	韩国	12.70	韩国	10.74	日本	8.32
中国台湾	11.39	韩国	10.65	中国台湾	12.35	中国台湾	8.99	中国台湾	8.02
韩国	7.93	美国	10.26	美国	8.04	美国	7.93	美国	7.81
中国香港	6.62	德国	4.78	德国	5.08	德国	5.77	澳大利亚	5.07
德国	6.19	中国香港	4.33	马来西亚	3.32	澳大利亚	4.75	德国	4.83
俄罗斯	2.93	俄罗斯	2.65	新加坡	2.73	马来西亚	3.92	马来西亚	3.08
新加坡	2.62	马来西亚	2.51	澳大利亚	2.68	巴西	2.96	瑞士	2.88
意大利	2.40	新加坡	2.32	俄罗斯	2.63	泰国	2.58	巴西	2.78
加拿大	2.07	澳大利亚	2.31	泰国	2.31	沙特	2.55	沙特	2.74
法国	2.04	印度尼西亚	2.02	菲律宾	2.13	俄罗斯	2.01	南非	2.48
澳大利亚	1.99	泰国	2.01	沙特	2.02	新加坡	1.92	俄罗斯	2.03
马来西亚	1.59	法国	1.81	中国香港	2.02	安哥拉	1.77	泰国	1.98
印度尼西亚	1.58	加拿大	1.72	巴西	1.65	印度	1.62	安哥拉	1.64
英国	1.52	英国	1.65	印度	1.61	印度尼西亚	1.61	印度尼西亚	1.61
合计	85.66	合计	79.77	合计	77.89	合计	72.83	合计	64.67

资料来源:根据《中国统计年鉴》计算。

3.2 中国对外贸易的行业特点分析

3.2.1 中国对外贸易额的行业结构分析

需要说明的是,出于第4章中计算中国对外贸易隐含碳的需要,必须将中国各行业进行归并整理。为了保证前后的一致性,此处同样将货物贸易分为17个行业,具体分类情形和原因将在第4章加以说明。

1. 中国出口贸易的行业结构

1992—2013年中国出口贸易的行业结构如表3-4所示。从各行业这22年的简单平均值看,在中国出口总额中所占份额较大的6个行业由大到小依次为纺织业、电子通信与仪器仪表制造业、其他制造业、机械设备制造业、电气机械及器材制造业、化学工业,除其他制造业外(因其是杂项),其他5个行业出口额总和占到中国出口总额的66.61%。其中,纺织业和电子通信与仪器仪表制造业是中国出口额最大的两个行业,其出口额分别占到中国货物出口总额的24.81%和24.29%;其他4个行业中,单个行业的出口份额为5.38%~6.99%。所占份额较小的5个行业由大到小依次为非金属矿物制品业、采矿业、石油加工业、木材加工业、造纸业,其出口额总和占中国出口总额的6.77%,单个行业的出口份额为0.85%~1.88%。其他6个行业所占份额居中,其出口额总和占中国出口总额的19.62%,单个行业的出口份额为1.97%~4.01%。

表3-4 中国出口贸易的行业结构

单位:%

行　业	1992年	1995年	2000年	2005年	2010年	2011年	2012年	2013年	均值
农业	5.73	3.03	1.91	0.96	0.82	0.77	0.71	0.72	1.97
采矿业	4.97	2.92	2.03	1.29	0.49	0.46	0.38	0.32	1.79
食品、饮料和烟草	7.29	6.48	4.22	2.54	2.22	2.34	2.28	2.25	4.01
纺织业	37.72	32.97	27.29	19.10	16.62	16.63	16.06	16.50	24.81
木材加工业	1.32	1.41	1.06	0.99	0.71	0.69	0.69	0.65	1.02
造纸业	0.94	0.93	0.81	0.72	0.87	0.94	0.97	1.02	0.85
石油加工业	1.43	1.17	1.38	1.27	1.31	1.35	1.20	1.30	1.24
化学工业	5.18	6.25	5.01	4.90	5.77	6.22	5.64	5.39	5.38
橡胶与塑料	2.01	2.55	2.98	2.68	2.68	2.93	3.29	3.33	2.72
非金属矿物	1.91	2.08	1.78	1.75	1.86	1.91	2.13	2.23	1.88
金属冶炼	2.44	4.90	3.20	4.05	3.71	4.24	3.76	3.56	3.63
金属制品业	2.89	3.21	3.42	3.46	3.46	3.59	3.63	3.59	3.44
机械设备制造业	3.54	4.20	5.69	7.11	8.63	8.80	8.81	8.76	6.47
电气机械及器材制造业	3.50	4.69	6.40	5.50	6.50	6.50	6.56	6.86	5.66
电子通信与仪器仪表制造业	9.25	13.18	21.31	33.81	32.68	30.28	30.86	31.35	24.29
交通运输设备制造业	2.50	2.64	3.74	3.85	5.85	6.01	5.52	4.80	3.85
其他制造业	7.39	7.40	7.76	6.01	5.84	6.34	7.51	7.35	6.99
合　计	100.00	100.00	100.00	100.00	100.00	100.00	100.00	100.00	100.00

资料来源:根据OECD官方网站数据计算。

注:均值为1992—2013年共22年的简单平均值。

从各行业的发展趋势看，有 11 个行业的出口份额呈现上升趋势，如图 3 - 4 所示。其中，电子通信与仪器仪表制造业、机械设备制造业、电气机械及器材制造业、交通运输设备制造业、金属制品业等 5 个行业的出口份额上升趋势较为明显，特别是电子通信与仪器仪表制造业的出口份额的增长幅度较大，1992—2013 年增长的幅度高达 238.83%，由 1992—2001 年的中国出口第二大行业上升为 2002—2013 年间的中国出口最大的行业，到 2013 年其出口份额达到第二大出口行业——纺织业出口份额的 2 倍左右；而橡胶与塑料制品业、化学工业、造纸业、金属冶炼业、非金属矿物制品业、石油加工业等 6 个行业的出口份额的上升趋势不够明显。

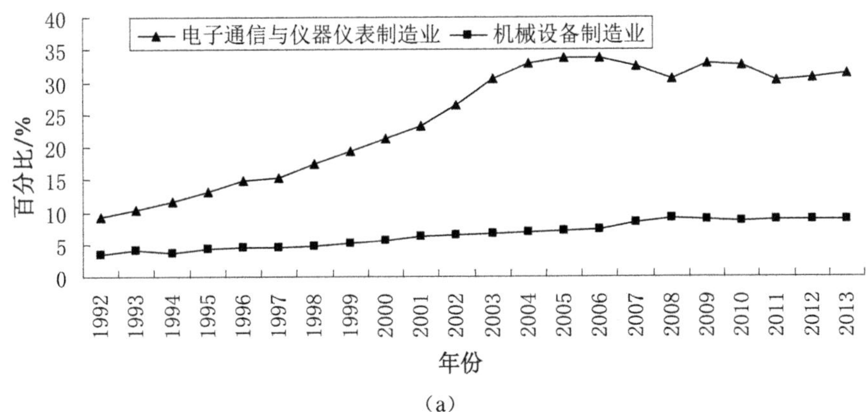

(a)

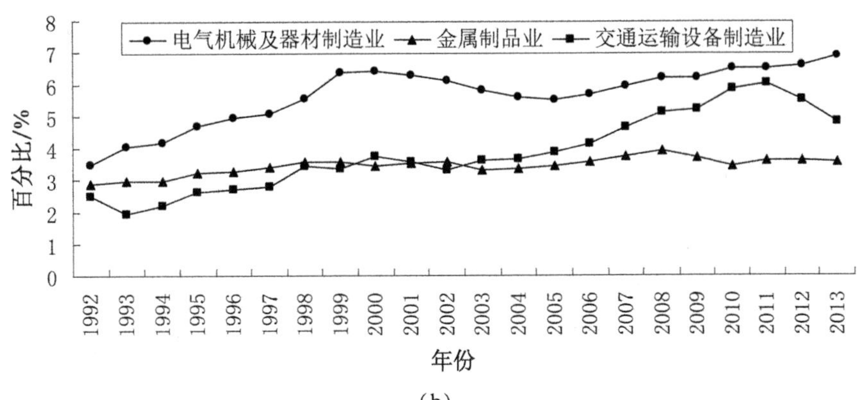

(b)

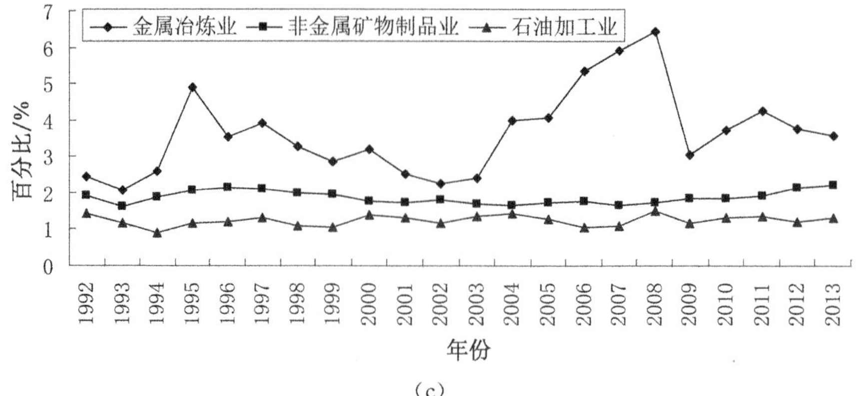

(c)

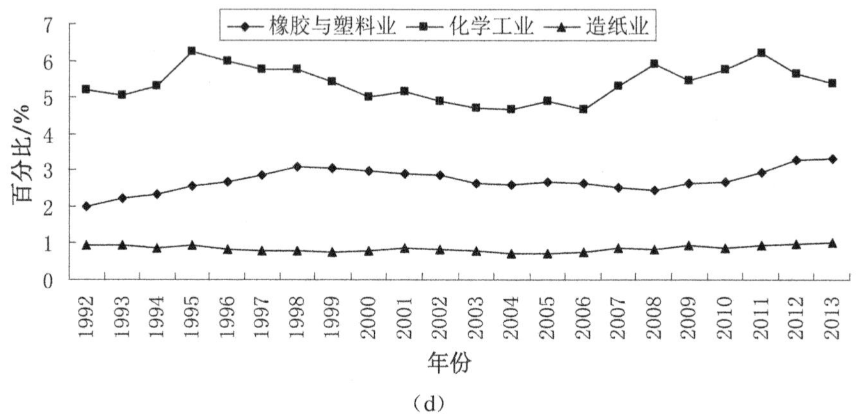

(d)

图 3-4　出口贸易呈现上升趋势的行业

(资料来源:根据 OECD 官方网站数据绘制)

另外,6 个行业的出口份额呈现下降趋势,如图 3-5 所示。除其他制造业的下降趋势不够明显外,纺织业、食品、饮料和烟草制造业、农业、采矿业、木材加工业等 5 个行业的出口份额均有明显的下降趋势,其中纺织业出口份额的下降幅度较大,1992—2013 年下降的幅度多达 128.60%;2002 年后从中国出口额最大的行业下降为中国第二大出口行业。

2. 中国进口商品的行业结构

1992—2013 年中国进口贸易的行业结构如表 3-5 所示,从各行业这 22 年的简单平均值看,在中国进口总额中所占份额较大的 5 个行业由大到小依次为电子通信与仪器仪表制造业、化学工业、机械设备制造业、采矿业、金属冶炼业,其进口额总和占到中国进口总额的 68.12%。其中,电子通信与仪器仪表制造业自从 1997

年以来就一直是中国进口最大的行业，其进口额占到中国货物进口总额的25.05%；其他4个行业中，单个行业的进口份额为7.18%～12.89%。进口贸易所占份额较小的5个行业由大到小依次为橡胶与塑料制品业、金属制品业、其他制造业、非金属矿物制品业、木材加工业，其进口额总和占中国进口总额的5.04%，其单个行业的进口份额为0.67%～1.61%。其他7个行业所占份额居中，其进口额总和占中国进口总额的26.84%，单个行业的出口份额为2.19%～6.03%。

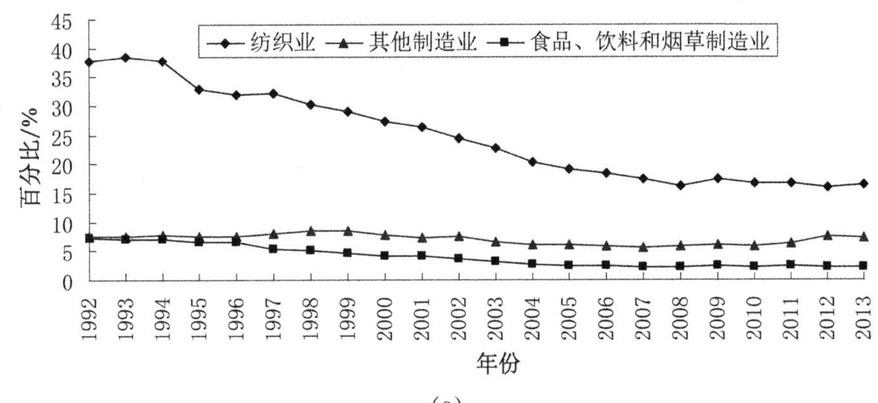

(a)

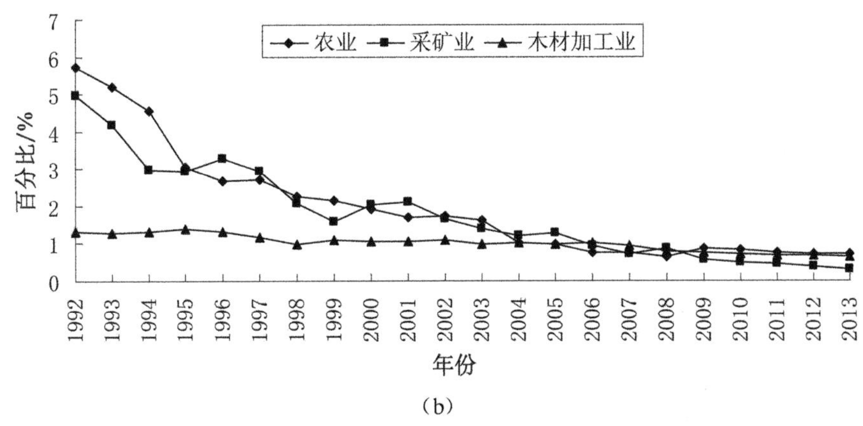

(b)

图3-5　出口贸易呈现下降趋势的行业

（资料来源：根据OECD官方网站数据绘制）

表3-5　中国进口贸易的行业结构

单位：%

行　业	1992	1995	2000	2005	2010	2011	2012	2013	均 值
农业	4.64	5.02	3.41	3.24	3.97	4.32	4.71	4.68	3.67

（续表）

行　业	1992	1995	2000	2005	2010	2011	2012	2013	均 值
采矿业	3.88	3.57	8.77	12.16	20.23	23.49	23.79	23.51	11.06
食品、饮料和烟草	2.68	4.72	2.57	1.91	2.20	2.36	2.56	2.63	2.68
纺织业	12.18	10.86	7.51	3.18	1.88	1.76	1.81	1.90	6.03
木材加工业	1.17	0.93	0.94	0.38	0.39	0.46	0.45	0.52	0.67
造纸业	2.76	2.51	3.19	1.61	1.35	1.35	1.25	1.18	2.19
石油加工业	1.90	2.00	2.50	2.19	2.24	2.49	2.42	2.34	2.40
化学工业	15.63	14.73	14.62	12.61	10.89	10.84	10.41	10.28	12.89
橡胶与塑料	1.72	1.69	1.67	1.43	1.68	1.56	1.53	1.49	1.61
非金属矿物	0.62	0.80	0.90	0.57	0.57	0.58	0.65	0.61	0.69
金属冶炼	8.29	7.39	7.52	6.85	5.73	5.24	4.72	4.16	7.18
金属制品业	1.45	1.70	1.58	1.07	0.99	0.93	0.88	0.85	1.34
机械设备制造业	17.05	18.97	10.30	9.28	8.32	8.25	6.62	5.94	11.94
电气机械及器材制造业	4.26	4.58	5.25	4.97	4.54	4.07	3.68	3.74	4.75
电子通信与仪器仪表制造业	12.35	15.05	25.36	34.48	29.04	26.05	28.07	29.29	25.05
交通运输设备制造业	8.15	4.51	3.28	3.56	5.41	5.52	5.77	6.01	5.12
其他制造业	1.28	0.98	0.62	0.51	0.60	0.73	0.69	0.88	0.73
合　计	100.00	100.00	100.00	100.00	100.00	100.00	100.00	100.00	100.00

资料来源：根据 OECD 官方网站数据计算。

从各行业的发展趋势看，有 3 个行业的进口份额呈现上升趋势，如图 3－6 所示。除农业的上升趋势不够明显外，采矿业、电子通信与仪器仪表制造业的上升趋势明显而且增长幅度较大：采矿业的进口份额由 1992 年的 3.88%增长到 2013 年的 23.51%，增长 505.93%，2006 年以来成为中国第二大进口行业；电子通信与仪器仪表制造业的进口份额由 1992 年的 12.35%增长到 2013 年的 29.29%，增长 137.16%，1997 年以来成为中国第一大进口行业。

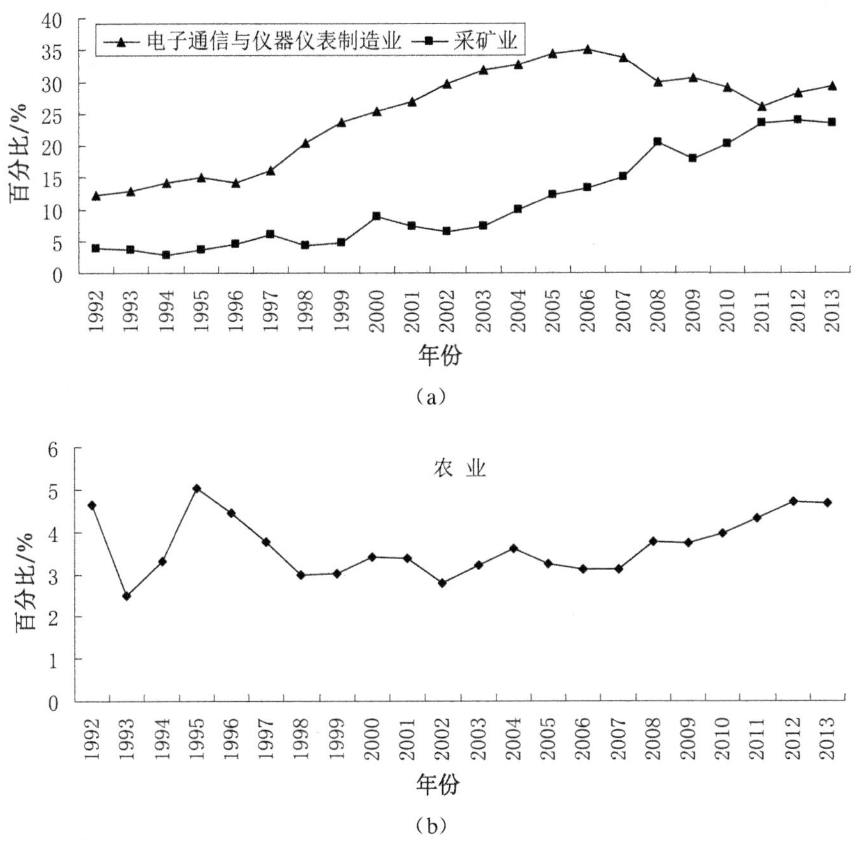

图 3－6　进口贸易呈现上升趋势的行业

(资料来源:根据 OECD 官方网站数据绘制)

另外,有 14 个行业的进口份额呈现下降趋势,如图 3－7 所示。纺织业、机械设备制造业、金属冶炼业、化学工业、造纸业、金属制品业、木材加工业等 7 个行业具有明显的下降趋势,其中纺织业、机械设备制造业等行业的下降幅度较大;纺织业 1999 年前为中国第四大进口行业,到 2008—2013 年则下降为第 11 位;机械设备制造业 1996 年前为中国第一大进口行业,1997—2004 年、2005—2012 年分别下降为中国进口行业的第 3、第 4 位,2013 年下降为第 5 位。其他 7 个行业的进口发展态势较为平稳,其进口份额下降的趋势均不够明显,分别为交通运输设备制造业、石油加工业、电气机械及器材制造业、食品、饮料与烟草制造业、橡胶与塑料制品业、非金属矿物制品业、其他制造业等。

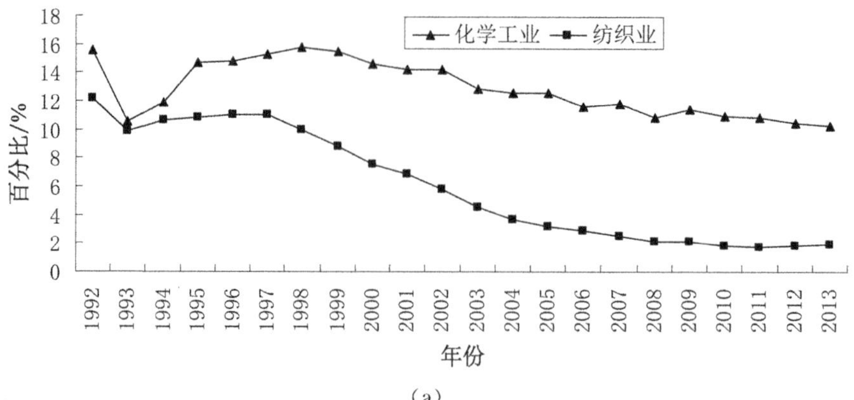

(a)

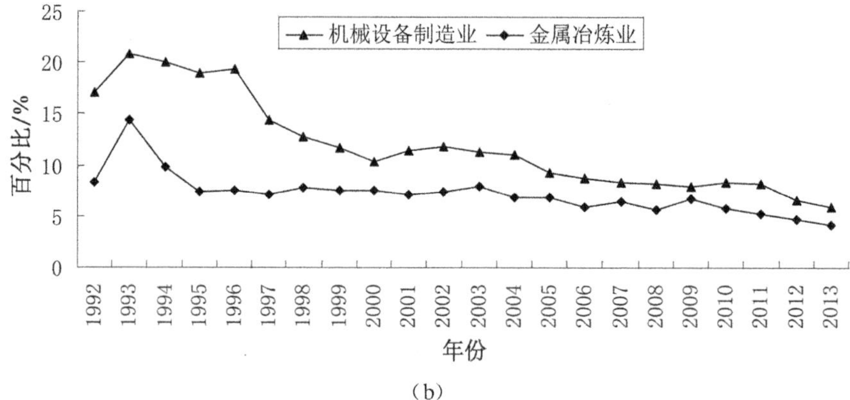

(b)

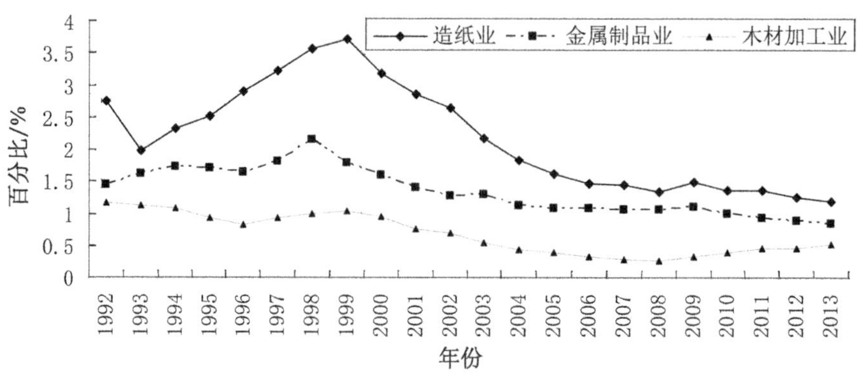

(c)

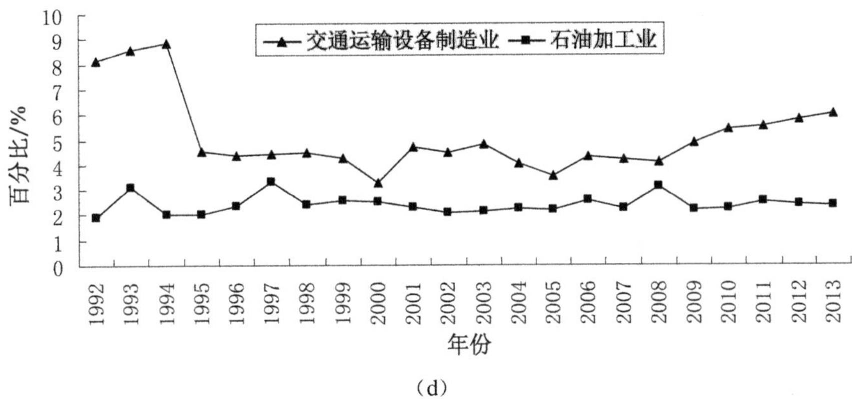

(d)

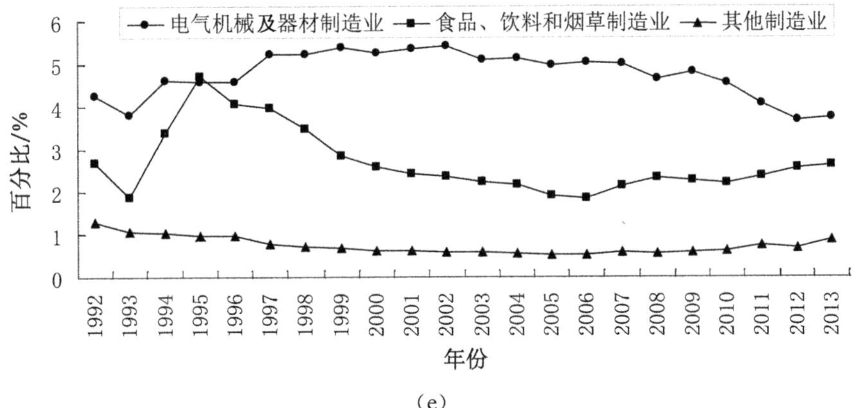

(e)

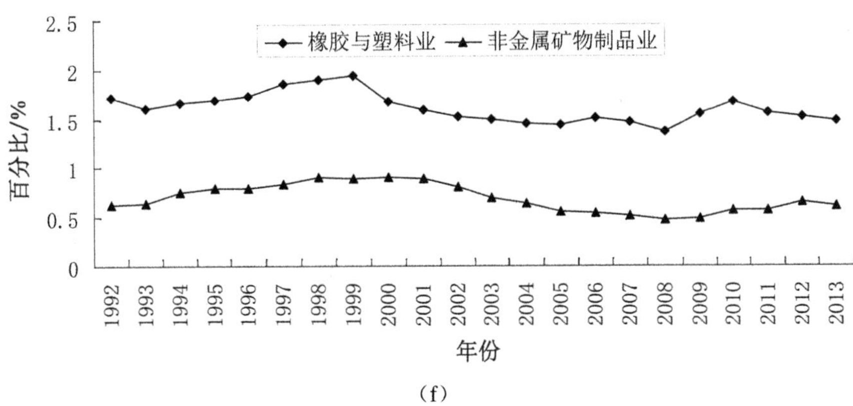

(f)

图 3－7　进口贸易呈现下降趋势的行业

（资料来源：根据 OECD 官方网站数据绘制）

3.2.2 中国各行业的比较优势分析

在国际贸易理论中,一般用巴拉萨(Balassa)1965年提出的显示性比较优势(revealed comparative advantage, RCA)指数来衡量一国的比较优势。按照巴拉萨的定义,显示性比较优势指数是指一个国家某种产品的出口额占该国全部产品出口总额的比重与世界上该类产品出口额占世界全部产品出口总额的比例,它反映了一个国家某一产业或产品的出口与世界该产业或产品的出口的相对优势,其计算公式为

$$RCA_{ij}=\frac{X_{ij}/X_{it}}{X_{wj}/X_{wt}} \tag{3-1}$$

式中, X_{ij} 表示 i 国 j 产品的出口额, X_{it} 表示 i 国所有产品的出口额, X_{wj} 表示世界上 j 产品的出口额, X_{wt} 表示世界所有产品的出口额。

一般认为,若 $RCA_{ij}>1$,则表明 i 国在 j 产品上有明显的比较优势;若 $RCA_{ij}<1$,则表明 i 国在 j 产品上有比较劣势。具体而言,若 $RCA_{ij}>2.5$,则表明 i 国在 j 产品上具有极强的国际竞争力;若 $1.25<RCA_{ij}<2.5$,则表明 i 国在 j 产品上具有很强的国际竞争力;若 $0.8<RCA_{ij}<1.25$,则认为 i 国在 j 产品上具有较强的国际竞争力;若 $RCA_{ij}<0.8$,则认为 i 国在 j 产品上国际竞争力较弱。

为便于后面6.3节等处的分析,此处的研究期限与后面一致,也为2000—2011年。另外,因其他制造业为杂项分类,这里没有计算其比较优势指数,其他16个行业的计算结果如表3-6所示。

从平均值看,研究期间纺织业、木材加工业、橡胶与塑料、非金属矿物制品业、金属制品业、电气机械及器材制造业、电子通信与仪器仪表制造业等7个行业的 RCA 都大于1,这说明中国在这些行业上具有明显的比较优势。其中,纺织业的 RCA 大于2.5,表明该行业具有极强的国际竞争力;非金属矿物制品业、金属制品业、电气机械及器材制造业、电子通信与仪器仪表制造业等4个行业的 RCA 都大于1.25,表明这些行业具有很强的国际竞争力;而木材加工业、橡胶与塑料这2个行业只是具有较强的国际竞争力。而对于农业、采矿业、食品、饮料和烟草、造纸业、石油加工业、化学工业、金属冶炼业、机械设备制造业、交通运输设备制造业等9个行业,其 RCA 都小于1,说明中国在这些行业上具有比较劣势;其中除机械设备制造业外,其他8个行业的 RCA 都小于0.8,表明中国这8个行业的国际竞争力较弱。

表 3-6 中国各行业的显性比较优势指数

行 业	2000年	2001年	2002年	2003年	2004年	2005年	2006年	2007年	2008年	2009年	2010年	2011年	均值
农业	0.85	0.72	0.73	0.66	0.45	0.45	0.36	0.33	0.27	0.32	0.31	0.28	0.48
采矿业	0.39	0.43	0.34	0.27	0.22	0.18	0.14	0.10	0.10	0.08	0.06	0.06	0.20
食品、饮料和烟草	0.84	0.77	0.68	0.57	0.53	0.50	0.49	0.43	0.39	0.39	0.40	0.41	0.53
纺织业	4.12	3.86	3.64	3.46	3.30	3.27	3.28	3.20	3.21	3.15	3.16	3.18	3.40
木材加工业	1.02	1.05	1.04	0.97	0.99	1.04	1.11	1.06	1.09	1.06	1.03	1.06	1.04
造纸业	0.27	0.29	0.29	0.29	0.27	0.30	0.33	0.39	0.39	0.42	0.42	0.48	0.35
石油加工业	0.60	0.59	0.51	0.53	0.50	0.35	0.26	0.28	0.30	0.29	0.28	0.24	0.39
化学工业	0.52	0.50	0.45	0.42	0.41	0.43	0.42	0.47	0.52	0.44	0.48	0.54	0.47
橡胶与塑料	1.24	1.18	1.13	1.02	1.02	1.07	1.06	1.01	1.02	1.03	1.05	1.14	1.08
非金属矿物制品业	1.44	1.37	1.41	1.33	1.34	1.46	1.48	1.40	1.53	1.58	1.68	1.79	1.48
金属冶炼业	0.73	0.59	0.54	0.54	0.76	0.75	0.84	0.87	0.95	0.55	0.61	0.66	0.70
金属制品业	1.59	1.59	1.58	1.47	1.49	1.51	1.52	1.52	1.58	1.53	1.53	1.58	1.54
机械设备制造业	0.65	0.70	0.74	0.75	0.77	0.80	0.83	0.93	1.01	1.03	1.05	1.05	0.86
电气机械及器材制造业	1.47	1.45	1.48	1.40	1.34	1.33	1.34	1.41	1.50	1.46	1.50	1.54	1.44
电子通信与仪器仪表制造业	1.06	1.23	1.46	1.70	1.82	1.91	1.94	1.98	2.04	1.99	1.96	2.02	1.76
交通运输设备制造业	0.27	0.25	0.22	0.25	0.26	0.28	0.31	0.35	0.40	0.43	0.48	0.50	0.33

资料来源：根据 OECD 官方网站数据计算。

从发展趋势看：如图 3-8 所示，有 7 个行业的 *RCA* 呈下降趋势，分别是农业、采矿业、石油加工业、纺织业、食品、饮料和烟草制造业、橡胶与塑料制造业、金属制品业，但是金属制品业、橡胶与塑料制造业的下降趋势不够明显。

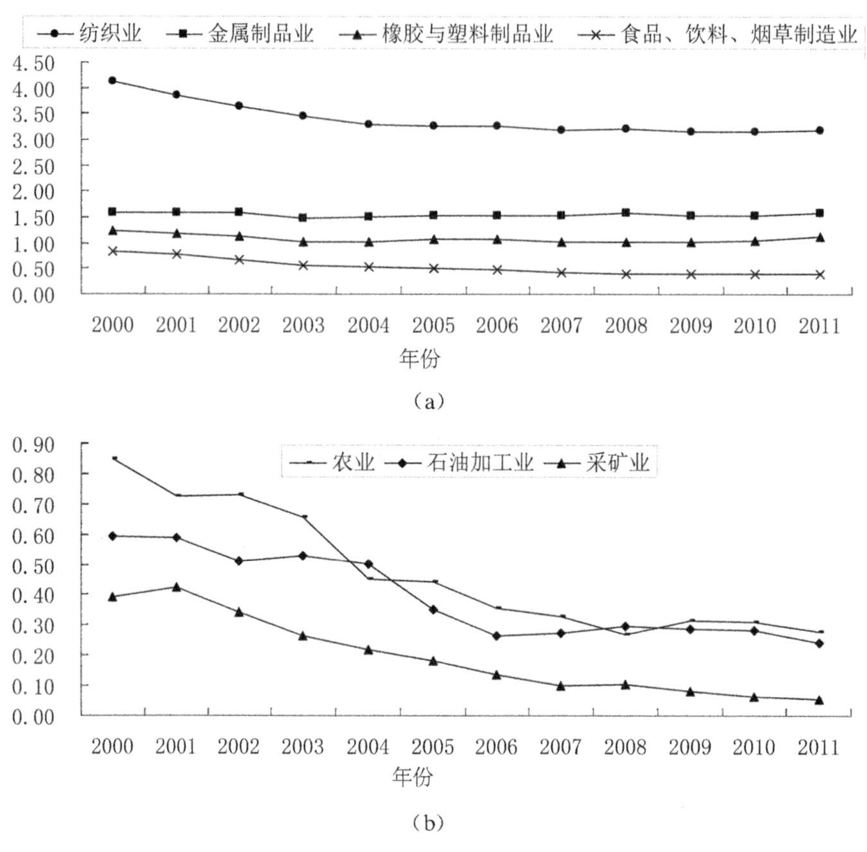

图 3-8 呈现下降趋势的行业的比较优势指数

（资料来源：根据 OECD 官方网站数据计算）

然而，如图 3-9 所示，有 9 个行业的 *RCA* 呈上升趋势，分别是木材加工业、造纸业、化学工业、非金属矿物制品业、金属冶炼业、机械设备制造业、电气机械及器材制造业、电子通信与仪器仪表制造业、交通运输设备制造业；其中电气机械及器材制造业、木材加工业、金属冶炼业、化学工业等 4 个行业上升趋势不够明显。

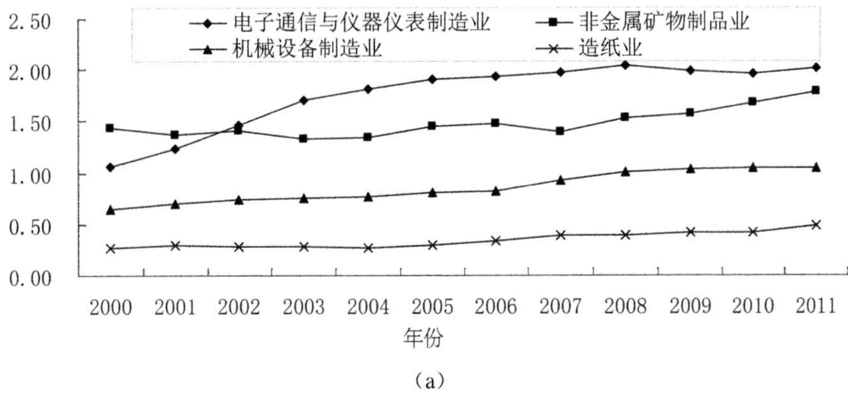

(a)

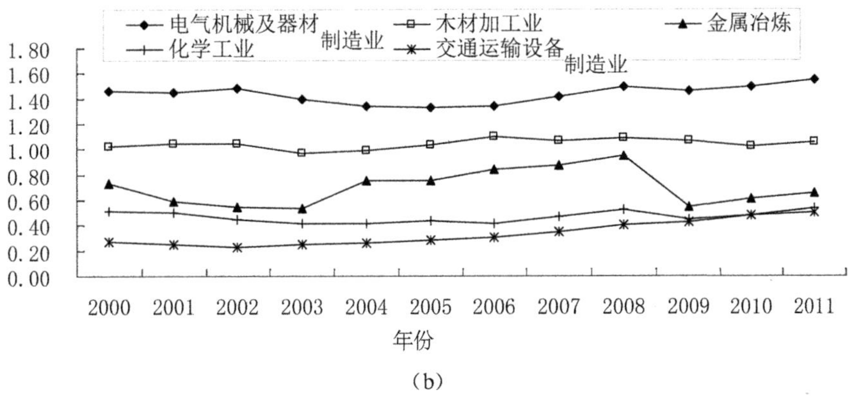

(b)

图 3-9　呈现上升趋势的行业的比较优势指数

(资料来源:根据 OECD 官方网站数据计算)

第4章　中国对外贸易中的隐含碳分析

任何一种产品的生产都会直接或间接地消耗若干能源，若消耗的是化石能源，则会产生二氧化碳排放。隐含碳（embodied carbon）是指产品生产和服务提供过程中直接和间接消耗的能源所排放的二氧化碳。而对外贸易中的隐含碳则体现了贸易产品或服务生产链中所隐含的能源消耗所排放的二氧化碳，因此研究中国对外贸易中的隐含碳则能够了解和掌握中国对外贸易的产品生产过程中所排放的二氧化碳，对于中国缓解日益增加的二氧化碳排放压力，应对后京都时代的国际气候谈判具有重要的现实意义。

如综述部分所言，投入产出方法是研究国际贸易中隐含碳的最主要方法。本章首先构建非竞争型投入产出模型，在估算中国各行业二氧化碳直接排放系数的基础上，来估算各行业的完全排放（包括直接排放和间接排放）系数以及中国对外贸易隐含碳，包括中国总体上生产与消费碳排放、出口、进口与净出口的隐含碳、中间投入品的进口与再出口的隐含碳，以及中国对外贸易中隐含碳的行业分布与国别（或地区）流向乃至中美双边“碳贸易”问题。

4.1　非竞争型投入产出模型的构建

目前大多数有关中国对外贸易隐含碳的研究都是基于中国竞争型投入产出表、运用竞争型投入产出模型来进行的，虽然一些文献运用的是非竞争型投入产出模型，但是仍然存在一些问题（见综述部分，这里不再赘述）。由于竞争型投入产出模型没有将生产部门消耗的中间投入区分为本国生产和进口两部分，因而无法反映各生产部门与进口商品之间的联系，而当代国际贸易中有着大量中间投入的交易，所以竞争型投入产出模型有一个缺陷：那就是无法区分中国生产的产品中有多少是使用从国外进口的中间投入来进行生产的，进而没有考虑到出口产品中所隐含的国外生产所排放的二氧化碳，从而高估了国内生产和出口产品所隐含的二氧化碳；同样也就没有考虑到进口产品中有多少中间投入是用来生产出口产品的，从而高估了国内消费和进口产品所隐含的二氧化碳。为了克服这一缺陷，本书将构建非竞争型投入产出模型，彻底地将中国生产部门消耗的中间投入区分为本国生产和进口两部分，结合 OECD 提供的中国非竞争型投入产出表，系统且精确地评估中国对外贸易中的隐含碳。

通常的投入产出模型为

$$\boldsymbol{X}=\boldsymbol{AX}+\boldsymbol{Y} \tag{4-1}$$

其中，$\boldsymbol{X}=(x_1,x_2,\cdots,x_n)^{\mathrm{T}}$是国民经济各部门总产出向量；$\boldsymbol{A}=\{x_{ij}/x_j\}_{n\times n}$是直接消耗系数(或称技术、投入系数)矩阵，$x_j$ 是第 j 部门的产出，x_{ij} 是生产第 j 部门产品 x_j 所消耗的第 i 部门的产品量，$\boldsymbol{AX}$ 是各部门的中间投入向量；$\boldsymbol{Y}=(y_1,y_2,\cdots,y_n)^{\mathrm{T}}$是各部门的最终产品向量。由式(4-1)可以得到

$$\boldsymbol{X}=(\boldsymbol{I}-\boldsymbol{A})^{-1}\boldsymbol{Y} \tag{4-2}$$

其中，$\boldsymbol{I}$ 为单位矩阵，$(\boldsymbol{I}-\boldsymbol{A})^{-1}=\{a_{ij}\}$ 为里昂惕夫逆矩阵，其元素 a_{ij} 表示生产第 j 部门单位最终产品对第 i 部门产品的完全需求数(包括直接需求和间接需求)，即最终产品的完全投入。

假设$\boldsymbol{E}=\{e_j/x_j\}$是国内单位产出的二氧化碳直接排放系数向量，其中 e_j 是部门 j 直接产生的二氧化碳排放量。根据投入产出理论，国内单位产出的二氧化碳完全排放系数向量为直接排放系数向量与里昂惕夫逆矩阵的乘积，即国内单位产出的二氧化碳完全排放系数向量 $\boldsymbol{V}$ 为

$$\boldsymbol{V}=\boldsymbol{E}(\boldsymbol{I}-\boldsymbol{A})^{-1} \tag{4-3}$$

式(4-3)的含义是一个国家生产一单位 j 部门的最终需求，直接和间接产生的二氧化碳排放量，即二氧化碳完全排放系数。

在开放经济条件下，国家之间会发生贸易，一个国家从国外进口的产品除了满足最终消费，还用于国内生产的中间投入；从国外进口的中间投入所生产的产品，既用于满足国内最终消费，也用于满足出口，如图 4-1 所示。

式(4-3)中的直接消耗系数矩阵 $\boldsymbol{A}$ 并没有将中间投入中的国内生产部分和进口部分分开，这样计算出来的完全排放系数包含了进口中间投入的贡献，会高估完全排放系数，这样的竞争型投入产出模型只适合封闭经济条件下的情形。因此，本节将构建非竞争型投入产出模型以排除进口中间投入对国内生产的二氧化碳完全排放系数的影响。

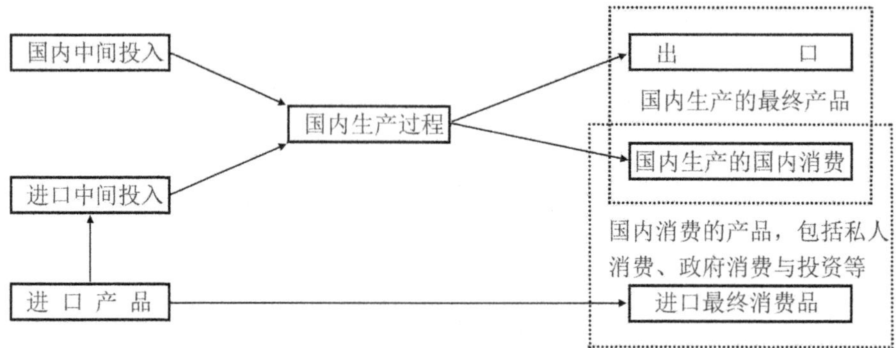

图 4－1　国内生产、消费与进出口贸易之间的关系

在开放经济条件下，总需求可以表示为

$$\boldsymbol{D}=\boldsymbol{AX}+\boldsymbol{Y}^{d}+\boldsymbol{Y}^{m} \tag{4-4}$$

其中，$\boldsymbol{D}$ 为总需求向量；$\boldsymbol{AX}$ 为中间投入向量；$\boldsymbol{Y}^{d}$ 为国内生产的最终产品向量(包括私人消费、政府消费、投资和出口)；$\boldsymbol{Y}^{m}$ 为进口的最终消费品向量。

总供给可以表示为

$$\boldsymbol{S}=\boldsymbol{X}+\boldsymbol{X}^{m} \tag{4-5}$$

其中，$\boldsymbol{S}$ 为总供给向量，$\boldsymbol{X}$ 为国内总产出向量，$\boldsymbol{X}^{m}$ 为总进口向量。

假设国内投入和进口投入的直接消耗系数矩阵分别为 $\boldsymbol{A}^{d}=\{x_{ij}^{d}/x_{j}\}$ 和 $\boldsymbol{A}^{m}=\{x_{ij}^{m}/x_{j}\}$，其中，$x_{ij}^{d}$ 为生产 x_{j} 的产出所消耗 i 部门的国内投入，x_{ij}^{m} 为生产 x_{j} 的产出所消耗 i 部门的进口投入。显然，国内生产总投入、国内投入和进口投入的直接消耗矩阵满足以下关系

$$\boldsymbol{A}=\boldsymbol{A}^{d}+\boldsymbol{A}^{m} \tag{4-6}$$

将总进口向量 $\boldsymbol{X}^{m}$ 进行分解，得到

$$\boldsymbol{X}^{m}=\boldsymbol{A}^{m}\boldsymbol{X}+\boldsymbol{Y}^{m} \tag{4-7}$$

其中，$\boldsymbol{A}^{m}\boldsymbol{X}$ 为进口的中间投入向量，$\boldsymbol{Y}^{m}$ 为进口的最终消费品向量。

因为总需求等于总供给，即

$$\boldsymbol{D}=\boldsymbol{S} \tag{4-8}$$

所以，由式(4－4)～式(4－8)可以得到排除进口中间投入的中国国内投入产

出方程为

$$\boldsymbol{X}=\boldsymbol{A}^d\boldsymbol{X}+\boldsymbol{Y}^d \tag{4-9}$$

对式(4-9)进行矩阵运算,可以得到国内总产出为向量

$$\boldsymbol{X}=(\boldsymbol{I}-\boldsymbol{A}^d)^{-1}\boldsymbol{Y}^d \tag{4-10}$$

同得到式(4-3)的道理一样,排除进口中间投入的国内单位产出的二氧化碳完全排放系数的向量 $\boldsymbol{V}^d$ 为

$$\boldsymbol{V}^d=\boldsymbol{E}\ (\boldsymbol{I}-\boldsymbol{A}^d)^{-1} \tag{4-11}$$

将国内生产的最终产品向量 $\boldsymbol{Y}^d$ 分解为

$$\boldsymbol{Y}^d=\boldsymbol{Y}^c+\boldsymbol{Y}^e \tag{4-12}$$

其中,$\boldsymbol{Y}^c$ 为满足国内消费的产品向量,$\boldsymbol{Y}^e$ 为用于出口的产品向量。于是国内生产(包括为满足国内消费和出口)所排放的二氧化碳向量为

$$\boldsymbol{C}^d=\boldsymbol{V}^d\boldsymbol{Y}^c+\boldsymbol{V}^d\boldsymbol{Y}^e \tag{4-13}$$

其中,$\boldsymbol{V}^d\boldsymbol{Y}^c$ 表示国内生产的用于满足国内消费的二氧化碳排放向量;$\boldsymbol{V}^d\boldsymbol{Y}^e$ 表示国内生产的用于满足出口的二氧化碳排放向量,也称实际出口二氧化碳排放向量。

由式(4-7)、式(4-10)与式(4-12),可以进一步将总进口向量 $\boldsymbol{X}^m$ 分解得到

$$\boldsymbol{X}^m=\boldsymbol{A}^m\ (\boldsymbol{I}-\boldsymbol{A}^d)^{-1}\boldsymbol{Y}^c+\boldsymbol{A}^m\ (\boldsymbol{I}-\boldsymbol{A}^d)^{-1}\boldsymbol{Y}^e+\boldsymbol{Y}^m \tag{4-14}$$

其中,$\boldsymbol{A}^m\ (\boldsymbol{I}-\boldsymbol{A}^d)^{-1}\boldsymbol{Y}^c$ 为用于生产国内消费品所进口的中间投入向量,$\boldsymbol{A}^m\ (\boldsymbol{I}-\boldsymbol{A}^d)^{-1}\boldsymbol{Y}^e$ 为用于生产出口产品所进口的中间投入向量,$\boldsymbol{Y}^m$ 为进口的最终消费品向量。

由于难以获取中国所有进口来源地的生产技术资料,因此无法准确计算各进口来源地各行业的完全排放系数,从国外进口产品的隐含碳对于中国来说相当于节省了本需要国内生产所排放的二氧化碳,所以这里从进口替代的角度假定国内外生产单位产出的二氧化碳排放系数完全相等,这样就可以得到进口产品所隐含的在国外所排放的二氧化碳向量为

$$\boldsymbol{C}^m=\boldsymbol{V}^d\boldsymbol{X}^m=\boldsymbol{V}^d\boldsymbol{A}^m(\boldsymbol{I}-\boldsymbol{A}^d)^{-1}\boldsymbol{Y}^c+\boldsymbol{V}^d\boldsymbol{A}^m(\boldsymbol{I}-\boldsymbol{A}^d)^{-1}\boldsymbol{Y}^e+\boldsymbol{V}^d\boldsymbol{Y}^m \tag{4-15}$$

其中，$\boldsymbol{V}^d\boldsymbol{A}^m(\boldsymbol{I}-\boldsymbol{A}^d)^{-1}\boldsymbol{Y}^c$ 为用于生产国内消费品所进口的中间投入的二氧化碳排放向量，$\boldsymbol{V}^d\boldsymbol{A}^m(\boldsymbol{I}-\boldsymbol{A}^d)^{-1}\boldsymbol{Y}^e$ 为用于生产出口产品所进口的中间投入的二氧化碳排放向量，$\boldsymbol{V}^d\boldsymbol{Y}^m$ 是进口的满足国内最终消费的二氧化碳排放向量。

将用国内中间投入生产的满足出口需求的二氧化碳排放量（实际出口排放量）$\boldsymbol{V}^d\boldsymbol{Y}^e$ 与用进口中间投入生产的满足出口需求的二氧化碳排放量 $\boldsymbol{V}^d\boldsymbol{A}^m(\boldsymbol{I}-\boldsymbol{A}^d)^{-1}\boldsymbol{Y}^e$ 相加，就可以得到中国出口的二氧化碳排放总量 $\boldsymbol{C}^e$ 为

$$\boldsymbol{C}^e=\boldsymbol{V}^d\boldsymbol{Y}^e+\boldsymbol{V}^d\boldsymbol{A}^m(\boldsymbol{I}-\boldsymbol{A}^d)^{-1}\boldsymbol{Y}^e \tag{4-16}$$

将用国内中间投入生产的满足最终消费的二氧化碳排放向量 $\boldsymbol{V}^d\boldsymbol{Y}^c$ 加上用进口中间投入生产的满足最终消费的二氧化碳排放向量 $\boldsymbol{V}^d\boldsymbol{A}^m(\boldsymbol{I}-\boldsymbol{A}^d)^{-1}\boldsymbol{Y}^c$ 以及直接进口的最终消费的二氧化碳排放向量 $\boldsymbol{V}^d\boldsymbol{Y}^m$，就可以得到中国消费的二氧化碳排放向量

$$\boldsymbol{C}^c=\boldsymbol{V}^d\boldsymbol{Y}^c+\boldsymbol{V}^d\boldsymbol{A}^m(\boldsymbol{I}-\boldsymbol{A}^d)^{-1}\boldsymbol{Y}^c+\boldsymbol{V}^d\boldsymbol{Y}^m \tag{4-17}$$

将式(4-16)与式(4-15)或式(4-13)与式(4-17)相减，可以得到进出口贸易隐含碳的净平衡 $\boldsymbol{C}^{nb}$ 为

$$\boldsymbol{C}^{nb}=\boldsymbol{V}^d\boldsymbol{Y}^e-\boldsymbol{V}^d\boldsymbol{A}^m(\boldsymbol{I}-\boldsymbol{A}^d)^{-1}\boldsymbol{Y}^c-\boldsymbol{V}^d\boldsymbol{Y}^m \tag{4-18}$$

4.2　中国各行业二氧化碳的排放系数

4.2.1　二氧化碳直接排放系数的估算

目前世界上二氧化碳直接排放的估算主要是以一次能源消费量为基准来推算得到的。本书是以中国各行业所消耗的各类一次能源为基准来估算中国各行业的二氧化碳排放。根据联合国政府间气候变化专门委员会（Intergovernmental Panel on Climate Change，IPCC）的《2006 年 IPCC 国家温室气体清单指南》第 2 卷“能源”第 6 章提供的参考方法，使用历年《中国能源统计年鉴》提供的 18 种一次能源数据来估算各类一次化石能源燃烧产生的二氧化碳排放。单位能源的二氧化碳排放量即二氧化碳排放系数的估算公式为

$$CE_i = (NCV_i / COE_i) \times CC_i \times COF_i \times (44/12) \tag{4-19}$$

其中，i 代表某种一次能源；CE 为某能源的二氧化碳排放系数，单位为千克二氧化碳/千克标准煤；NCV 为某种能源的净发热值，《中国能源统计年鉴》称为平均低位发热量，数据来源于 2009 年《中国能源统计年鉴》附录 4，单位为千焦/千克（天然气单位为千焦/立方米）；COE 为某种能源折标准煤系数，数据来源于 2009 年《中国能源统计年鉴》附录 4，单位为千克标准煤/千克或千克标准煤/立方米；CC 为碳含量，数据来源于《2006 年 IPCC 国家温室气体清单指南》第 2 卷“能源”中的表 1.4，单位为千克碳/10^6 千焦；COF 为碳氧化因子，即碳被氧化的比例，通常该值为 1，表示完全氧化；44 和 12 分别为二氧化碳和碳的相对分子质量。经过计算得到的各单位能源的二氧化碳排放系数如表 4－1 所示。

表 4－1　各种能源的二氧化碳排放系数

（单位：千克二氧化碳/千克标准煤）

能源	排放系数	能源	排放系数	能源	排放系数
原煤	2.763	其他煤气	5.919	燃料油	2.268
洗精煤	2.772	其他焦化产品	2.857	液化石油气	1.849
其他洗煤	2.772	原油	2.147	炼厂干气	1.688
型煤	2.816	汽油	2.051	其他石油制品	2.148
焦炭	3.135	煤油	2.095	天然气	1.642
焦炉煤气	1.301	柴油	2.148	其他能源	2.930

资料来源：根据历年《中国能源统计年鉴》数据，按《2006 年 IPCC 国家温室气体清单指南》第 2 卷“能源”第 6 章提供的参考方法计算。

在各种能源的二氧化碳排放系数的基础上，可以计算某行业二氧化碳单位产出排放量即二氧化碳直接排放系数，公式为

$$E = \frac{1}{Y} \sum_{i=1}^{18} Q_i \times CE_i \tag{4-20}$$

其中，E 代表某行业二氧化碳直接排放系数；Q 代表某行业某种能源的消耗量，数据来源于《中国能源统计年鉴》；Y 代表某行业的增加值，相关数据来源于历年《中国统计年鉴》；$i = 1, 2, \cdots, 18$，分别代表中国能源平衡表中的 18 种一次性能源。

4.2.2 行业归并

需要说明的是，由于本书运用非竞争型投入产出模型来估算中国对外贸易中的隐含碳，因此需要非竞争型的投入产出表。虽然国家统计局编制的投入产出表是竞争型投入产出表，但是令人欣喜的是，在 OECD 的官方网站提供的投入产出数据库里找到了 1995 年、2000 年和 2005 年的中国非竞争型投入产出表。该投入产出表分为总使用表、国内使用表和进口使用表，这样就可以通过国内使用表、进口使用表，计算得到国内中间投入系数矩阵（$\boldsymbol{A}^d$）、进口中间投入系数矩阵（$\boldsymbol{A}^m$）。然而，OECD 的投入产出表提供了总共 48 个行业的投入产出数据，而估算中国各行业的直接排放系数所用的数据则来自《中国能源统计年鉴》，其中行业分类为 43 个，因此两者的行业分类项不完全一致。为了统计口径的一致性，本书对中国投入产出表中的行业和《中国能源统计年鉴》中的行业进行了归并，共整理出 22 个行业，分别是：

（1）农业（包括农、林、牧、渔、水利业）。①

（2）采矿业（包括煤炭、石油和天然气开采业，以及黑色金属矿采选业、有色金属矿采选业、非金属矿采选业、其他矿采选业）。

（3）食品、饮料和烟草（包括食品加工业、食品制造业、饮料制造业、烟草加工业）。

（4）纺织业（包括纺织业、服装及其他纤维制品制造业、皮革、毛皮、羽绒及其制品业）。

（5）木材加工业（包括木材加工及竹、藤、棕、草制品业、家具制造业）。

（6）造纸业（包括造纸及纸制品业、印刷业、记录媒介的复制、文教体育用品制造业）。

（7）石油加工业（包括石油加工、炼焦及核燃料加工业）。

（8）化学工业（包括化学原料及化学品制造业、化学纤维制造业、医药制造业）。

（9）橡胶与塑料（包括橡胶制品业、塑料制品业）。

（10）非金属矿物制品业。

（11）金属冶炼业（包括黑色金属冶炼及压延加工业、有色金属冶炼及压延加工业）。

（12）金属制品业。

---

① 括号内的行业是指《中国能源统计年鉴》中的原始行业，下同。

(13) 机械设备制造业(包括普通机械制造业、专用设备制造业)。

(14) 电气机械及器材制造业。

(15) 电子通信与仪器仪表制造业(包括通信设备、计算机及其他电子设备制造业、仪器仪表及文化办公用机械制造业)。

(16) 交通运输设备制造业。

(17) 其他制造业(包括工艺品及其他制造业、废弃资源和废旧材料回收加工业)。

(18) 电力、燃气和水(包括电力、热力的生产和供应业、煤气生产和供应业、自来水的生产和供应业)。

(19) 建筑业。

(20) 批发、零售和餐饮业。

(21) 交通运输与仓储(包括交通运输、仓储及邮电通信业)。

(22) 其他服务业。

经过这样的归并,接下来就可以运用投入产出方法,结合各行业的二氧化碳直接排放系数来估算各行业二氧化碳完全排放系数和中国对外贸易隐含碳了。

4.2.3 中国各行业二氧化碳排放系数分析

根据式(4-20)与式(4-11),可以计算中国各行业二氧化碳直接排放系数和完全排放系数,由于编制投入产出表的时间间隔为 5 年,OECD 提供的中国投入产出表也只有 1995 年、2000 年、2005 年这 3 年的,所以这里只计算这 3 年的情形(下同)。计算结果如表 4-2 所示。

表 4-2　中国各行业单位产出二氧化碳排放

单位:吨/万元

行　业	直接排放系数			完全排放系数		
	1995 年	2000 年	2005 年	1995 年	2000 年	2005 年
1. 农业	0.38	0.30	0.29	1.44	0.93	0.72
2. 采矿业	1.96	1.18	0.81	3.95	1.98	1.62
3. 食品、饮料和烟草	0.71	0.29	0.22	2.12	1.01	0.85
4. 纺织业	0.50	0.17	0.16	2.30	0.99	0.90
5. 木材加工业	1.31	0.28	0.15	3.60	1.39	1.09
6. 造纸业	1.54	0.61	0.37	3.65	1.53	1.29

（续表）

行业	直接排放系数			完全排放系数		
	1995年	2000年	2005年	1995年	2000年	2005年
7.石油加工业	2.87	1.42	1.27	5.49	2.74	2.43
8.化学工业	4.01	1.34	0.81	6.92	2.73	1.94
9.橡胶与塑料	0.53	0.16	0.17	3.31	1.36	1.53
10.非金属矿物制品业	4.09	3.10	6.05	7.07	4.65	7.13
11.金属冶炼业	6.80	3.28	2.77	11.18	5.62	4.64
12.金属制品业	0.40	0.22	0.11	5.30	2.75	2.20
13.机械设备制造业	0.53	0.26	0.12	4.18	2.14	1.74
14.电气机械及器材制造业	0.59	0.04	0.05	3.12	1.78	1.32
15.电子通信与仪器仪表制造业	0.19	0.05	0.03	3.11	0.89	0.82
16.交通运输设备制造业	0.40	0.12	0.11	3.52	1.63	1.51
17.其他制造业	0.58	0.39	0.10	3.09	1.56	0.99
18.电力、燃气和水	0.80	0.58	0.36	2.87	1.62	1.28
19.建筑业	0.13	0.09	0.14	3.93	2.14	1.79
20.批发、零售与餐饮	0.36	0.18	0.16	1.65	0.92	0.67
21.交通运输与仓储	2.13	1.77	0.90	3.60	2.65	1.68
22.其他服务业	0.41	0.24	0.10	2.01	1.03	0.66
所有行业简单平均值	1.43	0.74	0.69	3.96	2.00	1.75

资料来源：根据OECD提供的中国投入产出表计算。

(1) 研究期间，中国各行业的二氧化碳直接排放系数、完全排放系数总体上在逐步减小，而且减小幅度较大，但是2000—2005年的减小幅度远远小于1995—2000年的减小幅度。从所有行业的简单平均值看，直接排放系数由1995年的1.43吨/万元减少到2000年的0.74吨/万元、2005年的0.69吨/万元，整个研究期间直接排放系数减少了51.92%，年均减少7.06%，特别是1995—2000年减少了47.83%，年均减少12.20%，而2000—2005年只是减少了7.83%，年均减少1.62%；完全排放系数由1995年的3.96吨/万元减少到2000年的2.00吨/万元、2005年的1.75吨/万元，整个研究期间完全排放系数减少了55.81%，年均减少 7.84%，特别是 1995—2000 年减少了 49.63%，年均减少12.82%，而 2000—2005 年只是减少了 12.28%，年均减少 2.59%。这说明研究期间特别是 1995—2000 年中国各行业的节能减排取得了很好的效果。各行业的具体情形如下：

就直接排放系数而言，除了非金属矿物制品业增加了 47.91%、建筑业增加了 6.36%外，其他行业都有较大的下降幅度。其中，农业的下降幅度较小，只有 22.64%；其他行业的下降幅度均超过 55.55%，特别是电气机械及器材制造业、木材加工业、电子通信与仪器仪表制造业、化学工业的下降幅度更是超过 80%。

对于完全排放系数，除了非金属矿物制品业增加了 0.83%外，其他行业都有较大的下降幅度。其中，下降幅度较小的农业也达到 49.67%，其他行业的下降幅度均超过 53.43%，特别是电子通信与仪器仪表制造业、化学工业、木材加工业的下降幅度更是超过 70%。

(2) 中国各行业的完全排放系数远远高于直接排放系数，前者是后者的 2.5 倍以上，但是这个比值在逐渐减少。

从所有行业的简单平均值看，1995 年、2000 年与 2005 年的完全排放系数分别是直接排放系数的 2.78 倍、2.68 倍、2.55 倍。其中，电气机械及器材制造业、电子通信与仪器仪表制造业、金属制品业、交通运输设备制造业、机械设备制造业、建筑业等行业的完全排放系数更是远远大于直接排放系数，前者是后者的 8～47 倍。这说明中国国内各行业生产过程联系紧密，通过消耗较大量的其他产业部门的中间投入进而消费了较多的能源，间接排放了较多的二氧化碳。

而完全排放系数与直接排放系数的比值在逐渐减少，其中原因除了可能由于中国国内生产使用了较多的直接排放系数较低的中间投入而减少了一定的能源消耗与二氧化碳排放外，更重要的原因可能在于中间投入的进口逐渐增加而减少了中国生产中国内中间投入的使用，为中国的生产节省了越来越多的二氧化碳。这一点可以从投入产出表中的数据得到印证：国内使用的中间投入总值中进口的中间投入总值所占比例由 1995 年的 9.06%上升到 2000 年的 9.64%，进一步上升到 2005 年的 13.43%。后面 4.3 节的研究也表明了这一点。

(3) 二氧化碳排放系数最大的行业有金属冶炼业、非金属矿物制造业、化学工业、石油加工业、金属制品业、机械设备制造业等，主要集中在重工业行业；二氧化碳排放系数最小的行业有纺织、服装及皮革制造业、食品、饮料与烟草制造业、农林牧渔水利业、批发、零售与餐饮业等；其他行业居中。

4.3 中国对外贸易中的隐含碳总量分析

运用构建的非竞争型投入产出模型，结合 OECD 提供的中国投入产出表，就可以计算中国各行业对外贸易中的隐含碳（包括直接排放和间接排放），将中国各行业对外贸易中的隐含碳加总就可以得到中国对外贸易的隐含碳。计算结果如表 4-3 所示。

表 4-3 中国对外贸易隐含碳总量 单位：亿吨二氧化碳

排放项目与计算公式	排放额		
	1995 年	2000 年	2005 年
1. 国内生产：$C^d = V^dY^c + V^dY^e$	19.15	16.25	28.53
其中：(1)用于国内消费：V^dY^c	14.37	12.53	19.48
(2)用于出口（实际出口）：V^dY^e	4.78	3.72	9.05
2. 国内消费：$C^c = V^dY^c + V^dA^m(I-A^d)^{-1}Y^c + V^dY^m$	18.45	15.64	25.70
其中：(1)来自国内生产：V^dY^c	14.37	12.53	19.48
(2)来自进口的中间投入生产：$V^dA^m(I-A^d)^{-1}Y^c$	2.80	2.56	4.94
(3)来自进口的最终消费品：V^dY^m	1.28	0.55	1.28
3. 出口：$C^e = V^dY^e + V^dA^m(I-A^d)^{-1}Y^e$	5.71	4.69	11.99
其中：(1)来自国内生产的出口（实际出口）：V^dY^e	4.78	3.72	9.05
(2)来自进口的中间投入的出口：$V^dA^m(I-A^d)^{-1}Y^e$	0.93	0.97	2.94
4. 进口：$C^m = V^dA^m(I-A^d)^{-1}Y^c + V^dA^m(I-A^d)^{-1}Y^e + V^dY^m$	5.01	4.08	9.16
其中：(1)中间投入的进口：$V^dA^m(I-A^d)^{-1}Y^c + V^dA^m(I-A^d)^{-1}Y^e$	3.73	3.53	7.88
①用于生产国内消费品的中间投入的进口：$V^dA^m(I-A^d)^{-1}Y^c$	2.80	2.56	4.94
②用于生产出口商品的中间投入的进口：$V^dA^m(I-A^d)^{-1}Y^e$	0.93	0.97	2.94
(2)最终消费品的进口：V^dY^m	1.28	0.55	1.28
(3)实际进口：$V^dA^m(I-A^d)^{-1}Y^c + V^dY^m$	4.08	3.11	6.22
5. 净出口：$C^{nb} = V^dY^e - V^dA^m(I-A^d)^{-1}Y^c - V^dY^m$	0.70	0.61	2.83

资料来源：根据 OECD 提供的中国投入产出表计算。

4.3.1 中国出口贸易中的隐含碳总量分析

(1) 研究期间中国出口贸易隐含碳经历了一个先减少后增加的过程，年均增长 6.60%，到 2005 年达到 9.05 亿吨。

如表 4-3 所示，从总出口看，中国出口贸易中的隐含碳总量由 1995 年的5.71 亿吨下降到 2000 年的 4.69 亿吨，再上升到 2005 年的 11.99 亿吨，1995—2005 年年均增长 7.70%。然而，总出口中包含有进口的中间投入的出口，这一部分产品说到底是来自国外的生产，没有消费中国的能源，从二氧化碳排放的角度应该排除在中国出口贸易中的隐含碳之外。因此，从实际出口看，中国出口贸易中的隐含碳总量由 1995 年的 4.78 亿吨下降到 2000 年的 3.72 亿吨，再上升到 2005 年的 9.05亿吨，1995—2005 年年均增长 6.60%。根据 OECD 提供的中国投入产出表中的数据，1995 年、2000 年与 2005 年中国出口贸易总额分别为 12 990.39 亿元、23 122.98 亿元与 68 495.27 亿元，可以发现中国在 1995—2000 年出口贸易隐含碳总量减少的原因就在于 4.2 节所述"1995—2000 年中国各行业的二氧化碳完全排放系数总体上在逐步减小且简单平均值减少了 49.63%"，这也进一步说明这一期间中国节能减排取得了良好的效果。当然，由于 2000—2005 年所有行业的二氧化碳完全排放系数减少幅度下降(4.2 节介绍，只减少了 12.28%)以及出口额的大幅度增加，结果导致这一期间中国出口贸易隐含碳总量的大量增加。

(2) 中国国内生产所排放的二氧化碳有 1/4～1/3 是由出口贸易所产生的，出口贸易对国内生产的二氧化碳排放产生的影响越来越大。

在开放经济条件下，一个国家生产的产品一部分用于满足国内消费(包括私人消费、政府购买和投资)，另一部分用于出口以满足国外消费，中国也不例外。从国内生产所排放的二氧化碳的构成看，中国国内生产即国内一次能源消费所排放的二氧化碳中实际出口的隐含碳总量所占比例由 1995 年的 25%上升到 2005 年的 32%，而国内生产用于满足国内消费所排放的二氧化碳所占比例由 1995 年的 75%下降为 2005 年的 68%。虽然说中国国内生产所排放的二氧化碳中 2/3～3/4 是为了满足本国消费的，但是也有 1/4～1/3 是因出口而满足国外消费所产生的。这说明中国出口贸易对国内生产的二氧化碳排放产生了较大影响而且这一影响越来越大。

(3) 中国出口贸易隐含碳中来自国内生产的排放所占的比例逐渐减少，而进口的中间投入的出口排放所占比例逐渐增加。

虽然研究期间中国出口贸易隐含碳总量有大幅度的增加，但是其中来自国内生产的部分即实际出口所占的比例逐渐减少，1995年、2000年与2005年这一比例分别为84%、79%与75%；而进口的中间投入的出口所占的比例逐渐增加，分别为16%、21%与25%。这说明在中国对外贸易中为生产出口商品而进口的中间投入为中国的生产节省了越来越多的二氧化碳。

4.3.2　中国进口贸易中的隐含碳总量分析

(1) 中国进口贸易中的隐含碳也经历了一个先减少后增加的过程，年均增长4.31%，到2005年达到6.22亿吨。

与前面分析出口贸易中的隐含碳的道理一样，由于总进口中包含有生产出口商品的中间投入的进口，从二氧化碳排放的角度应该排除在中国进口贸易中的隐含碳之外。因此，从实际进口看，中国进口贸易中的隐含碳总量由1995年的4.08亿吨下降到2000年的3.11亿吨，再上升到2005年的6.22亿吨，2000—2005年年均增长4.31%。虽然根据中国投入产出表中的数据，1995年、2000年与2005年中国进口贸易总额分别为11 467.52亿元、19 261.11亿元与58 798.46亿元，研究期间处于上升态势而且后5年的上升幅度很大，但是1995—2005年中国各行业的二氧化碳完全排放系数减小，而2000—2005年二氧化碳完全排放系数的减幅较小，结果导致这一期间中国进口贸易隐含碳经历了一个先减少后增加的过程。

(2) 中国国内消费所产生的二氧化碳排放量有1/5～1/4是来自进口，进口贸易对国内消费所排放的二氧化碳的影响在逐渐增大。

在开放经济条件下，一个国家消费的产品一部分来自国内生产，另一部分则来自进口，中国也是如此。从国内消费所排放的二氧化碳的构成看，中国国内消费所排放的二氧化碳中来自国内生产部分所占的比例由1995年的78%下降为2005年的76%，而来自进口的部分所占的比例由1995年的22%上升到2005年的24%。也就是说，国内消费所排放的二氧化碳大部分来自国内生产且这一比例不断减少，而有1/5～1/4是来自进口且这一比例在不断增加。这说明中国进口贸易对国内消费所排放的二氧化碳的影响在逐渐增大。

(3) 中间投入的进口为中国的生产节省了越来越多的二氧化碳。这里需要说明的是，根据计算公式可以看出，表4-3中的进口排放等于实际进口排放加上用于生产出口商品的中间投入的进口排放；当然，进口排放也等于中间投入的进口排放加上最终消费品的进口排放。可以看到，在中国进口贸易的隐含碳中，一方面，实际进口排放所占比例由1995年的81%下降为2005年的68%，而用于生产出口商品的中间投入的进口排放所占比例由1995年的19%上升到2005年的

32%；另一方面，最终消费品的进口排放所占比例由 1995 年的 26%下降为 2005 年的 14%，而中间投入的进口排放所占比例由 1995 年的 74%上升到 2005 年的 86%。另外，在中间投入的进口隐含碳中，用于生产国内消费品的中间投入的进口排放大大高于用于生产出口商品的中间投入的进口排放。以上情形都说明在中国的对外贸易中，中间投入的进口为国内生产节省了越来越多的二氧化碳。

4.3.3　中国净出口贸易中的隐含碳总量分析

由表 4－3 可知，中国的生产排放一直大于消费排放，或者说出口贸易中的隐含碳一直大于进口贸易隐含碳，因此中国对外贸易隐含碳一直处于净出口状态，由 1995 年的 0.70 亿吨，增加到 2005 年的 2.83 亿吨，增加了 2.13 亿吨，年均增长 14.99%；中国净出口隐含碳占国内生产所排放的二氧化碳的比例由 1995 年的 3.7%上升到 2005 年的 9.9%。这就是说，中国为满足国外消费而排放了大量的二氧化碳，其占中国国内二氧化碳总排放的比例逐渐上升。这样不断增加的净出口隐含碳不仅加重了中国的能源压力，而且大大地增加了中国碳减排压力，使中国面临着如何缓解碳排放增加和净出口扩大之间的矛盾。

4.4　中国对外贸易中的隐含碳的行业结构分析

前面分析了中国对外贸易所隐含碳总量的情形，那么中国各行业在对外贸易中的隐含碳的具体情形又是怎样的呢？

4.4.1　中国出口贸易隐含碳的行业结构分析

根据非竞争型投入产出模型计算的 1995—2005 年中国各行业出口贸易所隐含碳如表 4－4 与表 4－5 所示。如前所述，一个国家生产所用的中间投入既有来自国内的部分，也有来自国外进口的部分；由于进口的中间投入来自国外的生产，没有消耗中国的能源并排放二氧化碳，而“总出口排放”包含“进口中间投入的出口排放”，所以反映各行业出口贸易隐含碳真实情况的是“实际出口排放”。当然，由于进口中间投入的使用节省了国内中间投入，“进口中间投入的出口排放”自然也就节省了国内的生产排放。

1. 实际出口排放的行业结构

如表 4－4 和图 4－2 所示，从排放均值看，研究期间实际出口排放最大的行业及其所占总出口排放的比例依次为：纺织业占 12.08%，金属冶炼业占 11.69%，电子通信与仪器仪表制造业占 10.54%，化学工业占 9.20%，电气机械及器材制造业占9.01%，机械设备制造业占7.86%，其出口排放总和占总出口排放的比例高达60.38%。其中，金属冶炼业、化学工业、机械设备制造业等3个行业属于二氧化碳排放系数很大的行业。出口排放较大的行业有金属制品业、其他制造业、交通运输与仓储业、非金属矿物制品业、交通运输设备制造业，其排放总和占比为23.24%。其他11个行业的排放量最小，其排放总和占比只有16.38%。

表4-4　中国实际出口隐含碳的行业结构

行　业	实际出口排放/百万吨				实际出口排放占比/%			
	1995年	2000年	2005年	均值	1995年	2000年	2005年	均值
农　业	5.39	3.58	4.34	4.44	1.13	0.96	0.48	0.76
采矿业	9.51	8.03	12.20	9.91	1.99	2.16	1.35	1.69
食品、饮料和烟草	13.24	8.63	13.28	11.72	2.77	2.32	1.47	2.00
纺织业	73.84	49.14	89.10	70.69	15.43	13.20	9.84	12.08
木材加工业	2.23	6.40	17.29	8.64	0.47	1.72	1.91	1.48
造纸业	2.32	2.35	25.12	9.93	0.48	0.63	2.77	1.70
石油加工业	5.63	8.33	17.16	10.37	1.18	2.24	1.90	1.77
化学工业	32.62	29.62	99.35	53.86	6.82	7.96	10.97	9.20
橡胶与塑料	15.78	12.25	9.31	12.45	3.30	3.29	1.03	2.13
非金属矿物	20.02	19.13	21.06	20.07	4.19	5.14	2.33	3.43
金属冶炼	86.99	31.43	86.81	68.41	18.18	8.44	9.59	11.69
金属制品业	17.17	29.52	64.46	37.05	3.59	7.93	7.12	6.33
机械设备制造业	43.26	14.42	80.34	46.00	9.04	3.87	8.87	7.86
电气机械及器材制造业	15.71	46.51	96.01	52.74	3.28	12.50	10.60	9.01
电子通信与仪器仪表制造业	48.48	30.31	106.24	61.68	10.13	8.14	11.73	10.54
交通运输设备制造业	18.70	9.33	26.38	18.14	3.91	2.51	2.91	3.10
其他制造业	36.13	25.77	29.31	30.40	7.55	6.92	3.24	5.19
电力、燃气和水	0.00	0.79	0.71	0.50	0.00	0.21	0.08	0.09
建筑业	0.62	0.53	3.81	1.65	0.13	0.14	0.42	0.28
批发、零售与餐饮	2.28	15.31	33.33	16.97	0.48	4.11	3.68	2.90
交通运输与仓储	18.11	20.05	53.04	30.40	3.79	5.39	5.86	5.19
其他服务业	10.40	0.82	16.90	9.37	2.17	0.22	1.87	1.60
总　计	478.43	372.22	905.56	585.40	100.00	100.00	100.00	100.00

资料来源：根据OECD提供的中国投入产出表计算。

注：水的生产和供应业属于非贸易部门，表中“电力、燃气和水”其实只包括“电力和燃气”，下同。

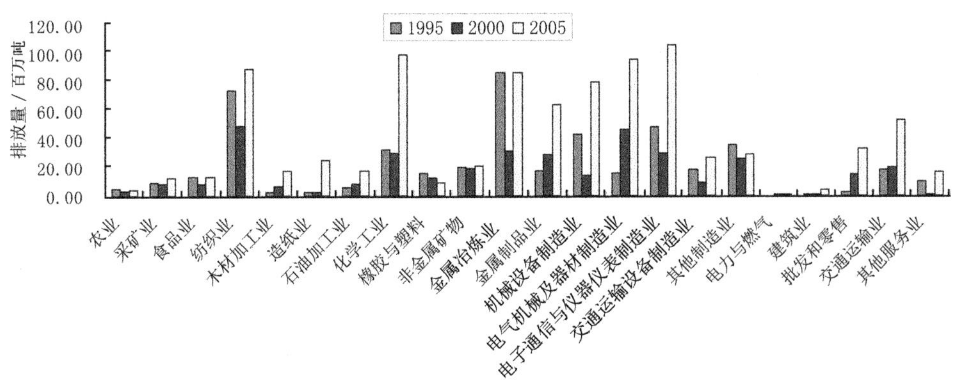

图 4－2　中国各行业实际出口隐含碳

（资料来源：根据 OECD 提供的中国投入产出表计算）

从发展趋势看，除了金属冶炼业、橡胶与塑料业、农业、其他制造业等 4 个行业有小幅度减少外，其他 18 个行业的出口排放都呈现增长态势。其中，增长幅度较大的行业及其增长幅度为批发、零售与餐饮业 1361.84%，造纸业 982.76%，木材加工业 675.58%，电气机械及器材制造业 511.25%，建筑业 510.53%，金属制品业 275.33%，石油加工业 204.72%，化学工业 204.55%，交通运输与仓储业 192.84%等，而电力、燃气与水的生产和供应业经历了一个从无到有的过程，从 1995 年的零出口排放增加到 2005 年的 0.71 百万吨，增长幅度最大。

2. 进口中间投入的出口排放的行业结构

如表 4－5 和图 4－3 所示，从排放均值看，研究期间进口中间投入的出口排放最大的行业集中在 3 个行业，其出口排放占总出口排放的比例依次为电气机械及器材制造业 22.06%，金属冶炼业 20.15%，化学工业 20.03%；其排放总和占比高达 62.24%。其中，金属冶炼业、化学工业属于二氧化碳排放系数很大的行业。进口中间投入的出口排放较大的行业还有采矿业、电子通信与仪器仪表制造业、纺织业、机械设备制造业、石油加工业等 5 个行业，其排放总和占比为26.65%。其他 14 个行业进口中间投入的出口排放量最小，其排放总和占比不超过 11.11%。

表 4-5 进口中间投入的出口排放的行业结构

行业	进口中间投入的出口排放/百万吨				进口中间投入的出口排放占比/%			
	1995年	2000年	2005年	均值	1995年	2000年	2005年	均值
农业	0.90	1.16	2.10	1.39	0.97	1.19	0.72	0.86
采矿业	5.43	8.23	31.66	15.11	5.86	8.46	10.78	9.37
食品、饮料和烟草	0.83	0.43	1.00	0.75	0.90	0.44	0.34	0.47
纺织业	8.74	5.49	7.24	7.16	9.42	5.64	2.47	4.44
木材加工业	0.76	0.45	0.68	0.63	0.82	0.46	0.23	0.39
造纸业	2.13	2.04	3.92	2.70	2.29	2.10	1.34	1.67
石油加工业	2.40	2.33	9.54	4.76	2.59	2.39	3.25	2.95
化学工业	25.48	20.57	50.81	32.29	27.46	21.16	17.31	20.03
橡胶与塑料	1.43	1.35	0.46	1.08	1.54	1.39	0.16	0.67
非金属矿物	0.64	1.57	1.00	1.07	0.69	1.62	0.34	0.67
金属冶炼	23.95	22.27	51.20	32.48	25.82	22.90	17.44	20.15
金属制品业	1.24	2.04	5.42	2.90	1.33	2.10	1.85	1.80
机械设备制造业	2.82	4.43	12.91	6.72	3.04	4.56	4.40	4.17
电气机械及器材制造业	2.52	18.71	85.45	35.56	2.72	19.24	29.11	22.06
电子通信与仪器仪表制造业	9.81	3.75	14.08	9.21	10.57	3.85	4.80	5.72
交通运输设备制造业	1.40	0.60	4.29	2.10	1.51	0.62	1.46	1.30
其他制造业	1.14	0.60	3.43	1.72	1.23	0.61	1.17	1.07
电力、燃气和水	0.00	0.02	0.08	0.03	0.00	0.02	0.03	0.02
建筑业	0.00	0.01	0.04	0.01	0.00	0.01	0.01	0.01
批发、零售与餐饮	0.00	0.19	1.08	0.42	0.00	0.19	0.37	0.26
交通运输与仓储	0.37	0.65	3.97	1.66	0.40	0.67	1.35	1.03
其他服务业	0.77	0.37	3.18	1.44	0.83	0.38	1.08	0.89
总计	92.76	97.25	293.55	161.18	100.00	100.00	100.00	100.00

资料来源：根据 OECD 提供的中国投入产出表计算。

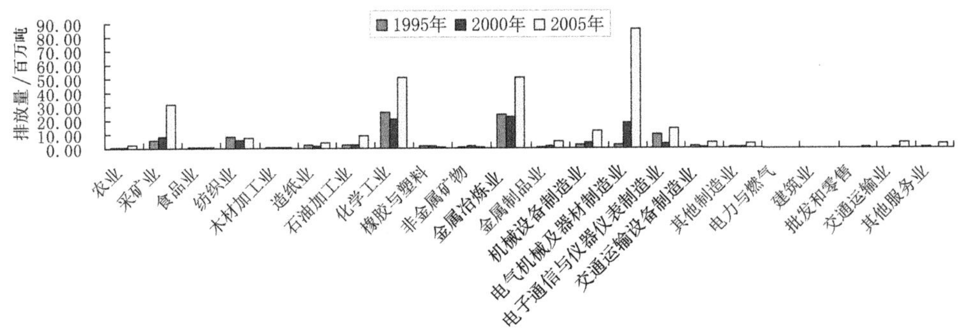

图 4-3　中国各行业进口中间投入的出口含碳量

（资料来源：根据 OECD 提供的中国投入产出表计算）

从发展趋势看，除了橡胶与塑料业、纺织业、木材加工业等 3 个行业有小幅度的减少外，其他行业进口中间投入的出口排放都呈现增长态势。其中，增长幅度较大的行业及其增长幅度分别为：电气机械及器材制造业 3 284.73%，交通运输与仓储业 976.60%，采矿业 482.68%，机械设备制造业 358.39%，金属制品业 337.96%，其他服务业 314.60%，石油加工业 296.63%，交通运输设备制造业 206.42%，其他制造业 200.84%。另外，电力、燃气与水的生产与供应业，建筑业，批发、零售与餐饮业等 3 个行业进口中间投入的出口排放经历了一个从无到有的过程，虽然排放量较小，但也节省了中国国内的生产排放。

4.4.2　中国进口贸易中的隐含碳行业结构分析

1. 实际进口隐含碳的行业结构

由于"为生产出口商品而进口的中间投入"实际上又出口了，因此必须从总进口排放中排除"生产出口商品的中间投入的进口排放"，也就是说反映各行业进口贸易隐含碳真实情况的是"实际进口排放"。

如表 4-6 和图 4-4 所示，从排放均值看，研究期间实际进口隐含碳最大的行业有 4 个，其实际进口排放占总实际进口排放的比例依次为：金属冶炼业 17.20%，化学工业 17.12%，机械设备制造业 14.83%，电气机械及器材制造业 10.48%；其排放总和占比高达 59.63%。其中，金属冶炼业、化学工业、机械设备制造业等 3 个行业属于碳排放系数很大的行业。实际进口排放较大的行业还有电子通信与仪器仪表制造业、采矿业、交通运输设备制造业、石油加工业、金属制品业、纺织业等 6 个行业，其排放总和占比为 27.69%。其他 12 个行业的实际进口排放量最小，其排放总和占比只有 12.68%。

表 4-6 中国进口贸易隐含碳的行业结构

行业	实际进口排放/百万吨				实际进口排放占比/%			
	1995 年	2000 年	2005 年	均值	1995 年	2000 年	2005 年	均值
农业	4.75	4.89	10.35	6.66	1.17	1.57	1.66	1.49
采矿业	18.36	27.35	60.35	35.35	4.50	8.81	9.70	7.91
食品、饮料和烟草	8.00	4.23	7.17	6.47	1.96	1.36	1.15	1.45
纺织业	14.68	7.23	11.20	11.04	3.60	2.33	1.80	2.47
木材加工业	2.52	2.12	2.17	2.27	0.62	0.68	0.35	0.51
造纸业	9.01	6.83	8.95	8.26	2.21	2.20	1.44	1.85
石油加工业	10.00	10.43	23.57	14.67	2.45	3.36	3.79	3.28
化学工业	80.64	53.74	95.20	76.53	19.77	17.30	15.29	17.12
橡胶与塑料	5.49	3.42	2.56	3.82	1.35	1.10	0.41	0.86
非金属矿物	6.46	7.75	5.79	6.67	1.58	2.50	0.93	1.49
金属冶炼	67.17	62.48	101.08	76.91	16.46	20.12	16.24	17.20
金属制品业	7.92	9.78	15.64	11.11	1.94	3.15	2.51	2.49
机械设备制造业	77.96	37.30	83.57	66.28	19.11	12.01	13.43	14.83
电气机械及器材制造业	13.06	38.38	89.15	46.86	3.20	12.36	14.32	10.48
电子通信与仪器仪表制造业	49.81	16.71	42.23	36.25	12.21	5.38	6.78	8.11
交通运输设备制造业	16.38	8.45	21.21	15.35	4.01	2.72	3.41	3.43
其他制造业	8.56	1.06	9.89	6.50	2.10	0.34	1.59	1.45
电力、燃气和水	0.00	0.11	0.20	0.10	0.00	0.04	0.03	0.02
建筑业	1.32	0.87	2.34	1.51	0.32	0.28	0.38	0.34
批发、零售与餐饮	0.00	1.67	5.45	2.38	0.00	0.54	0.88	0.53
交通运输与仓储	1.69	3.525	12.50	5.90	0.41	1.13	2.01	1.32
其他服务业	4.20	2.24	11.89	6.11	1.03	0.72	1.91	1.37
总计	407.98	310.56	622.46	447.00	100.00	100.00	100.00	100.00

资料来源：根据 OECD 提供的中国投入产出表计算。

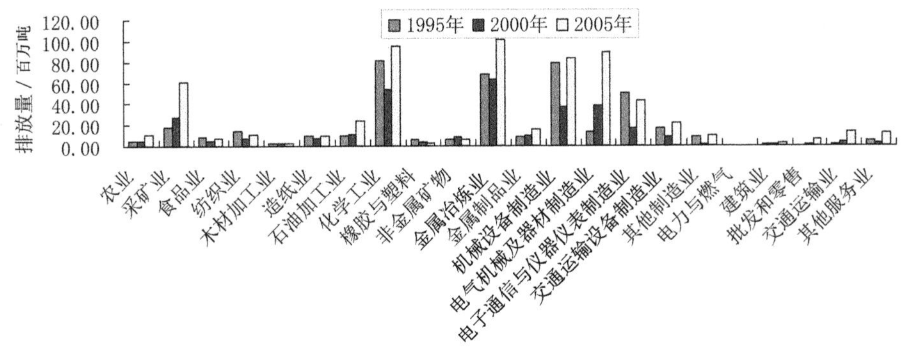

图 4－4　中国各行业实际进口含碳量

（资料来源：根据 OECD 提供的中国投入产出表计算）

从发展趋势看，橡胶与塑料、纺织业、电子通信与仪器仪表制造业、木材加工业、食品、饮料和烟草业、非金属矿物制品业、造纸业等 7 个行业的实际进口排放有小幅度的减少，其余 15 个行业都处于增长态势，其中增长较大的行业及增长幅度依次为交通运输与仓储业 639.44%，电气机械及器材制造业 582.42%，采矿业 228.74%，其他服务业 182.82%，石油加工业 135.59%，农业 117.72%等。另外，电力、燃气与水的生产与供应业、批发、零售与餐饮业这 2 个行业的进口排放经历了一个从无到有的过程，虽然排放量较小，但也节省了中国国内生产的二氧化碳排放。

2. 最终消费品和中间投入进口隐含碳的行业结构

（1）最终消费品进口排放的行业结构。如表 4－7 和图 4－5 所示，从排放均值看，最终消费品进口排放最大的 2 个行业及其排放占比分别为机械设备制造业 44.46%；电子通信与仪器仪表制造业 16.23%，其排放总和占比高达 60.69%。其他排放较大的行业还有 3 个行业：交通运输设备制造业 8.10%，电气机械及器材制造业 6.34%，化学工业 5.15%；其排放总和占比高达 19.59%。其余 17 个行业的排放量较小，其排放总和占比只有 19.72%。

表 4－7　中国最终消费品进口排放的行业结构

行　业	最终消费品进口排放/百万吨				最终消费品进口排放占比/%			
	1995 年	2000 年	2005 年	均值	1995 年	2000 年	2005 年	均值
农业	0.23	1.75	3.77	1.92	0.18	3.17	2.94	1.85

（续表）

行　业	最终消费品进口排放/百万吨				最终消费品进口排放占比/%			
	1995年	2000年	2005年	均值	1995年	2000年	2005年	均值
采矿业	0.00	0.00	0.15	0.05	0.00	0.00	0.11	0.05
食品、饮料和烟草	2.58	2.26	3.90	2.91	2.02	4.08	3.03	2.80
纺织业	2.41	1.69	3.81	2.64	1.88	3.06	2.96	2.54
木材加工业	0.06	0.27	0.38	0.24	0.05	0.48	0.29	0.23
造纸业	0.42	0.01	0.59	0.34	0.33	0.02	0.46	0.33
石油加工业	0.00	0.18	1.29	0.49	0.00	0.33	1.01	0.47
化学工业	3.49	5.64	6.94	5.36	2.72	10.19	5.41	5.15
橡胶与塑料	1.67	0.44	0.14	0.75	1.30	0.79	0.11	0.72
非金属矿物	0.17	0.68	0.47	0.44	0.13	1.23	0.36	0.42
金属冶炼	0.00	0.13	0.11	0.08	0.00	0.23	0.09	0.08
金属制品业	2.21	1.87	2.65	2.24	1.72	3.38	2.06	2.16
机械设备制造业	68.13	19.38	51.19	46.23	53.16	35.02	39.85	44.46
电气机械及器材制造业	6.12	5.04	8.62	6.59	4.77	9.11	6.71	6.34
电子通信与仪器仪表制造业	22.52	7.35	20.75	16.87	17.57	13.28	16.16	16.23
交通运输设备制造业	11.36	5.22	8.70	8.43	8.87	9.43	6.77	8.10
其他制造业	4.87	0.50	3.59	2.99	3.80	0.90	2.80	2.87
电力、燃气和水	0.00	0.04	0.02	0.02	0.00	0.07	0.02	0.02
建筑业	1.32	0.83	2.19	1.44	1.03	1.50	1.70	1.39
批发、零售与餐饮	0.00	0.54	2.22	0.92	0.00	0.98	1.73	0.89
交通运输与仓储	0.00	0.67	2.71	1.13	0.00	1.21	2.11	1.08
其他服务业	0.59	0.86	4.27	1.91	0.46	1.55	3.33	1.83
总　计	128.15	55.36	128.45	103.99	100.00	100.00	100.00	100.00

资料来源：根据 OECD 提供的中国投入产出表计算。

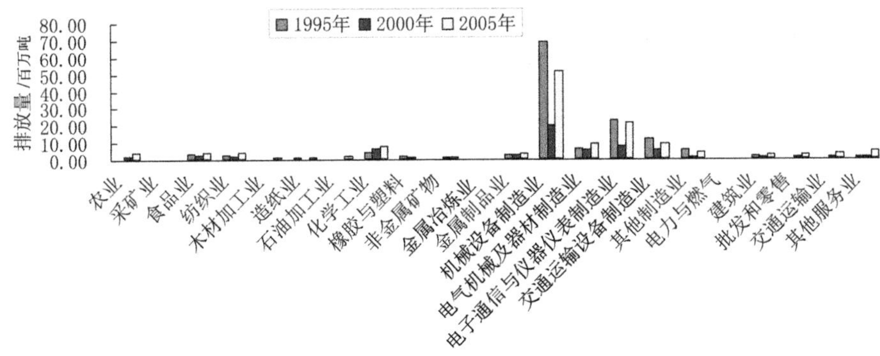

图 4－5　中国各行业最终消费品进口含碳量

（资料来源：根据 OECD 提供的中国投入产出表计算）

从发展趋势看，除了电子通信与仪器仪表制造业、交通运输设备制造业、机械设备制造业、橡胶与塑料、其他制造业等 5 个行业有所减少以外，大多数行业的最终消费品的进口排放都呈现增长态势，其中增长较大的行业及增长幅度依次为农业 1 515.42%，其他服务业 624.63%，木材加工业 520.91%，非金属矿物制品业 175.86%，化学工业 99.12%。另外，交通运输与仓储业、批发、零售与餐饮业、电力、燃气与水的生产与供应业、石油加工业、金属冶炼业、采矿业等这 6 个行业的最终消费品的进口排放经历了一个从无到有的过程，虽然排放量较小，但也为中国国内生产排放的减少做出了贡献。

(2)生产国内消费品的中间投入的进口排放的行业结构。从国外进口的中间投入，一方面用来生产出口产品，另一方面用来生产国内消费品。前文已经分析过“生产出口商品的中间投入的进口排放”(或称“进口中间投入的出口排放”)的行业结构，这里将简要分析“生产国内消费的中间投入的进口排放”的行业结构。

如表 4－8 和图 4－6 所示，从排放均值看，生产国内消费的中间投入的进口排放最大的 2 个行业及其排放占比分别为金属冶炼业 22.40%，化学工业 20.75%，其排放总和占比为 43.15%。其他排放较大的行业还有 4 个行业：电气机械及器材制造业 11.74%，采矿业 10.29%，机械设备制造业 5.84%，电子通信与仪器仪表制造业 5.65%，其排放总和占比为 33.53%。其他 16 个行业的排放量较小，其排放总和占比只有 23.33%。

表 4-8 生产国内消费品的中间投入的进口排放的行业结构

行 业	生产国内消费品的中间投入进口排放/百万吨				生产国内消费品的中间投入进口排放占比/%			
	1995年	2000年	2005年	均值	1995年	2000年	2005年	均值
农 业	4.52	3.13	6.58	4.74	1.62	1.23	1.33	1.38
采矿业	18.36	27.35	60.21	35.31	6.56	10.72	12.19	10.29
食品、饮料和烟草	5.42	1.97	3.27	3.55	1.94	0.77	0.66	1.04
纺织业	12.26	5.54	7.40	8.40	4.38	2.17	1.50	2.45
木材加工业	2.46	1.85	1.79/	2.03	0.88	0.73	0.36	0.59
造纸业	8.59	6.82	8.36	7.92	3.07	2.67	1.69	2.31
石油加工业	10.00	10.25	22.27	14.18	3.58	4.02	4.51	4.13
化学工业	77.15	48.10	88.26	71.17	27.57	18.85	17.87	20.75
橡胶与塑料	3.82	2.98	2.42	3.08	1.36	1.17	0.49	0.90
非金属矿物	6.29	7.07	5.32	6.23	2.25	2.77	1.08	1.82
金属冶炼	67.17	62.35	100.97	76.83	24.00	24.43	20.44	22.40
金属制品业	5.71	7.90	13.00	8.87	2.04	3.10	2.63	2.59
机械设备制造业	9.83	17.92	32.39	20.05	3.51	7.02	6.56	5.84
电气机械及器材制造业	6.95	33.33	80.53	40.27	2.48	13.06	16.30	11.74
电子通信与仪器仪表制造业	27.29	9.36	21.48	19.37	9.75	3.67	4.35	5.65
交通运输设备制造业	5.01	3.23	12.52	6.92	1.79	1.27	2.53	2.02
其他制造业	3.69	0.56	6.29	3.51	1.32	0.22	1.27	1.02
电力、燃气和水	0.00	0.07	0.17	0.08	0.00	0.03	0.04	0.02
建筑业	0.00	0.05	0.15	0.07	0.00	0.02	0.03	0.02
批发、零售与餐饮	0.00	1.13	3.23	1.45	0.00	0.44	0.65	0.42
交通运输与仓储	1.69	2.85	9.80	4.78	0.60	1.12	1.98	1.39
其他服务业	3.61	1.39	7.61	4.20	1.29	0.54	1.54	1.23
总 计	279.82	255.21	494.01	343.02	100.00	100.00	100.00	100.00

资料来源：根据 OECD 提供的中国投入产出表计算。

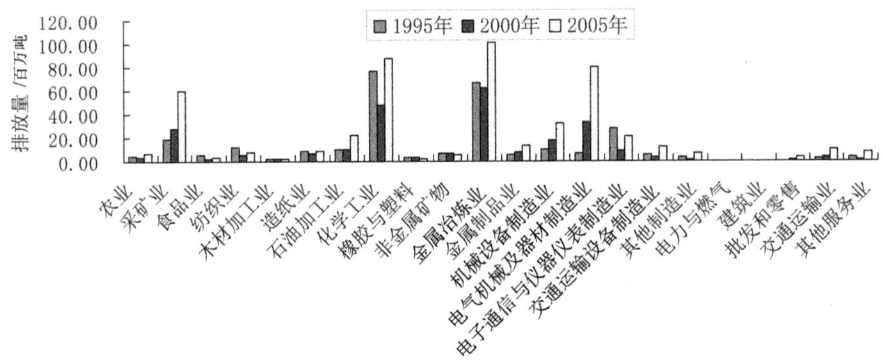

图 4-6　中国各行业生产国内消费品的中间投入的进口含碳量

（资料来源：根据 OECD 提供的中国投入产出表计算）

从发展趋势看，除纺织业、食品、饮料与烟草业、橡胶与塑料业、木材加工业、电子通信与仪器仪表制造业、非金属矿物制品业、造纸业等 7 个行业的排放量有小幅度的减少外，其他 15 个行业都有不同程度的增加。其中，增加较大的行业及增长幅度分别为电气机械及器材制造业 1 059.17%，交通运输与仓储业479.33%，机械设备制造业 229.32%，采矿业 227.95%，交通运输设备制造业 149.72%，金属制品业 127.70%，石油加工业 122.65%，其他服务业 110.73%。另外，批发、零售与餐饮业、电力、燃气与水的生产与供应业、建筑业等 3 个行业经历了一个从无到有的过程，虽然排放量较小，但也为中国国内生产排放的减少做出了贡献。

(3) 所有中间投入进口排放的行业结构。将“生产出口商品的中间投入的进口排放”与“生产国内消费的中间投入的进口排放”相加，可以得到中间投入进口排放。由前面的分析可知，在总进口排放中，中间投入的进口排放占有绝大部分的比例，为中国国内生产节省了越来越多的碳排放。

如表 4-9 和图 4-7 所示，从排放均值看，中间投入的进口排放最大的 2 个行业及其占比依次为金属冶炼业 21.68%，化学工业 20.52%，其排放总和占比高达 42.20%。排放量较大的行业还有：电气机械及器材制造业 15.04%，采矿业 10.00%，电子通信与仪器仪表制造业 5.67%，机械设备制造业 5.31%等 4 个行业。其他 16 个行业的排放量较小，其排放总和占比只有 21.79%。

表 4-9 所有中间投入的进口排放的行业结构

行 业	所有中间投入的进口排放/百万吨				所有中间投入的进口排放占比/%			
	1995 年	2000 年	2005 年	均值	1995 年	2000 年	2005 年	均值
农 业	5.42	4.29	8.68	6.13	1.46	1.22	1.10	1.22
采矿业	23.79	35.58	91.86	50.41	6.39	10.09	11.66	10.00
食品、饮料和烟草	6.25	2.40	4.27	4.31	1.68	0.68	0.54	0.85
纺织业	21.01	11.03	14.64	15.56	5.64	3.13	1.86	3.09
木材加工业	3.23	2.30	2.47	2.66	0.87	0.65	0.31	0.53
造纸业	10.71	8.86	12.28	10.62	2.88	2.51	1.56	2.11
石油加工业	12.41	12.58	31.81	18.93	3.33	3.57	4.04	3.76
化学工业	102.63	68.67	139.07	103.46	27.54	19.48	17.66	20.52
橡胶与塑料	5.24	4.33	2.88	4.15	1.41	1.23	0.37	0.82
非金属矿物	6.93	8.64	6.32	7.30	1.86	2.45	0.80	1.45
金属冶炼	91.12	84.62	152.17	109.30	24.46	24.01	19.32	21.68
金属制品业	6.95	9.94	18.41	11.77	1.86	2.82	2.34	2.33
机械设备制造业	12.65	22.35	45.30	26.77	3.40	6.34	5.75	5.31
电气机械及器材制造业	9.47	52.04	165.98	75.83	2.54	14.76	21.08	15.04
电子通信与仪器仪表制造业	37.10	13.10	35.56	28.59	9.96	3.72	4.51	5.67
交通运输设备制造业	6.41	3.84	16.81	9.02	1.72	1.09	2.13	1.79
其他制造业	4.83	1.16	9.72	5.24	1.30	0.33	1.23	1.04
电力、燃气和水	0.00	0.09	0.26	0.12	0.00	0.03	0.03	0.02
建筑业	0.00	0.05	0.19	0.08	0.00	0.01	0.02	0.02
批发、零售与餐饮	0.00	1.32	4.31	1.87	0.00	0.37	0.55	0.37
交通运输与仓储	2.06	3.50	13.77	6.44	0.55	0.99	1.75	1.28
其他服务业	4.38	1.76	10.79	5.64	1.18	0.50	1.37	1.12
总 计	372.59	352.45	787.56	504.20	100.00	100.00	100.00	100.00

资料来源：根据 OECD 提供的中国投入产出表计算。

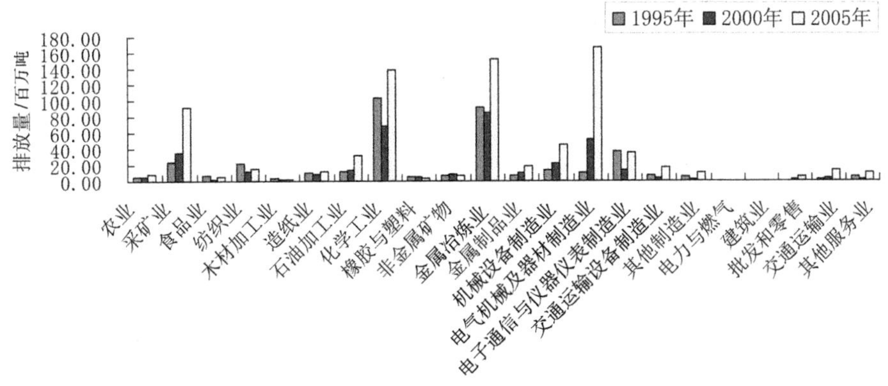

图 4 - 7　中国各行业所有中间投入的进口含碳量

（资料来源：根据 OECD 提供的中国投入产出表计算）

从发展趋势看，除了橡胶与塑料业、食品、饮料与烟草业、纺织业、木材加工业、非金属矿物制品业、电子通信与仪器仪表制造业等 6 个行业的排放量有所减少以外，其他 16 个行业都有不同程度的增加。其中，排放量增加较大的行业及增长幅度分别为电气机械与器材制造业 1 652.35%，交通运输与仓储业 568.40%，采矿业 286.12%，机械设备制造业 258.06%，金属制品业 165.14%，交通运输设备制造业 162.11%，石油加工业 156.36%，其他服务业 146.43%，其他制造业 101.41%。另外，批发、零售与餐饮业、电力、燃气与水的生产与供应业、建筑业等 3 个行业经历了一个从无到有的过程，虽然排放量较小，但也为中国国内生产排放的减少做出了贡献。

4.4.3　中国净出口贸易隐含碳的行业结构分析

各行业的净出口排放如表 4 - 10 和图 4 - 8 所示。从排放均值看，有 16 个行业的贸易隐含碳处于净出口状态，其中，净出口隐含碳较大的行业依次为纺织业、金属制品业、电子通信与仪器仪表制造业、交通运输与仓储业、其他制造业、批发、零售与餐饮业、非金属矿物制品业等。6 个行业的贸易隐含碳处于净进口状态，由大到小依次为采矿业、化学工业、机械设备制造业、金属冶炼业、石油加工业、农业。

表 4-10 中国净出口贸易隐含碳的行业结构

单位:百万吨

行 业	净出口排放			
	1995 年	2000 年	2005 年	均值
农 业	0.64	−1.30	−6.01	−2.23
采矿业	−8.85	−19.33	−48.15	−25.44
食品、饮料和烟草	5.24	4.41	6.11	5.25
纺织业	59.16	41.91	77.90	59.65
木材加工业	−0.30	4.28	15.13	6.37
造纸业	−6.70	−4.47	16.18	1.67
石油加工业	−4.37	−2.11	−6.40	−4.30
化学工业	−48.02	−24.12	4.16	−22.66
橡胶与塑料	10.28	8.83	6.75	8.62
非金属矿物制品业	13.56	11.37	15.27	13.40
金属冶炼业	19.83	−31.05	−14.25	−8.50
金属制品业	9.26	19.74	48.81	25.94
机械设备制造业	−34.70	−22.89	−3.23	−20.28
电气机械及器材制造业	2.64	8.13	6.89	5.88
电子通信与仪器仪表制造业	−1.33	13.60	64.01	25.43
交通运输设备制造业	2.33	0.88	5.17	2.79
其他制造业	27.57	24.70	19.43	23.90
电力、燃气和水	0.00	0.68	0.51	0.40
建筑业	−0.69	−0.34	1.46	0.14
批发、零售与餐饮	2.28	13.63	27.88	14.60
交通运输与仓储	16.42	16.53	40.53	24.49
其他服务业	6.20	−1.43	5.02	3.26

资料来源:根据 OECD 提供的中国投入产出表计算。

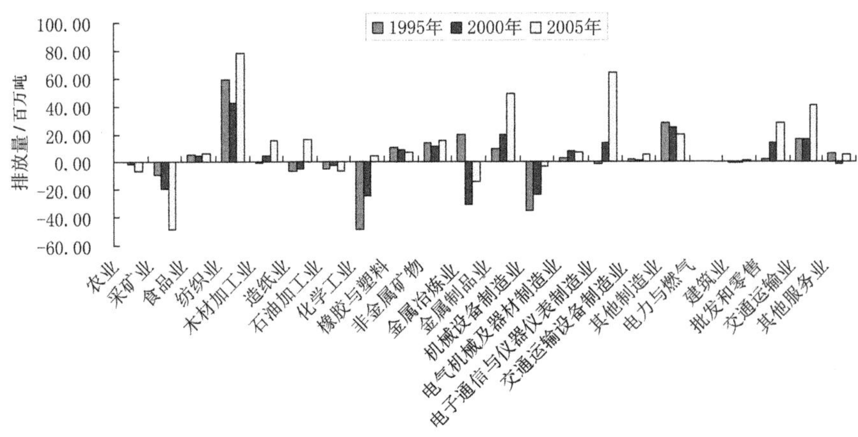

图 4－8　中国各行业净出口贸易隐含碳

（资料来源：根据 OECD 提供的中国投入产出表计算）

从发展趋势看，净出口隐含碳增加行业有 15 个，其中增长较大的行业及幅度依次为：木材加工业 5 219.24%，电子通信与仪器仪表制造业 4 930.14%，批发、零售与餐饮业 1 123.59%，金属制品业 427.30%，造纸业 341.59%，建筑业 310.97%，电气机械及器材制造业 159.63%，交通运输与仓储业 146.85%，交通运输设备制造业 122.09%，化学工业 108.64%等；净出口隐含碳减少的行业有 7 个，其中减少较大的行业及其幅度依次为农业 1 044.97%，采矿业 444.07%，金属冶炼 171.95%等。

4.4.4　中国对外贸易的碳贸易条件分析

为了从总体上分析中国对外贸易的行业结构对节能减排的贡献度，这里利用每年各行业的出口额、出口隐含碳以及进口额、进口隐含碳，计算了中国对外贸易的碳贸易条件。碳贸易条件源于 Antweiler（1996）提出的污染贸易条件（pollution terms of trade，PTT），即单位价值的出口额所含的污染量与单位价值的进口额所含的污染量之比。因此，中国对外贸易的碳贸易条件可以用下式计算

$$CTT = \frac{Q^e / EX}{Q^m / IM} \tag{4-21}$$

式中，CTT 表示碳贸易条件，Q^e/EX、Q^m/IM 分别表示出口含碳强度——出口单位价值产品所排放的二氧化碳、进口省碳强度——进口单位价值产品所包含的二氧化碳，Q^e、Q^m 分别表示各行业出口隐含碳总和、进口隐含碳总和，EX、IM

分别表示各行业出口额总和、进口额总和。

如果一个国家的碳贸易条件 CTT 小于 1，则意味着该国在对外贸易中出口含碳强度要小于进口省碳强度，碳贸易条件对该国是有利的，该国对外贸易的行业结构有利于节能减排；反之，则碳贸易条件对该国是不利的。

计算结果如表 4－11 所示。结果表明，研究期间碳贸易条件一直都小于 1，说明出口含碳强度小于进口省碳强度，中国对外贸易的行业结构有助于减少二氧化碳排放。从发展趋势看，中国碳贸易条件经历了一个先好转后恶化的变化趋势，虽然 2005 年相对于 1995 年还略有好转，但 2000 年后对外贸易对节能减排的贡献度在不断减小。

表 4－11　中国碳贸易条件

年份	出口含碳强度（吨二氧化碳/万元）	进口省碳强度（吨二氧化碳/万元）	碳贸易条件
1995	3.683	4.311	0.854
2000	1.610	2.108	0.764
2005	1.322	1.549	0.853

资料来源：根据投入产出模型结合 OECD 提供的中国投入产出表数据计算。

从出口含碳强度与进口含碳强度看：纵向比较，总体上两者都呈现下降趋势，但是 2000—2005 年比 1995—2000 年的下降幅度小得多。其中原因正如 4.2 节所述——各行业的二氧化碳完全排放系数总体上呈下降态势，而且 2000—2005 年的减小幅度远远小于 1995—2000 年的减小幅度。横向比较，特别是 2000—2005 年出口含碳强度的下降幅度比进口省碳强度的下降幅度要小得多，原因是 2000—2005 年间碳排放最大的 6 个行业包括石油加工业、化学工业、非金属制品业、金属冶炼业、金属制品业、机械设备制造业等的出口份额由22.48%上升到 22.53%，而进口份额由 37.44%下降到 32.56%。这说明出口、进口的行业结构在 2000 年后都出现变坏的趋势，导致这一期间碳贸易条件出现恶化的趋势。

4.5　中国对外贸易中的隐含碳国别（地区）流向分析

为了较为全面地反映中国对外贸易隐含碳国别（地区）流向，本节计算了前述数据库里中国与其所有 53 位贸易伙伴的双边货物贸易的隐含碳。

4.5.1 中国出口贸易隐含碳国别(地区)流向

计算结果如表 4-12 所示。研究发现,1995 年、2000 年与 2005 年中国向其前三大贸易伙伴出口贸易隐含碳问题占中国出口隐含碳总量的比例分别为 53.89%、51.79%、43.90%,前五大贸易伙伴总占比分别为 64.26%、61.37%与 54.41%,前十大贸易伙伴总占比分别为 77.13%、74.17%与 66.91%,都呈现逐年递减的趋势。这表明中国的出口贸易市场结构逐渐分散,说明 1990 年提出的以降低出口市场集中度、减少风险为主要内容的“出口市场多元化”战略取得了较好的效果。中国出口贸易隐含碳接受地主要集中在美国、日本,美国在中国出口贸易隐含碳总量中的占比由 1995 年的 15.43%上升到 2005 年的 18.82%,排放量增长了 146.12%,由排名第 3 位上升到第 1 位向日本出口的隐含碳虽然也有 30.40%的增长幅度,但其占比由 1995 年的 16.74%下降到 2005 年的 11.40%,由第 2 位下降到第 3 位。排在第 4、第 5 位的一直是韩国、德国,韩国占比由 1995 年的 6.78%上升到 2005 年的 6.99%,德国占比由 1995 年的 3.59%下降到 2005 年的 3.52%。中国台湾、荷兰、英国、新加坡也是中国出口贸易隐含碳的比较主要的接受地,中国台湾的占比由 1995 年的 2.99%上升到 2005 年的 3.18%,由第 7 位上升到第 6 位;荷兰的占比由 1995 年的 3.14%下降到 2005 年的 3.01%,由第 6 下降到第 7;英国的占比由 1995 年的 1.83%上升到 2005 年的 2.31%,由第 10 位上升到第 8 位;新加坡的占比由 1995 年的 2.60%下降到 2005 年的 2.16%,由第 8 位下降到第 9 位。其他比较重要的接受地还有:印度尼西亚、意大利、澳大利亚、法国、泰国、加拿大、马来西亚、比利时和卢森堡、俄罗斯、印度、西班牙等,其各自在中国出口贸易隐含碳总量中的占比都在 1%～2%之间。另外,墨西哥、越南、土耳其等在中国出口贸易隐含碳中的占比虽然相对较小,但是其占比上升较快。

表 4-12 中国出口贸易隐含碳国别(地区)流向

1995 年			2000 年			2005 年		
出口地	排放/百万吨	占比/%	出口地	排放/百万吨	占比/%	出口地	排放/百万吨	占比/%
中国香港	112.28	20.82	美国	85.89	19.90	美国	204.75	18.82
日本	95.13	17.64	中国香港	69.51	16.11	中国香港	148.80	13.68
美国	83.19	15.43	日本	68.12	15.78	日本	124.05	11.40
韩国	36.53	6.78	韩国	25.48	5.90	韩国	76.07	6.99
德国	19.37	3.59	德国	15.88	3.68	德国	38.30	3.52
荷兰	16.93	3.14	中国台湾	13.97	3.24	中国台湾	34.63	3.18
中国台湾	16.12	2.99	荷兰	12.61	2.92	荷兰	32.72	3.01
新加坡	14.03	2.60	英国	11.05	2.56	英国	25.18	2.31
泰国	12.45	2.31	新加坡	10.48	2.43	新加坡	23.45	2.16
英国	9.85	1.83	意大利	7.11	1.65	印度尼西亚	19.98	1.84
印度尼西亚	8.22	1.52	印度尼西亚	6.54	1.52	印度	19.85	1.82
意大利	8.10	1.50	澳大利亚	6.22	1.44	意大利	18.66	1.72
马来西亚	6.97	1.29	法国	5.71	1.32	澳大利亚	17.09	1.57
法国	6.03	1.12	加拿大	5.52	1.28	泰国	16.92	1.56
澳大利亚	5.58	1.03	泰国	4.98	1.15	加拿大	16.82	1.55
加拿大	5.29	0.98	马来西亚	4.57	1.06	马来西亚	14.97	1.38
菲律宾	4.65	0.86	比利时 卢森堡	4.49	1.04	俄罗斯	14.49	1.33
比利时 卢森堡	4.36	0.81	西班牙	4.12	0.96	法国	14.17	1.30
俄罗斯	4.26	0.79	印度	4.06	0.94	越南	13.54	1.25
西班牙	3.86	0.72	越南	3.86	0.89	比利时 卢森堡	13.45	1.24
越南	3.79	0.70	菲律宾	2.82	0.65	西班牙	13.06	1.20
印度	3.77	0.70	俄罗斯	2.67	0.62	墨西哥	8.60	0.79
巴西	2.74	0.51	巴西	2.50	0.58	菲律宾	8.30	0.76
沙特阿拉伯	2.23	0.41	墨西哥	2.28	0.53	巴西	8.06	0.74
南非	2.14	0.40	土耳其	2.05	0.48	土耳其	7.86	0.72
土耳其	1.38	0.26	南非	1.79	0.42	南非	5.55	0.51

（续表）

1995年			2000年			2005年		
出口地	排放/百万吨	占比/%	出口地	排放/百万吨	占比/%	出口地	排放/百万吨	占比/%
智利	1.31	0.24	沙特阿拉伯	1.74	0.40	沙特阿拉伯	5.55	0.51
瑞士	1.24	0.23	瑞典	1.47	0.34	芬兰	4.15	0.38
瑞典	1.14	0.21	以色列	1.42	0.33	波兰	3.87	0.36
波兰	1.14	0.21	智利	1.23	0.28	丹麦	3.55	0.33
阿根廷	1.03	0.19	阿根廷	1.19	0.28	瑞典	3.54	0.33
丹麦	0.98	0.18	丹麦	1.18	0.27	以色列	3.14	0.29
以色列	0.76	0.14	波兰	1.12	0.26	希腊	3.14	0.29
墨西哥	0.75	0.14	希腊	1.04	0.24	阿根廷	2.72	0.25
新西兰	0.71	0.13	瑞士	1.00	0.23	智利	2.69	0.25
希腊	0.70	0.13	芬兰	0.89	0.21	爱尔兰	2.69	0.25
匈牙利	0.70	0.13	匈牙利	0.82	0.19	瑞士	2.42	0.22
挪威	0.65	0.12	挪威	0.68	0.16	匈牙利	2.32	0.21
奥地利	0.61	0.11	新西兰	0.67	0.16	新西兰	1.93	0.18
芬兰	0.55	0.10	爱尔兰	0.59	0.14	挪威	1.73	0.16
罗马尼亚	0.45	0.08	奥地利	0.57	0.13	罗马尼亚	1.58	0.15
爱尔兰	0.36	0.07	葡萄牙	0.51	0.12	捷克	1.56	0.14
葡萄牙	0.35	0.07	捷克	0.40	0.09	葡萄牙	1.39	0.13
捷克	0.33	0.06	罗马尼亚	0.28	0.07	奥地利	1.26	0.12
塞浦路斯	0.14	0.03	塞浦路斯	0.23	0.05	保加利亚	0.60	0.06
斯洛伐克	0.10	0.02	马耳他	0.16	0.04	立陶宛	0.53	0.05
保加利亚	0.09	0.02	保加利亚	0.12	0.03	斯洛文尼亚	0.52	0.05
马耳他	0.06	0.01	斯洛文尼亚	0.11	0.03	塞浦路斯	0.49	0.05
斯洛文尼亚	0.04	0.01	爱沙尼亚	0.07	0.02	爱沙尼亚	0.48	0.04
爱沙尼亚	0.02	0.00	拉脱维亚	0.05	0.01	拉脱维亚	0.47	0.04
冰岛	0.01	0.00	斯洛伐克	0.05	0.01	马耳他	0.41	0.04
立陶宛	0.01	0.00	立陶宛	0.04	001	斯洛伐克	0.38	0.04
拉脱维亚	0.00	0.00	冰岛	0.02	0.00	冰岛	0.17	0.02

（续表）

1995 年			2000 年			2005 年		
出口地	排放/百万吨	占比/%	出口地	排放/百万吨	占比/%	出口地	排放/百万吨	占比/%
其他	35.73	6.63	其他	29.62	6.86	其他	95.13	8.75
总计	539.23	100.00	总计	431.58	100.00	总计	1087.73	100.00

资料来源：根据 OECD 提供的分行业双边贸易数据库数据计算。

注：1.“总计”为中国出口总排放，“占比”为表中所列出口地出口隐含碳占中国出口总排放的比例。

2. 由于 OECD 提供的分行业双边贸易数据库不包括服务贸易，只有货物贸易，与其提供的中国投入产出表数据有一定的差异，所以总计与表 4-3、表 4-4 有所不同。

4.5.2 中国进口贸易隐含碳国别（地区）流向

中国进口贸易隐含碳的国别（地区）流向如表 4-13 所示。同出口贸易隐含碳的国别（地区）流向一样，中国的进口贸易隐含碳的市场也逐渐分散。1995 年、2000 年与 2005 年中国从其前三大贸易伙伴进口贸易隐含碳总量占中国进口贸易隐含碳总量的比例分别为 46.23%、44.26%、38.50%，而其前五大贸易伙伴的这一数字分别为 60.53%、57.01%与 51.24%，其前十大贸易伙伴的这一数字分别为 77.48%、70.17%与 63.13%，都呈现逐年递减的趋势。日本一直是中国进口贸易隐含碳的最大来源地，虽然在中国进口贸易隐含碳总量中的占比由 1995 年的 24.23%下降到 2005 年 17.72%，但是中国从日本进口的含碳量还是增加了 30.80%。韩国、中国台湾、美国、德国在中国进口贸易隐含碳总量中也占有很大的份额：韩国占比由 1995 年的 8.55%上升到 2005 年 10.96%，居第 2 位；中国台湾由 1995 年的 11.30%下降到 2005 年 9.82%，居第 3 位；美国由 1995 年的 10.70%下降到 2005 年 6.64%，居第 4 位；德国由 1995 年的 5.75%上升到 2005 年 6.10%，居第 5 位。俄罗斯、中国香港、澳大利亚、新加坡也一直是中国重要的进口贸易隐含碳的来源地，其中澳大利亚的份额有所增加，俄罗斯、新加坡的份额有所下降，而中国香港的份额下降幅度较大。在其他比较重要的进口贸易隐含碳的来源地中，沙特阿拉伯、印度、智利所占的份额增长较大，法国、泰国、马来西亚、巴西等国所占的份额有所增长，而意大利、印度尼西亚、加拿大、英国等国所占的份额有所下降。

表 4－13 中国进口贸易隐含碳国别（地区）流向

1995 年			2000 年			2005 年		
出口地	排放/百万吨	占比/%	出口地	排放/百万吨	占比/%	出口地	排放/百万吨	占比/%
日本	119.89	24.23	日本	79.00	20.00	日本	156.81	17.72
中国台湾	55.90	11.30	中国台湾	50.15	12.70	韩国	97.04	10.96
美国	52.96	10.70	韩国	45.64	11.56	中国台湾	86.90	9.82
韩国	42.29	8.55	美国	30.97	7.84	美国	58.79	6.64
德国	28.46	5.75	德国	19.40	4.91	德国	53.98	6.10
中国香港	27.78	5.61	俄罗斯	14.12	3.58	俄罗斯	25.83	2.92
俄罗斯	20.68	4.18	中国香港	13.50	3.42	澳大利亚	24.54	2.77
新加坡	13.87	2.80	澳大利亚	9.37	2.37	新加坡	19.70	2.23
意大利	11.01	2.23	新加坡	7.55	1.91	沙特阿拉伯	18.49	2.09
澳大利亚	10.54	2.13	法国	7.44	1.88	印度	16.67	1.88
法国	8.30	1.68	印度尼西亚	6.62	1.68	法国	15.22	1.72
印度尼西亚	8.01	1.62	马来西亚	6.56	1.66	泰国	14.49	1.64
加拿大	7.47	1.51	泰国	6.56	1.66	马来西亚	13.66	1.54
英国	7.00	1.41	加拿大	5.95	1.51	中国香港	12.81	1.45
马来西亚	5.41	1.09	英国	5.87	1.49	意大利	12.31	1.39
比利时 卢森堡	4.88	0.99	意大利	5.02	1.27	巴西	12.16	1.37
巴西	4.15	0.84	智利	4.61	1.17	印度尼西亚	11.00	1.24
泰国	4.01	0.81	沙特阿拉伯	3.77	0.95	加拿大	10.71	1.21
西班牙	3.53	0.71	瑞典	3.38	0.86	智利	10.56	1.19
瑞典	3.35	0.68	比利时 卢森堡	2.70	0.68	英国	8.89	1.00
沙特阿拉伯	2.93	0.59	瑞士	2.54	0.64	比利时 卢森堡	7.16	0.81
荷兰	2.79	0.56	芬兰	2.53	0.64	南非	6.69	0.76
瑞士	2.72	0.55	印度	2.41	0.61	菲律宾	6.02	0.68
奥地利	2.29	0.46	巴西	2.34	0.59	瑞士	5.83	0.66
芬兰	2.11	0.43	荷兰	2.20	0.56	瑞典	5.75	0.65
南非	2.06	0.42	菲律宾	2.08	0.53	芬兰	4.41	0.50

（续表）

1995 年			2000 年			2005 年		
出口地	排放/百万吨	占比/%	出口地	排放/百万吨	占比/%	出口地	排放/百万吨	占比/%
印度	1.79	0.36	南非	1.54	0.39	荷兰	4.24	0.48
菲律宾	1.20	0.24	越南	1.46	0.37	西班牙	3.86	0.44
智利	1.18	0.24	西班牙	1.34	0.34	越南	3.18	0.36
墨西哥	0.94	0.19	挪威	1.15	0.29	阿根廷	2.99	0.34
罗马尼亚	0.92	0.19	阿根廷	0.94	0.24	奥地利	2.96	0.33
土耳其	0.91	0.18	奥地利	0.89	0.23	墨西哥	2.65	0.30
挪威	0.91	0.18	丹麦	0.88	0.22	挪威	2.06	0.23
越南	0.90	0.18	新西兰	0.78	0.20	丹麦	1.86	0.21
丹麦	0.88	0.18	爱尔兰	0.53	0.14	以色列	1.39	0.16
阿根廷	0.83	0.17	墨西哥	0.53	0.13	波兰	1.27	0.14
新西兰	0.67	0.14	以色列	0.37	0.09	新西兰	1.24	0.14
波兰	0.52	0.11	土耳其	0.33	0.08	土耳其	1.07	0.12
以色列	0.43	0.09	波兰	0.28	0.07	爱尔兰	0.93	0.11
捷克	0.39	0.08	罗马尼亚	0.19	0.05	捷克	0.69	0.08
匈牙利	0.18	0.04	捷克	0.13	0.03	罗马尼亚	0.59	0.07
葡萄牙	0.17	0.04	匈牙利	0.11	0.03	匈牙利	0.49	0.06
爱尔兰	0.15	0.03	希腊	0.10	0.03	斯洛伐克	0.41	0.05
拉脱维亚	0.13	0.03	葡萄牙	0.05	0.01	葡萄牙	0.26	0.03
斯洛伐克	0.12	0.02	斯洛伐克	0.03	0.01	保加利亚	0.21	0.02
希腊	0.11	0.02	斯洛文尼亚	0.03	0.01	希腊	0.15	0.02
保加利亚	0.10	0.02	保加利亚	0.02	0.01	斯洛文尼亚	0.15	0.02
塞浦路斯	0.01	0.00	冰岛	0.01	0.00	马耳他	0.06	0.01
爱沙尼亚	0.01	0.00	立陶宛	0.01	0.00	爱沙尼亚	0.05	0.01
冰岛	0.00	0.00	爱沙尼亚	0.01	0.00	冰岛	0.04	0.00
立陶宛	0.00	0.00	马耳他	0.01	0.00	立陶宛	0.02	0.00
斯洛文尼亚	0.00	0.00	拉脱维亚	0.01	0.00	拉脱维亚	0.01	0.00
马耳他	0.00	0.00	塞浦路斯	0.00	0.00	塞浦路斯	0.00	0.00

（续表）

1995 年			2000 年			2005 年		
出口地	排放/百万吨	占比/%	出口地	排放/百万吨	占比/%	出口地	排放/百万吨	占比/%
其他	26.97	5.45	其他	40.93	10.36	其他	135.86	15.35
总计	494.82	100.00	总计	394.94	100.00	总计	885.07	100.00

资料来源：根据 OECD 提供的分行业双边贸易数据库计算。

注：1. “总计”为中国进口总排放，“占比”为表中所列进口地进口隐含碳占中国进口总排放的比例。

2. 由于 OECD 提供的分行业双边贸易数据库不包括服务贸易，只有货物贸易，与其提供的中国投入产出表数据有一定的差异，所以总计与表 4－3、表 4－6 有所不同。

4.5.3　中国净出口与净进口贸易隐含碳国别（地区）流向

1. 中国净出口贸易隐含碳国别（地区）流向

中国净出口贸易隐含碳国别（地区）流向如表 4－14 所示。每年中国与其双边贸易隐含碳为净出口态势的国家（地区）数目不一致，因此取各年最小数目列出了前 29 位国家或地区。从贸易规模和行业结构角度看，中国在与这些国家或地区的双边贸易中付出了能源环境代价，为其承担了二氧化碳排放责任。

表 4－14　中国净出口贸易隐含碳国别（地区）流向

1995 年			2000 年			2005 年		
净出口地	排放/百万吨	占比/%	净出口地	排放/百万吨	占比/%	净出口地	排放/百万吨	占比/%
中国香港	84.49	54.70	中国香港	56.01	37.22	美国	145.96	34.82
美国	30.23	19.57	美国	54.92	36.49	中国香港	135.99	32.45
荷兰	14.14	9.16	荷兰	10.41	6.92	荷兰	28.48	6.79
泰国	8.44	5.47	英国	5.18	3.44	英国	16.29	3.89
菲律宾	3.45	2.23	新加坡	2.92	1.94	越南	10.36	2.47
越南	2.90	1.88	西班牙	2.78	1.85	西班牙	9.20	2.20
英国	2.85	1.85	越南	2.40	1.59	印度尼西亚	8.98	2.14
印度	1.98	1.28	意大利	2.09	1.39	土耳其	6.79	1.62

（续表）

1995 年			2000 年			2005 年		
净出口地	排放/百万吨	占比/%	净出口地	排放/百万吨	占比/%	净出口地	排放/百万吨	占比/%
马来西亚	1.57	1.01	比利时 卢森堡	1.79	1.19	意大利	6.35	1.52
波兰	0.61	0.40	墨西哥	1.75	1.16	比利时 卢森堡	6.29	1.50
希腊	0.60	0.39	土耳其	1.72	1.14	加拿大	6.11	1.46
匈牙利	0.51	0.33	印度	1.65	1.10	墨西哥	5.95	1.42
土耳其	0.47	0.30	以色列	1.04	0.69	新加坡	3.75	0.90
西班牙	0.33	0.21	希腊	0.94	0.63	印度	3.18	0.76
以色列	0.33	0.21	波兰	0.84	0.56	希腊	2.99	0.71
爱尔兰	0.21	0.13	菲律宾	0.74	0.49	波兰	2.60	0.62
印度尼西亚	0.20	0.13	匈牙利	0.72	0.48	泰国	2.43	0.58
阿根廷	0.20	0.13	葡萄牙	0.46	0.30	菲律宾	2.27	0.54
葡萄牙	0.18	0.12	丹麦	030	0.20	匈牙利	1.83	0.44
新加坡	0.16	0.11	捷克	0.27	0.18	爱尔兰	1.76	0.42
智利	0.14	0.09	南非	0.25	0.17	以色列	1.75	0.42
塞浦路斯	0.14	0.09	阿根廷	0.25	0.17	丹麦	1.69	0.40
丹麦	0.10	0.07	塞浦路斯	0.23	0.15	马来西亚	1.30	0.31
南非	0.08	0.05	巴西	0.16	0.11	葡萄牙	1.13	0.27
马耳他	0.05	0.03	马耳他	0.15	0.10	罗马尼亚	0.99	0.24
斯洛文尼亚	0.04	0.02	保加利亚	0.10	0.07	捷克	0.87	0.21
新西兰	0.03	0.02	罗马尼亚	0.10	0.06	新西兰	0.69	0.17
爱沙尼亚	0.01	0.01	斯洛文尼亚	0.09	0.06	立陶宛	0.51	0.12
冰岛	0.01	0.01	爱尔兰	0.06	0.04	塞浦路斯	0.49	0.12
合计	154.47	100.00	合计	150.33	99.89	合计	417.01	99.49

资料来源：根据 OECD 提供的分行业双边贸易数据库计算。

注：1. “合计”为中国向表中所列净出口地净出口隐含碳的总和，“占比”为表中所列净出口地净出口隐含碳占中国净出口隐含碳总和的比例。

2. 1995 年、2000 年与 2005 年这 3 年中，中国与其双边贸易隐含碳为净出口的国家或地区数目每一年都不一样，这里列出 29 位是取 3 年中最少的数目。

美国、中国香港地区与荷兰是中国净出口隐含碳最多的3个接受地，1995年其占比总和达83.43%，虽然后来有所下降，但是2005年也达到74.06%。其中：美国的份额由1995年的19.57%上升到2005年的34.82%，居第1位；中国香港的份额则由1995年的54.70%下降到2005年的32.45%，居第2位；荷兰一直是中国净出口隐含碳第3位的接受地，但其份额由1995年的9.16%下降到2005年的6.79%。英国、越南、西班牙、印度尼西亚、土耳其等在中国净出口隐含碳中所占份额都不断上升，到2005年依次位于第4～8位。意大利、比利时和卢森堡、加拿大、墨西哥等在1995年时是中国净进口隐含碳的来源地，[①]而到2005年却是中国净出口隐含碳较多的接受地。在其他较多的净出口隐含碳接受地中，相对于1995年，中国2005年向印度、泰国、菲律宾的净出口隐含碳份额经历了一定程度的下降，特别是泰国份额下降幅度很大；而向新加坡、希腊、波兰、匈牙利的净出口隐含碳份额有所上升。

2. 中国净进口贸易隐含碳国别(地区)流向

中国净进口贸易隐含碳国别(地区)流向如表4-15所示。同净出口隐含碳的国别(地区)流向，每年中国与其双边贸易隐含碳为净进口态势的国家(地区)数目不一致，因此取各年最小数目列出了前18位国家或地区。从贸易规模和行业结构角度看，中国在与这些国家或地区的双边贸易中取得了能源环境收益，减轻了二氧化碳排放压力。

表4-15　中国净进口贸易隐含碳国别(地区)流向

1995年			2000年			2005年		
净出口地	排放/百万吨	占比/%	净出口地	排放/百万吨	占比/%	净出口地	排放/百万吨	占比/%
中国台湾	39.79	33.48	中国台湾	36.18	35.28	中国台湾	52.28	29.74
日本	24.76	20.84	韩国	20.16	19.66	日本	32.76	18.64
俄罗斯	16.42	13.82	俄罗斯	11.45	11.17	韩国	20.97	11.93
德国	9.09	7.65	日本	10.88	10.61	德国	15.68	8.92
韩国	5.76	4.85	德国	3.51	3.43	沙特阿拉伯	12.94	7.36
澳大利亚	4.96	4.17	智利	3.39	3.30	俄罗斯	11.34	6.45

① 见表4-15，但墨西哥在1995年排在中国净进口隐含碳来源地的第19位，故表4-15中未列出。

（续表）

1995年			2000年			2005年		
净出口地	排放/百万吨	占比/%	净出口地	排放/百万吨	占比/%	净出口地	排放/百万吨	占比/%
意大利	2.92	2.46	澳大利亚	3.15	3.07	智利	7.86	4.47
法国	2.27	1.91	沙特阿拉伯	2.02	1.97	澳大利亚	7.45	4.24
瑞典	2.21	1.86	马来西亚	1.99	1.94	巴西	4.10	2.33
加拿大	2.17	1.83	瑞典	1.91	1.87	瑞士	3.41	1.94
奥地利	1.67	1.41	法国	1.73	1.69	瑞典	2.21	1.26
芬兰	1.57	1.32	芬兰	1.64	1.60	奥地利	1.70	0.97
瑞士	1.48	1.24	泰国	1.58	1.54	南非	1.13	0.64
巴西	1.41	1.19	瑞士	1.54	1.50	法国	1.05	0.60
沙特阿拉伯	0.69	0.58	挪威	0.47	0.46	挪威	0.33	0.19
比利时 卢森堡	0.52	0.44	加拿大	0.43	0.42	阿根廷	0.27	0.15
罗马尼亚	0.47	0.39	奥地利	0.32	0.31	芬兰	0.26	0.15
挪威	0.25	0.21	新西兰	0.11	0.10	斯洛伐克	0.02	0.01
合　计	118.41	99.65	合　计	102.46	99.92	合　计	175.75	100.00

资料来源：根据OECD提供的分行业双边贸易数据库计算。

注：1.“合计”为中国从表中所列净进口地净进口隐含碳的总和，“占比”为表中所列净进口地净进口隐含碳占中国净进口隐含碳总和的比例。

2.1995年、2000年与2005年这3年中，中国与其进行双边贸易且隐含碳为净进口的国家或地区数目每一年都不一样，这里列出18位是取3年中最少的数目。

中国台湾一直以来是祖国大陆最大的净进口贸易隐含碳的来源地，虽然其占比由1995年的33.48%下降到2005年的29.74%，但是大陆从其净进口隐含碳排放量却由1995年的39.79百万吨上升到2005年的52.28百万吨。2005年在中国净进口隐含碳的主要来源地中，日本、韩国、德国、沙特阿拉伯、俄罗斯分别位列第2～6位。其中，日本的占比有所下降，俄罗斯的占比有较大幅度的下降，德国的占比有所上升，韩国、沙特阿拉伯的占比有较大幅度的上升。其他比较主要的净进口来源地中，智利由1995年的中国净出口贸易隐含碳的接受地变成了2005年的中国净进口贸易隐含碳的第七大来源地，澳大利亚从中国净进口贸易隐含碳的第六大来源地下降为第八大来源地，巴西、瑞士分别从中国净进口贸易隐含碳的第十四、第十三大来源地上升为第九、第十大来源地。

4.6 中美双边贸易中中国的"碳贸易逆差"分析

中国和美国分别是世界上最大的发展中国家和最大的发达国家，虽然两国的政治体制不同，但是多年来中美双方一直互为最为重要的贸易伙伴，经济上有着非常紧密的联系。据有关数据统计[①]，中国从 1996 年以来就是美国第四大贸易伙伴，2005 年后中国取代墨西哥成为美国第二大贸易伙伴，特别 2015—2018 年中国取代了加拿大成为美国最大的贸易伙伴，4 年来中美双边贸易额占美国总贸易额的 16.2%（年均值）；单从出口贸易的角度看，2007 年以后中国成为美国继加拿大、墨西哥之后的第三大出口接受地。而美国自 2004 年以来一直是中国最大的贸易伙伴，14 年来中美双边贸易额占中国贸易总额的 13.6%（年均值）；从出口贸易的角度看，1999 年以来美国就是中国最大的出口接受地。[②] 因此，中美双方应该本着平等互利的原则，致力于双边贸易的发展，充分享受国际分工的好处。

然而，令人意外的是，2018 年 3 月起美国特朗普政府以贸易逆差为由采取贸易保护主义，单方面挑起中美贸易争端，制造贸易摩擦。特别是 2018 年 7 月 6 日美国开始对第一批来自中国的总值 340 亿美元的商品加征 25% 的关税以来，中美贸易摩擦不断升级。截至 2019 年 7 月 31 日，中美经贸代表团虽然进行了长达 12 轮的磋商谈判，也没有达成令双方满意的协议。目前，中美贸易摩擦已发展成了一个显性问题，甚至影响到世界经济的发展。的确，从 1993 年以来中美双边贸易中美国一直处于逆差地位，特别是 2011 年以来美国的逆差超过 2 000 亿美元，2017 年更是达到 2 758.9 亿美元。[③] 但是，美国贸易逆差的根本原因在于其产业结构和出口管制等方面，发动贸易战并不能解决其逆差问题，只能给两国乃至世界经济的发展带来阻碍。

其实，中美两国特别是美国应该换个思路，从气候变化的背景来看待两国双边贸易问题。由于贸易中隐含了大量的二氧化碳，从货物贸易的角度看，美国是逆差，因此环境贸易或碳贸易就应该处于顺差地位。也就是说，通过双边贸易，美国向中国转移了碳排放，中国为其承担了碳减排责任。那么，中美双边贸易隐含碳或者双边碳贸易的情形是怎样的呢？进而中国为美国到底承担了多大的碳减

---

① 根据 OECD 官网提供的贸易数据计算得到。

② 2013 年中国香港是中国最大的出口接受地。

③ 根据 OECD 官网提供的中国贸易数据计算得到。而以美国的贸易数据计算得到的美国逆差为 3 985 亿美元，原因在于各国分别以 CIF 价格统计出口、以 FOB 价格统计进口。

排责任呢？下面将进行分析。

4.6.1 美国向《巴黎协定》提交的“国家自主贡献预案”

自从1997年《京都议定书》以来，《联合国气候变化框架公约》（UNFCCC）缔约方大会一直难以取得令人满意的建设性成果，而2015年终于取得突破。2015年12月12日，UNFCCC第21次缔约方大会通过的《巴黎协议》被认为是继1992年《联合国气候变化框架公约》、1997年《京都议定书》之后，人类历史上应对气候变化的第三个里程碑式的国际法律文本，其确立的以“国家自主贡献”（nationally determined contributions, NDC）为基础的全球应对气候变化的减排机制，标志着一个新的全球碳减排体系的诞生。2015年3月31日，美国在《联合国气候变化框架公约》下提交了国家自主贡献预案（intended nationally determined contributions, INDCs），作为美国为实施《巴黎协定》所制订的行动计划。该预案表示，到2020年，排放量比2005年下降17%；到2025年，美国将在2005年的基础上减少26%～28%的温室气体排放量，尽最大努力实现减排28%的目标，并表示美国不会利用国际碳排放交易市场来实现其2025年的减排目标。① 然而，这一目标的实现可能性较小。根据柴麒敏等（2017）的测算，考虑到温室气体吸收汇之后，2005—2025年可实现的累积减排量约为155亿～158亿吨二氧化碳当量。美国若实现这一减排目标，美国年均减排量大约为7.8亿～7.9亿吨二氧化碳当量。Greenblatt等（2016）、葛全胜等（2018）认为美国现有减排政策均按预期实施的情况下也不太可能完成2025年INDCs的承诺目标。令世人遗憾的是，考虑到实现INDCs承诺的减排目标有损于美国利益，降低美国产业和贸易竞争力，造成失业和经济影响，美国总统特朗普于2017年6月1日宣布退出《巴黎协定》。②

4.6.2 中美双边碳贸易的态势分析

在气候变化的背景下，作为世界上最大的经济体和第二大二氧化碳排放国的美国承担着巨大的碳减排压力，那么中美双边贸易能使美国减少多少碳排放呢？

运用4.1节与4.2节的模型和方法，结合中国能源消费数据和中美双边贸易数据，这里估算了2006—2015年中美双边贸易隐含碳。为了更加清晰地表明中

---

① https://www4.unfccc.int/sites/submissions/INDC/Published%20Documents/United%20States%20of%20America/1/U.S.%20Cover%20Note%20INDC%20and%20Accompanying%20Information.pdf

② 虽然美国在2017年8月正式向联合国递交文书，退出《巴黎协定》，但根据《巴黎协定》第28条，美国政府必须在该协定生效3年后才能正式开始退出程序，而《巴黎协定》2016年11月4日生效，退出过程需要1年。因此，美国最早要等到2020年11月4日才能退出。

美双边碳贸易的态势，这里同时列出了根据 OECD 官网提供的出口与进口碳排放数据。如表 4 - 16 所示，从 A 栏项目可以发现，2006—2015 年的 10 年间，从出口角度看，中国因为生产向美国出口的产品而排放的二氧化碳达到 2.15 亿～2.88 亿吨，年均排放 2.38 亿吨，占中国向世界各国出口总排放的 16.23%；从进口角度看，美国因为生产向中国出口的产品而排放的二氧化碳为 0.82 亿～0.91亿吨，年均排放 0.87 亿吨，占中国向世界各国进口总排放的 7.03%；从净出口角度看，这 10 年间中国净出口隐含碳达到 1.30 亿～1.99 亿吨，年均排放1.51亿吨。

表 4 - 16　2006—2015 年中美双边货物贸易隐含碳

年份	排放项目 A					排放项目 B				
	中国出口		中国进口		净出口	中国出口		中国进口		净出口
	排放/亿吨	占比/%	排放/亿吨	占比/%		排放/亿吨	占比/%	排放/亿吨	占比/%	
2006	2.88	19.31	0.89	6.98	1.99	4.53	27.00	0.02	4.80	4.51
2007	2.78	17.02	0.88	6.76	1.89	4.49	23.83	0.02	4.60	4.46
2008	2.49	15.92	0.83	6.99	1.66	3.95	21.14	0.03	4.92	3.92
2009	2.15	16.76	0.82	6.89	1.32	3.24	21.27	0.02	4.29	3.22
2010	2.26	16.02	0.89	6.76	1.37	3.55	19.60	0.02	4.37	3.53
2011	2.30	15.23	0.88	6.46	1.42	3.64	18.12	0.03	4.53	3.61
2012	2.28	15.57	0.82	6.48	1.46	3.83	18.87	0.03	5.01	3.79
2013	2.21	15.14	0.88	7.18	1.33	3.88	18.89	0.04	5.69	3.84
2014	2.23	15.15	0.88	7.51	1.36	3.93	19.06	0.05	6.19	3.88
2015	2.21	16.19	0.91	8.25	1.30	3.86	20.65	0.05	6.67	3.81
均值	2.38	16.23	0.87	7.03	1.51	3.89	20.71	0.03	5.22	3.86

资料来源：A 栏为作者根据非竞争性投入产出方法计算；B 栏来自 OECD 官方网站提供的出口与进口（排除了复出口与复进口）隐含碳数据，经作者简单计算。

注：因为数据来源与计算方法的不同，A 栏与 B 栏的数据有较大的差距，特别是对于中国进口隐含碳的计算：作者是从进口替代的角度即基于中国的生产技术和能源消费数据计算，数据较大；而 OECD 应该是基于美国的生产技术和能源消费数据计算，数据较小，所以净出口隐含碳的差距更大。虽然进口替代的方法有其合理性，但 OECD 的数据更能反映实际情况。

但是，B 栏项目似乎更能反应实际情况，由于出口排放量大、占比高，进口排放量小、占比低，因此B栏的净出口隐含碳比作者计算的大多了。从均值看，这10年间中国年均出口排放二氧化碳3.89亿吨，占中国向世界各国出口总排放的20.71%；进口排放二氧化碳0.03亿吨，占中国向世界各国进口总排放的5.22%；净出口排放二氧化碳3.86亿吨，这就是说中美双边贸易中，中国的碳贸易逆差即美国通过对外贸易每年向中国净转移的二氧化碳达到3.86亿吨，这相当于美国INDCs承诺的减排目标年均值的49%，中国为美国承担了大量的碳减排责任。若美国政府想通过贸易战来实现美国的贸易平衡、中国向美国净出口的产品都由美国生产的话，那么美国实现《巴黎协定》的减排目标的难度还要大大增加。当然，对于中国来说，虽然在中美双边贸易中取得了较大的贸易顺差，但也付出了严重的资源环境代价。

从行业结构看（见表4－17），虽然A栏与B栏的数字不同，但是均表明①：中国净出口隐含碳较大的行业集中在电子通信与仪器仪表、纺织业、电气机械及器材制造业、金属制品业、非金属矿物制品业、金属冶炼业等6个行业，这6个行业净出口隐含碳占中国所有行业净出口隐含碳总和的85.4%（A栏数据）或63.7%（B栏数据），其中纺织业、电子通信与仪器仪表、金属制品业、非金属矿物制品业、电气机械及器材制造业等5个行业是中国具有比较优势的行业，而且具有很强的国际竞争力。这就是说，一方面，中国这些行业为美国承担了大量的碳减排责任；另一方面，美国要通过制造贸易摩擦来换取其贸易平衡的难度较大。另外，根据4.2节表4－2，可以发现：金属冶炼业、非金属矿物制品业和金属制品业分别是中国碳排放系数较大的行业。按照中国在2015年6月30日提交的作为实施《巴黎协定》制订的行动计划的INDCs，中国到2030年的自主行动目标是：二氧化碳排放在2030年左右达到峰值并争取尽早达峰；单位国内生产总值二氧化碳排放比2005年下降60%～65%，非化石能源占一次能源消费比重达到20%左右（中国国家发展和改革委员会，2015）。如果中国保持过往的经济社会发展模式，很可能不足以达到2030年中国INDCs的较低目标（葛全胜等，2018）。因此，中国也要注意到自己的碳减排压力，需要进行贸易结构的优化。

---

①　两类行业除外：机械设备制造业有所不同、其他制造业为杂项分类。

表 4－17　2006—2015 年中美各行业双边贸易隐含碳

单位：百万吨二氧化碳

行　业	2006—2015 年均值					
	A			B		
	出口	进口	净出口	出口	进口	净出口
1. 农业	0.2	4.4	－4.2	0.5	0.2	0.3
2. 采矿业	0.5	1.5	－1.0	0.5	0.0	0.5
3. 食品、饮料和烟草	2.3	2.0	0.2	3.5	0.1	3.4
4. 纺织业	26.2	0.5	25.7	52.6	0.0	52.5
5. 木材加工业	1.7	0.4	1.3	4.1	0.1	4.0
6. 造纸业	1.6	1.6	0.0	4.6	0.1	4.5
7. 石油加工业	1.2	1.0	0.2	0.7	0.0	0.6
8. 化学工业	15.3	23.2	－7.8	20.4	0.2	20.2
9. 橡胶与塑料	9.3	1.4	7.9	16.0	0.0	16.0
10. 非金属矿物制品业	12.8	2.5	10.3	24.3	0.0	24.2
11. 金属冶炼业	17.5	7.3	10.2	24.3	0.3	24.0
12. 金属制品业	17.8	1.9	15.9	29.4	0.1	29.4
13. 机械设备制造业	19.7	11.1	8.7	77.4	0.5	34.3
14. 电气机械及器材制造业	28.7	4.2	24.5	38.8	0.1	38.7
15. 电子通信与仪器仪表制造业	51.9	9.5	42.4	34.9	0.6	77.0
16. 交通运输设备制造业	11.1	13.2	－2.1	17.6	0.9	16.7
17. 其他制造业	19.8	1.0	18.9	39.4	0.0	39.4
总计	237.7	86.7	151.0	388.9	3.2	385.7

资料来源：A 栏数据为作者根据非竞争性投入产出方法计算，B 栏数据为作者根据 OECD 官方网站提供的实际出口与进口排放（排除了复出口与复进口）数据整理计算。

4.7　结论及政策含义

投入产出方法是研究国际贸易隐含碳的最主要方法。本章通过构建非竞争型投入产出模型系统精确地评估了中国对外贸易中的隐含碳，包括总量、行业结构与国别(地区)流向、中美双边贸易中中国的"碳贸易逆差"等,得出如下结论及政策含义。

4.7.1 结论

1. 中国各行业的二氧化碳排放系数

研究期间,中国各行业的二氧化碳直接排放系数、完全排放系数总体上在逐步减小,而且减幅较大,这表明研究期间中国各行业的节能减排取得了较好的效果。由于中国国内各行业生产过程联系紧密,通过消耗较大量的其他产业部门的中间投入进而消费了较多的能源,间接排放了较多的二氧化碳,因此中国各行业的完全排放系数远远高于直接排放系数,前者是后者的 2.5 倍以上,但是这个比值在逐渐减小。二氧化碳排放系数较大的行业有金属冶炼业、非金属矿物制造业、化学工业、石油加工业、金属制品业、机械设备制造业等,二氧化碳排放系数较小的行业有纺织、服装及皮革制造业、食品、饮料与烟草制造业、农林牧渔水利业、批发、零售与餐饮业、其他服务业等,其他行业居中。

2. 中国对外贸易隐含碳总量

中国出口贸易、进口贸易以及净出口贸易的隐含碳都经历了一个先减少后增加的过程,年均分别增长 6.59%、4.31%、14.99%,分别由 1995 年的 4.78 亿吨、4.08亿吨、0.70 亿吨上升到 2005 年的 9.05 亿吨、6.22 亿吨、2.83 亿吨。中国国内生产所排放的二氧化碳有 1/4～1/3 是由出口贸易所产生的,国内消费所产生的二氧化碳排放量有 1/5～1/4 来自进口,中国净出口隐含碳占中国国内生产二氧化碳总排放的比例由 1995 年的 3.7%上升到 2005 年的 9.9%。中国出口贸易隐含碳中来自国内生产的排放所占的比例逐渐减少,由 1995 年的 84%下降为 2005 年的 75%,而同期进口的中间投入的出口排放所占比例逐渐增加,由 16%上升到 25%。实际进口排放占总进口隐含碳的比例由 1995 年的 81%下降为 2005 年的 68%,而同期生产出口商品的中间投入的进口排放占总进口隐含碳的比例由 19%上升到 32%。最终消费品的进口排放所占比例由 1995 年的 26%下降为 2005 年的 14%,而同期中间投入的进口排放所占比例由 74%上升到 86%。

3. 中国对外贸易隐含碳的行业结构

总体上,中国对外贸易的行业结构有助于减少二氧化碳排放,但 2000 年后对外贸易对节能减排的贡献度在不断减小。研究期间实际出口排放最大的集中在纺织业、金属冶炼业、电子通信与仪器仪表制造业、化学工业、电气机械及器材制造业、机械设备制造业等 6 个行业。进口中间投入的出口排放最大的集中在电气机械及器材制造业、金属冶炼业、化学工业等 3 个行业。实际进口隐含碳最大的行业集中在金属冶炼业、化学工业、机械设备制造业、电气机械及器材制造业等 4 个行业。其中，最终消费品进口排放最大的行业有机械设备制造业和电子通信与仪器仪表制造业，生产国内消费的中间投入的进口排放最大的行业是金属冶炼业和化学工业；中间投入的进口排放最大的行业有金属冶炼业、化学工业以及电气机械及器材制造业。净出口隐含碳较大的行业依次为纺织业、金属制品业、电子通信与仪器仪表制造业、交通运输与仓储业、其他制造业、批发、零售与餐饮业、非金属矿物制品业等。处于净进口状态的行业由大到小依次为采矿业、化学工业、机械设备制造业、金属冶炼业、石油加工业、农业。

4. 中国对外贸易隐含的二氧化碳的国别（地区）流向

出口贸易隐含的二氧化碳接受地主要集中在美国、中国香港、日本、韩国、德国、中国台湾、荷兰、英国、新加坡、印度尼西亚等地。进口贸易隐含的二氧化碳来源地主要集中在：日本、中国台湾、韩国、美国、德国、俄罗斯、中国香港、澳大利亚、新加坡、法国等地。净出口隐含的二氧化碳接受地主要集中在中国香港、美国、荷兰、英国、越南、西班牙、泰国、印度尼西亚、土耳其、比利时和卢森堡等地。净进口隐含的二氧化碳来源地主要集中在：中国台湾、日本、韩国、俄罗斯、德国、沙特阿拉伯、澳大利亚、智利、瑞士、瑞典等地。

5. 中美双边贸易中中国的“碳贸易逆差”

2006—2015 年的 10 年间，在中美双边贸易中，中国出口贸易隐含碳年均达到 3.89 亿吨，占中国向世界各国出口总排放的 20.71%；中国的“碳贸易逆差”年均达到 3.86 亿吨，美国通过对外贸易每年向中国净转移了大量的二氧化碳排放，相当于美国 INDCs 承诺的减排目标年均值的 49%。中国为美国承担了大量的二氧化碳排放责任，付出了严重的资源环境代价。从行业结构看，在中美双边贸易中，中国净出口隐含碳较大的行业集中在电子通信与仪器仪表、纺织业、电气机械及器材制造业、金属制品业、非金属矿物制品业、金属冶炼业等 6 个行业，这些行业是中国具有明显的比较优势而且具有很强的国际竞争力的行业，其中金属冶炼业、非金属矿物制品业和金属制品业分别是中国碳排放系数较大的行业，因此我国需要优化贸易结构以减少碳排放。

4.7.2 政策含义

(1) 转变经济增长方式，促进经济增长由主要依靠投资、出口拉动向依靠消费、投资、出口协调拉动转变，以缓解中国的二氧化碳排放压力。

研究表明，一方面中国净出口隐含碳不断增加，年均增长 14.99%，对中国国内生产的二氧化碳排放产生了较大的影响；另一方面中国二氧化碳的排放系数在不断降低，对外贸易结构也有利于降低碳排放。因此，中国净出口隐含碳不断增长的原因在于净出口规模的不断增加。改革开放以来，中国经济高速增长的同时，对外贸易也快速增长，2010 年出口贸易额就已经上升到世界第 1 位，正如第 3 章所述，“1994 年以来，中国对外贸易一直处于顺差状态，2005 年以后每年顺差达到 1 000 亿美元以上，1994—2005 年年均增长达到 34.16%；2013 年实现贸易顺差 2 590.1 亿美元，是 1994 年的 48 倍，1994—2013 年年均增长 11.4%”；与此同时，“中国对外贸易依存度不断上升，2006 年更是上升到 65.17%；虽然 2006 年以后呈现下降趋势，但是最低的 2009 年也达到 44.19%”。因此，中国应该适时转变经济增长方式，改变对出口拉动过度依赖的经济增长模式，“要围绕转变经济发展方式，坚持以提高经济发展质量和效益为中心，促进经济增长由主要依靠投资、出口拉动向依靠消费、投资、出口协调拉动转变”，① 以缓解中国的二氧化碳排放压力。

(2) 调整贸易政策，进一步优化贸易结构，扩大对外贸易对节能减排的贡献度。

研究表明，虽然中国对外贸易的行业结构有利于节能减排，但是 2000 年以后对节能减排的贡献度在不断减小。这就意味着，在保持适度经济增长的前提下，可以通过调整对外贸易政策，进一步优化对外贸易的行业结构来扩大对外贸易对节能减排的贡献度。对于碳密集型行业，限制出口、鼓励进口，而对于非碳密集型行业则相反。第一，出口方面可以制定随着二氧化碳排放系数的增加而逐步降低的出口退税政策。对于二氧化碳排放系数较大的碳密集型行业，特别是出口排放大的金属冶炼业、化学工业、机械设备制造业等，降低其出口退税率甚至取消其出口退税，以限制这些行业的出口；反之，对于非碳密集型行业，可以提高其出口退税率，以鼓励其出口。第二，进口方面，除了在现行的关税升级结构制度的基础

① 转引自习近平 2015 年 5 月 27 日在华东七省市党委主要负责同志座谈会上的讲话。

上，[①]进一步降低中间投入特别是碳密集型行业的中间投入的进口关税税率以鼓励其进口外，还可以建立起随着产品生产的碳排放系数的增加而降低的进口关税降级制度，逐步降低碳密集型行业的进口关税税率以鼓励这些行业的进口，少降低、不降低甚至提高非碳密集型行业的进口关税税率以抑制其进口。这样，从一定程度上会减少中国国内生产的能源消费量，减少二氧化碳排放。

(3) 在后京都时代国际气候谈判中，中国应该坚持以"消费者责任"作为界定各国碳排放责任的原则，在此基础上与世界各国协商建立一个公平合理的国际碳排放权分配制度，减少中国的碳减排压力。

需要简要说明的是，因碳泄漏的存在，以"消费者责任"比以"生产者责任"作为界定各国碳排放责任的原则更加公平合理。由于《京都议定书》规定的附件Ⅰ缔约方的碳减排责任是以"生产者责任"原则为基准进行核算的，容易导致碳泄漏的产生，即附件Ⅰ缔约方可能只是通过向非附件Ⅰ缔约方增加进口来实现其国内生产的减排目标，同时导致非附件Ⅰ缔约方的碳排放甚至整个世界的碳排放的增加，从而影响到《京都议定书》的有效实施。而"消费者责任"原则却解决了与国际贸易相联系的碳泄漏问题(Peters and Hertwich，2008b)；同时基于受益原则，碳排放的责任应归于产生污染的驱动因素，而不是直接的污染生产者(Ferng，2003)。因此，世界各国碳排放责任的核算原则应该从"生产者责任"改为"消费者责任"，即将国内生产的碳排放量减去净出口贸易隐含的碳排放（Kondo，Moriguchi，and Shimizu，1998；Munksgaard and Pedersen，2001；Ferng，2003；Lenzen，Pade，and Munksgaard，2004；Munksgaard et al.，2005；Peters and Hertwich，2006；Peters，2008；樊纲等，2010）。

更重要的是运用"消费者责任"原则来重新界定世界各国承担的碳减排责任对中国来说具有极其重要的现实意义。研究表明，中国净出口隐含碳不断增加，在"生产者责任"原则下为国外承担了大量的碳排放，而且随着中国净出口规模的不断增加，其净出口隐含碳也会越来越大。就目前的情形而言，中国虽然不是《联合国气候变化框架公约》附件Ⅰ所列缔约方，在《京都议定书》框架下，按照"共同但有区别的责任"原则，中国暂时不用承担强制减排责任，但是由于中国自 2009 年后被称为世界第一能源消费国和二氧化碳排放国(IEA，2011)，美国、澳大利亚等发达国家在后京都时代的国际气候谈判中坚持认为"强制减排不应只是发达国

① 一般而言，世界各国都制定有随着产品加工程度增加而其进口关税税率不断提高的关税升级结构制度。在这一制度下，当最终产品名义税率不变时，对所需的中间产品征收的名义税率愈低，则最终产品名义税率的保护作用愈大。

家的义务,发展中国家尤其是新兴经济体也应参与其中",一些发达国家坚持将自己的减排目标与其他国家,甚至发展中国家的行动力度挂钩,因此中国面临的碳减排压力是巨大的。在此背景下,如果以"消费者责任"原则来重新界定世界各国承担的碳减排责任,那么中国的碳排放量将会大大下降,大大缓解中国的碳减排压力,也将为中国在后京都时代的国际气候谈判中争取更大的话语权。

(4) 在未来的中美贸易谈判过程中,中国应该将"碳贸易逆差"作为谈判筹码。同时,要进一步加快供给侧改革,逐步淘汰碳排放系数较大的行业,切实减少"碳贸易逆差"。

如前所述,中美双边贸易中中国的碳贸易逆差年均达到 3.86 亿吨,相当于美国 INDCs 承诺的减排目标年均值的 49%。因此,在今后的中美贸易谈判中,中国应该促使美国充分认识到:中国作为有责任担当的发展中大国,不仅尽全力履行了为《巴黎协定》提交的 INDCs 中的承诺,而且为美国承担了近一半的碳减排责任,付出了大量的生态环境代价,必要时可以将"碳贸易逆差"作为谈判筹码。当然,中国也应考虑到货物贸易的顺差固然重要,碳贸易的逆差也不容忽视。要进一步加快供给侧改革,加快减少金属冶炼业、非金属矿物制品业等碳排放系数较大的行业的过剩产能,逐步淘汰工艺落后、碳排放量大、附加值低的低端产业,引导行业向高端转型,推动经济高质量发展,切实减少"碳贸易逆差"。

第5章　中国对外贸易的碳排放效应分析

在气候变化的背景下,减少二氧化碳排放是世界各国面临的共同问题。作为一个负责任的发展中大国,中国十分重视降低二氧化碳的排放:2006年12月发布的中国《气候变化国家评估报告》已明确提出中国要走“低碳经济”的发展道路;2007年国务院批准节能减排统计监测及考核实施方案和办法,将能耗降低和污染减排完成情况纳入各地经济社会发展综合评价体系,实行严格的问责制;2009年中国政府首次提出具体温室气体减排目标,到2020年单位GDP的二氧化碳排放比2005年下降40%～45%,并作为约束性指标纳入国民经济和社会发展中长期规划。然而,伴随着中国经济快速增长的是国际贸易的快速增长和二氧化碳排放的急剧增加,人们也就很自然地将快速增长的对外贸易与中国急剧增加的二氧化碳排放联系起来,认为贸易扩张是中国二氧化碳排放急剧增加的重要原因。有关研究表明,中国对外贸易对环境的影响是非常显著的,增加了我国隐含碳排放的负担(刘轶芳等,2010;周新,2010)。第4章的研究也表明,中国出口贸易中的隐含碳一直大于进口贸易中的隐含碳,中国对外贸易隐含碳一直处于净出口态势,为国外承担了大量的二氧化碳排放责任。然而,对外贸易不仅通过在贸易商品中直接隐含的二氧化碳来影响一个国家的二氧化碳排放,而且也会通过规模效应、结构效应与技术效应等影响到该国的二氧化碳排放;对外贸易不仅对一个国家二氧化碳排放有直接影响,而且还会通过经济增长对一个国家的二氧化碳排放产生间接影响。因此,仅仅估算中国对外贸易中的隐含碳还不能准确判断对外贸易究竟是增加还是减少了中国二氧化碳排放,可能只是对“人们也就很自然地将快速增长的对外贸易与中国急剧增加的二氧化碳排放联系起来,甚至认为对外贸易是中国二氧化碳排放增加的重要原因”的具体解释。那么,实际上中国对外贸易是否增加了其二氧化碳排放呢?本章将通过实证分析客观地评价中国对外贸易的碳排放效应,这对于在气候变化背景下中国制定贸易政策具有重要的理论价值和现实意义。

5.1 国际贸易环境效应的有关理论

传统的智慧认为，国际贸易能够使各国充分利用国际分工的好处，促进经济增长，增加各国的福利，因而自由贸易是有益的。然而，在考察贸易自由化所引起的福利变动时，学者们很少考虑环境方面的因素。随着贸易自由化的进行，环境污染也日益严重，贸易所产生的福利问题逐渐受到越来越多的质疑，人们开始反思贸易在促进经济增长的同时是否导致了环境污染。目前，国际学术界对贸易自由化所产生的环境后果有两种截然相反的观点。自由贸易的支持者认为，环境质量是正常品，所以由贸易引致的收入增加会创造人们对更严格的环境标准的需求；反过来，更严格的环境标准也会导致更清洁的生产技术。因此，虽然在短期贸易自由化内导致环境恶化，但是随着时间的推移，贸易自由化的长期影响将是有利的。然而，自由贸易的怀疑者认为，如果生产方法没有改变，随着贸易规模的增加，污染一定会增加。此外，欠发达国家采用较宽松的环境标准，自由贸易将会导致发展中国家转向污染密集型产品的生产。因此，无论从短期还是从长期来看，自由贸易会增加污染排放，导致环境恶化，尤其对于发展中国家而言。

5.1.1 规模效应、结构效应与技术效应

Grossman and Krueger(1991)在分析《北美自由贸易协议》对环境的影响时首次提出了规模效应(scale effects)、结构效应(composition effects)与技术效应(technique effects)的概念，以此作为其文章讨论的基础，但是在实证分析中并没有分别确定规模效应、结构效应与技术效应。Copeland and Taylor(1994)从理论上给出了以上三种效应的定义。规模效应是指在经济体系中生产技术和产品结构保持不变的情况下，贸易自由化导致生产规模的扩大而增加的污染排放。结构效应是指在经济规模和污染排放强度保持不变的情况下，贸易自由化促使每一个国家对其具有比较优势的产品进行专业化生产，从而生产结构改变导致污染排放水平的变化。结构效应取决于一个国家的比较优势：在污染密集型产业上具有比较优势的国家，污染排放增加；在清洁行业上具有比较优势的国家，污染排放降低。技术效应是指在经济规模和产品结构保持不变的情况下，贸易自由化带来清洁的生产技术，从而促使污染排放的降低。

在此基础上，Antweiler, Copeland, and Taylor (2001)与Copeland and Taylor(2003a, 2004)在理论上建立了一个环境效应的分解模型。简单介绍

如下：

假定一个国家使用资本和劳动两种生产要素生产 X 和 Y 两种出口产品，其中 X 是污染产品(资本密集型)，Y 是清洁产品(劳动密集型)。该国总体经济规模可以表示为

$$s = p_x^0 x + p_y^0 y \tag{5-1}$$

其中，p_x^0、p_y^0 分别是X、Y 产品的基期价格，x、y 分别是X、Y 产品的产量，s 是按基期价格计算的社会总产值。

假设 X 产品的基期价格 p_x^0 为单位价格，则污染产品 X 所占的份额为

$$\varphi_x = p_x^0 x / s = x / s \tag{5-2}$$

其中，φ_x 为污染产品 X 所占的份额。

该国生产 X 产品的污染排放量可以表示为

$$z = ex \tag{5-3}$$

其中，z 为污染排放总量，e 为单位价值排放量，即污染排放强度。

结合式(5-2)与式(5-3)，可以得到

$$z = e\varphi_x s \tag{5-4}$$

对式(5-4)取对数，再求微分，可以得到：

$$\hat{z} = \hat{s} + \hat{\varphi}_x + \hat{e} \tag{5-5}$$

其中，$\hat{z} = \mathrm{d}z/z$ 为污染排放总效应；$\hat{s} = \mathrm{d}s/s$ 为规模效应；$\hat{\varphi}_x = \mathrm{d}\varphi_x/\varphi_x$ 为结构效应；$\hat{e} = \mathrm{d}e/e$ 为技术效应。

下面借助图示来说明贸易自由化导致的规模效应、结构效应与技术效应，分别从污染产品出口和污染产品进口两种情况来进行分析。

1. *污染产品出口的情形*

假设所分析的经济是一个资本相对丰富的贸易小国，因此该国在资本相对密集的 X 产品上具有比较优势，该国的贸易模式是出口 X 产品，进口 Y 产品，X 产品最初的污染排放强度为 e_0，如图 5-1 所示。

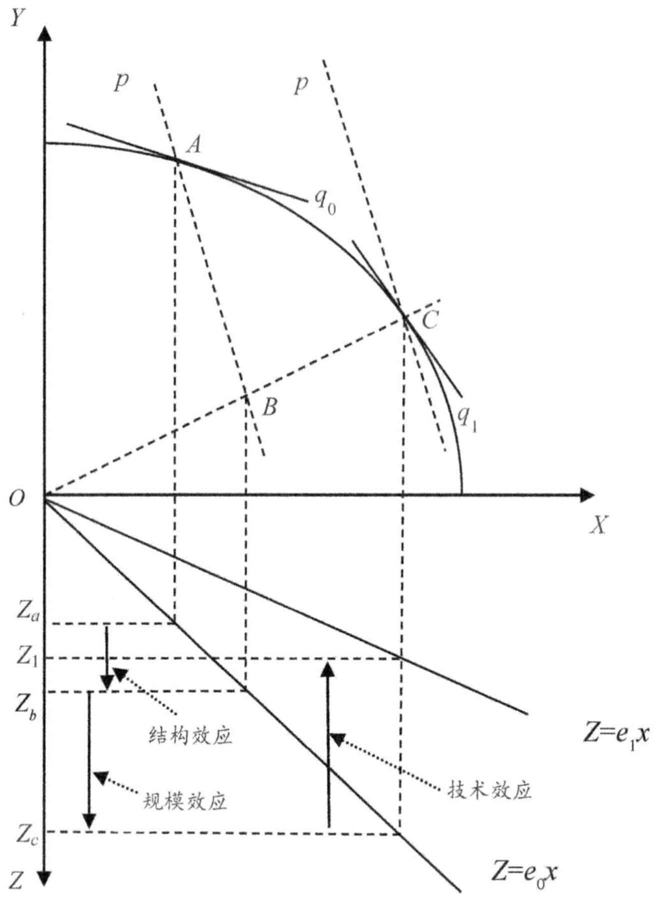

图 5-1 出口贸易的环境效应分解

[资料来源:根据 Copeland and Taylor(2003a)整理而得]

图 5-1 上半部分表示贸易自由化对该国污染产品 X 和清洁产品 Y 的生产影响,下半部分表示这一影响导致的污染排放变化。假设国家之间存在贸易障碍,这样国内市场均衡价格与国际市场均衡价格相分离。X 产品相对于 Y 产品的世界价格为 p ,在贸易壁垒减少之前该国在生产可能性曲线上的 A 点生产,此时 X 产品相对于 Y 产品的国内价格为 q_0。该国为 X 产品的出口国,因此国内相对价格 q_0 低于世界相对价格 p 。贸易自由化使得国内相对价格逐渐增加并接近于世界相对价格。随着贸易壁垒的减少,国内生产沿着生产可能性曲线由 A 点移动到 C 点,此时国内相对价格增加为 q_1,国内生产的污染排放从 Z_a 增加到 Z_1。这一过程的污染排放可以分解为三部分:

(1)产出规模和污染排放强度保持不变情况下的结构效应。如果用世界价格 p 来衡量产出的规模,则由 A 点沿着直线 p 移动到 B 点、该国的产出规模将保持不变,而产出结构则由 A 点变化到 B 点,在污染排放强度保持不变的情况下污染排放将从 Z_a 增加到 Z_b,这就是贸易壁垒的减少带来的由 A 点到 B 点的结构效应。因为该国的比较优势产品为污染产品,而由 A 点到 B 点的移动增加了 X 产品的生产规模,产生了更多的污染,所以结构效应是正的。

(2)产出结构和污染排放强度保持不变情况下的规模效应。因为 B 点与 C 点是在从原点出发的同一条射线上,所以由 B 点到 C 点移动的产出结构是保持不变的,在污染排放强度保持不变的情况下污染排放将从 Z_b 增加到 Z_c,这就是贸易壁垒的减少带来的由 B 点到 C 点的规模效应。由 B 点到 C 点增加了 X 产品的生产规模,产生了更多的污染,所以规模效应是正的。

(3)由于贸易开放增加了该国的实际收入,进而使得生产转向更为清洁的技术,从而使污染排放强度降低至 e_1,污染排放将从 Z_c 减少到 Z_1,带来一定的技术效应。由于降低了污染排放强度,因此技术效应总是负的。

在图 5-1 的分析中,规模、结构与技术效应综合作用的结果导致在污染产品上具有比较优势国家的污染排放总量增加了。然而,这并不是贸易自由化环境效应的必然结果,因为此处分析中,具有负向作用的技术效应不足以抵消正向作用的规模与结构效应。若贸易产生的技术效应足够大以至于超过了规模与结构效应,那么贸易自由化就会减少污染的排放总量,环境效应就是负的。

2. 污染产品进口的情形

若所分析的经济是一个劳动相对丰富的贸易小国,该国在劳动相对密集的 Y 产品上具有比较优势,该国的贸易模式是进口 X 产品,出口 Y 产品,X 产品最初的污染排放强度为 e_0。如图 5-2 所示,在贸易壁垒减少之前,该国在生产可能性曲线上的 A 点生产,由于该国为 X 产品的进口国,因此国内相对价格 q_0 高于世界相对价格 p。贸易自由化使得国内相对价格逐渐减少并接近世界相对价格。随着贸易壁垒的减少,国内生产沿着生产可能性曲线由 A 点移动到 C 点,此时国内相对价格减少为 q_1,国内生产的污染排放从 Z_a 减少到 Z_1。这一过程的污染排放同样可以分解为三部分:

(1) 产出规模和污染排放强度保持不变情况下的结构效应。如果用世界价格 p 来衡量产出的规模,则由 A 点沿着直线 p 移动到 B 点该国的产出规模将保持不变,而产出结构则由 A 点变化到 B 点,在污染排放强度保持不变的情况下污染排放将从 Z_a 减少到 Z_b,这就是贸易壁垒的减少带来的由 A 点到 B 点的结构效应。因为该国的比较优势产品为清洁产品，所以由 A 点到 B 点的移动减少了 X 产品的生产规模，减少了污染的产生，因此结构效应是负的。

（2）产出结构和污染排放强度保持不变情况下的规模效应。因为 B 点与 C 点是在从原点出发的同一条射线上，所以由 B 点到 C 点移动的产出结构是保持不变的，在污染排放强度保持不变的情况下污染排放将从 Z_b 增加到 Z_c，这就是贸易壁垒的减少带来的由 B 点到 C 点的规模效应。由于由 B 点到 C 点增加了 X 产品的生产规模，产生了更多的污染，因此规模效应是正的。

（3）由于贸易开放增加了该国的实际收入，进而使得生产转向更为清洁的技术，从而使污染排放强度降低至 e_1，污染排放将从 Z_c 减少到 Z_1，带来一定的技术效应。由于降低了污染排放强度，所以技术效应总是负的。

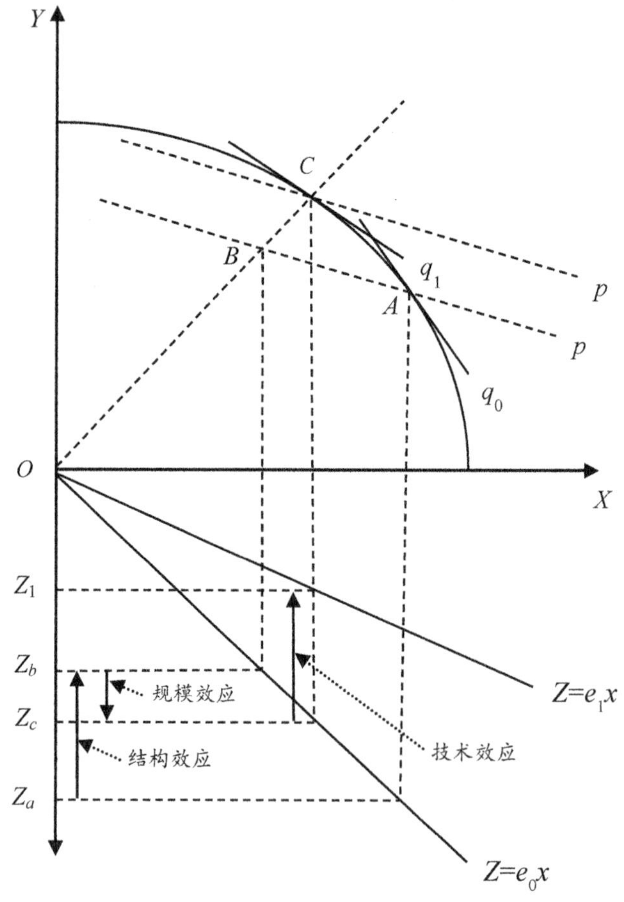

图 5-2 进口贸易的环境效应分解

［资料来源：根据 Copeland and Taylor（2003a）整理而得］

在图 5－2 的分析中，由于假设该国在清洁产品上具有比较优势，同时只有一种污染产品 X，因此结构效应总是超过规模效应，[①]加上技术效应总是负的，因而对于在清洁产品上具有比较优势的国家，贸易自由化总是会减少污染的排放总量，其环境效应总是负的。

5.1.2　直接效应与间接效应

根据 Dean(2002)、Frankel(2003) 与 Frankel and Rose(2005) 等的论述，国家贸易对环境的影响分为两个方面：一是既定经济增长条件下国际贸易对环境的影响，即直接效应；二是国际贸易引致的经济增长对环境的影响，即间接效应。

1. 直接效应

根据 Frankel and Rose(2005) 的阐述，国际贸易的直接效应分为"向底线赛跑假说"(race-to-the-bottom hypothesis) 与"贸易得益假说"(gains-from-trade hypothesis) 两种情形。

(1) 向底线赛跑假说。"向底线赛跑假说"是指由于加强环境规制会提高企业的生产成本而降低竞争力，开放的国家因担心国际竞争力的丧失会采取更加宽松的环境标准，因此贸易开放将损害环境质量(Frankel, 2003; Frankel and Rose, 2005)。

对于"向底线赛跑"，一种观点认为，这意味着到竞争均衡时整个世界将没有环境规制；另一种观点认为，实际上这不是必然的情形，全球化可能导致环境标准逐渐下降，也可能是阻止环境标准逐步提高。不管是哪一种方式，开放贸易和投资的国家，其环境标准将要低于原来没有开放时的情形。然而，有关研究表明环境规制并不是最重要的决定企业国际竞争力的因素之一，当跨国公司进行对外投资时，其可能更关心劳动成本和市场准入而不是环境规制的严格度(Frankel, 2003)。

(2) 贸易得益假说。与"向底线赛跑假说"相反的、另外一种不被广泛认可的观点是"贸易得益假说"，该假说认为贸易会使一国获得更多想要得到的东西，包括环境产品和传统产品，贸易开放对环境质量的影响是正面的(Frankel, 2003; Frankel and Rose, 2005)。

根据 Frankel and Rose(2005) 的观点，贸易开放有益于环境质量提高的原因如下：①贸易能激励管理和技术创新，这对经济和环境都有正面效应；②跨国公司往往给东道国带来清洁的生产技术；③公众意识的提高导致环境标准的国际棘轮

---

① 当存在两种或两种以上的污染产品时，规模效应可能会超过结构效应 (Copeland and Taylor, 2003a)。

效应。

还需要说明的是，根据 Frankel(2003)的观点，对于一个国家是否通过贸易获得环境利益因各国的比较优势不同而不同(vary across countries depending on local comparative advantage)：如果一个国家充分利用污染密集型产品的比较优势，专业化生产污染密集型产品并向其他国家出口，则可以预见到相对于没有贸易发生时该国的环境将受到损害；相反，如果一个国家从事清洁产品的专业化生产，并从其他国家进口污染密集型产品，那么其环境将变得更清洁。

2. 间接效应

如前所述，间接效应是指国际贸易引致的经济增长对环境的影响。而经济增长对环境的影响可分为规模效应、结构效应和技术效应，这三种分解效应的净效应产生了环境库兹涅茨曲线(Tsurumi and Managi, 2010)，因此本节此处只是对经济增长影响环境质量而出现的结果——环境库兹涅茨曲线进行简要解释，而具体的间接影响则是“国际贸易对经济增长的影响”与“经济增长对环境的影响”这两个方面的共同作用的结果。首先简单地以图示说明经济增长的环境效应，然后对环境库兹涅茨曲线进行简单解释。

(1) 经济增长的环境效应分解。假设分析的经济使用资本和劳动两种生产要素生产两种产品 X 和 Y，产品 X 和 Y 生产的规模报酬不变。其中，X 是资本密集型产品，生产过程中产生污染；Y 为劳动密集型产品，生产过程中不产生任何污染。

①规模效应。如图 5-3 所示，上半部分表示在 X 产品与 Y 产品的相对价格为 q 时充分就业的均衡产出，下半部分表示污染排放密度维持在不变条件下的污染排放函数 $Z=e_0x$ 的曲线图。A 点为生产可能性曲线上的初始产出点，对应的初始污染排放为 Z_a。假设污染排放强度不变，两种生产要素的同比例增长使得经济规模扩大。由于规模经济不变，新的生产可能性曲线在原生产可能性曲线的基础上向外平行扩展，均衡产出由 A 点向外移动到了 B 点，且 B 点必定与 A 点在同一条从原点出发的射线上，污染排放水平由 Z_a 增加至 Z_b。这就是在污染排放强度和产出结构不变的情况下，经济增长的规模效应。

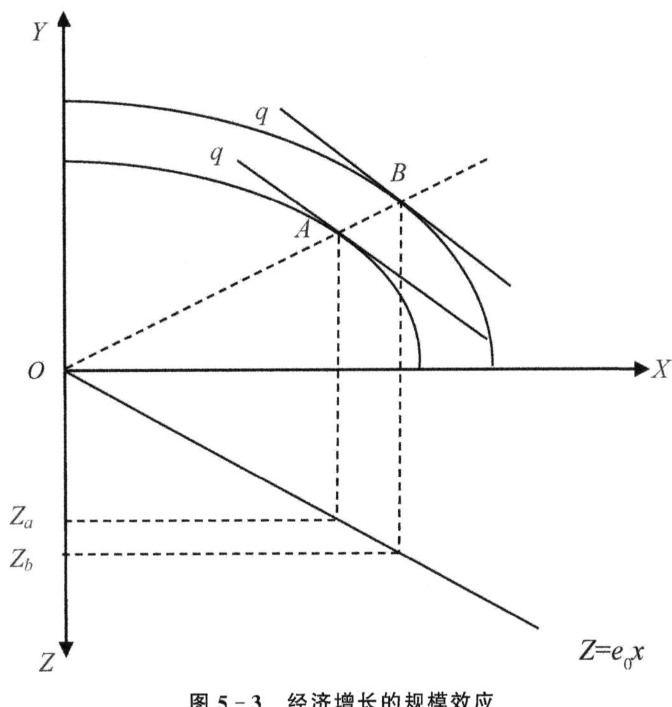

图 5－3　经济增长的规模效应

［资料来源：根据 Copeland and Taylor（2003b）整理而得］

②结构效应。如图 5－4 所示，假设污染排放强度保持不变，资本增加导致产出出现非均衡增长，生产可能性曲线不再是同比例地向外扩展，而是更加偏向 X 轴方向。在 X 产品与 Y 产品的相对价格 q 保持不变的情况下，此时的经济系统产出的均衡点由 A 点移至 C 点。由雷布津斯基定理（Rybczynski Theorem）[①]可知，相对于 A 点，在 C 点经济系统中 X 产品的产出水平上升了，而 Y 产品的产出水平则下降了。由资本扩张导致的经济增长产生的环境效应可以分解为两部分：由 A 点到 B 点的结构效应与由 B 点到 C 点的规模效应。

① 雷布津斯基定理是指在商品相对价格不变的前提下，某一要素的增加会导致密集使用该要素部门的生产增加，而另一部门的生产则下降。

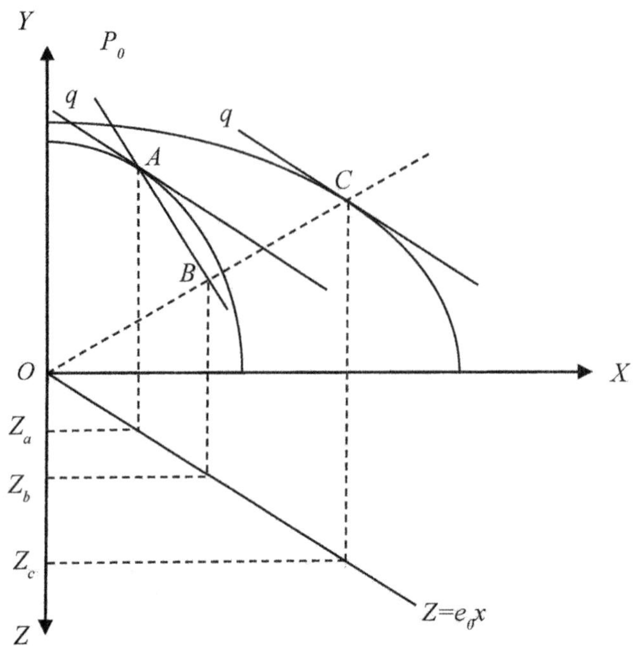

图 5-4 资本积累驱动的经济增长的结构效应

[资料来源:根据 Copeland and Taylor(2003b)整理而得]

由 A 点到 B 点的过程就是纯粹的结构效应。直线 p_0 表示产出结构变化前 X 产品与 Y 产品的世界相对价格水平,p_0 上的点具有相同的经济规模。由原点出发的联结 C 点的射线与直线 p_0 相交于 B 点。由 A 点到 B 点移动,相当于经济系统的经济规模不变,而 X 产品的产出增加,Y 产品的产出下降。经济系统的这一结构性变化使得污染排放由 Z_a 增加到 Z_b 。

由 B 点到 C 点的过程就是纯粹的规模效应。由原点出发的联结 C 点的射线上所有点的产出结构是完全相同的,因此由 B 点到 C 点的移动,相当于经济系统的产出结构不变,而仅仅是经济规模增加导致的污染排放由 Z_b 增加到 Z_c 。

因此,由资本积累所增加的污染排放,一方面可以归咎于经济系统产出结构的变化增加的污染性产品的产出;另一方面则归咎于生产规模的扩大增加的污染性产品的产出。

以上分析表明结构效应对环境质量的影响为负,但如果经济增长由劳动力或人力资本驱动,则结构效应对环境质量的影响将为正,甚至超过规模效应对环境质量的负影响。如图 5-5 所示,在污染排放强度保持不变的情况下,劳动力增加导致产出出现非均衡增长,生产可能性曲线向更加偏向 Y 轴方向扩展,经济系统

产出的均衡点由 A 点移至 C 点。根据雷布津斯基定理，这一变化过程导致经济系统中 Y 产品的产出水平上升了，而 X 产品的产出水平则下降了，其环境效应可以分解为两部分：由 A 点到 B 点的结构效应与由 B 点到 C 点的规模效应。A 点到 B 点的结构效应使得污染水平由 Z_a 下降到 Z_b，B 点到 C 点的规模效应使得污染水平由 Z_b 增加 Z_c。由于结构效应超过了规模效应，经济系统中的污染排放量减少了。

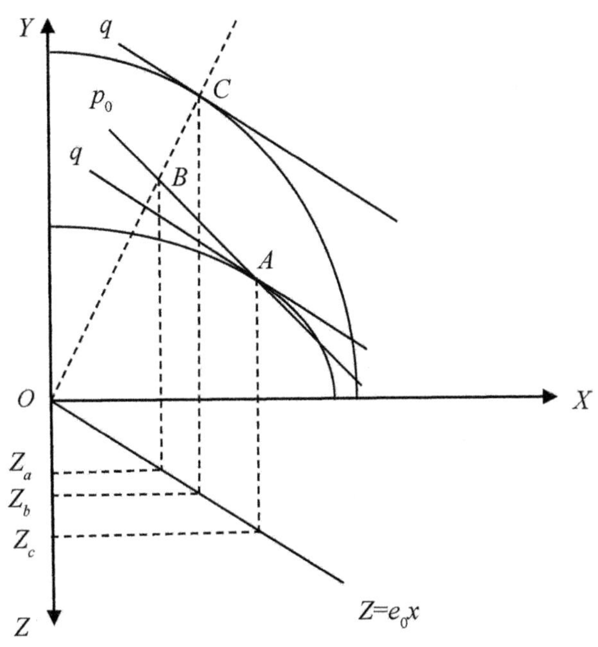

图 5－5　劳动力驱动的经济增长的结构效应

［资料来源：根据 Copeland and Taylor(2003b)整理而得］

③技术效应。如图 5－6 所示，假设由于外部政策的变化，污染排放税上升使得污染排放强度由 e_0 下降到 e_1。由于更多的资源必须用于污染治理，结果生产可能性曲线向内移动，经济系统的均衡点由 A 点移动到 C 点，污染排放由 Z_a 下降到 Z_c。如果产出维持在 A 点不变，则污染排放由 Z_a 下降到 Z_1，这一过程就是技术效应：更高的污染排放税导致更加清洁的生产技术，在经济规模和产出结构保持不变的情况下，污染排放量下降了。

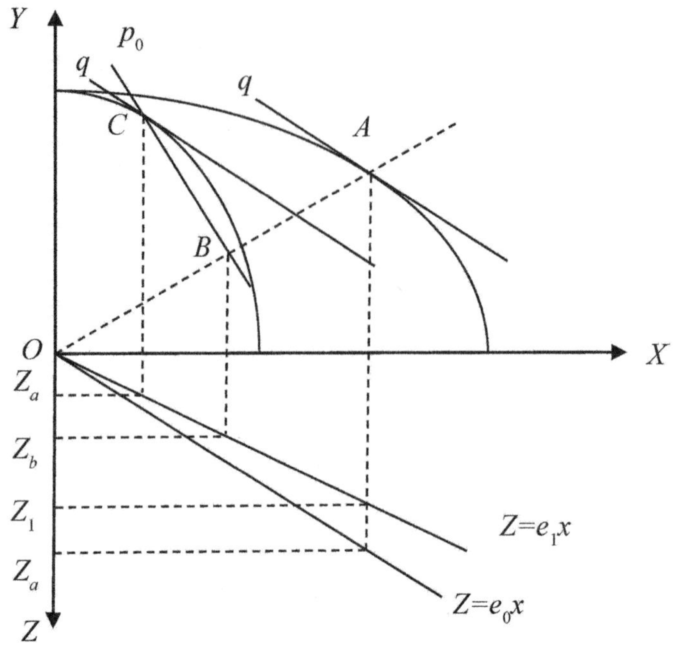

图 5－6　经济增长的技术效应

［资料来源：根据 Copeland and Taylor（2003b）整理而得］

污染政策的变化也会产生其他两种效应。由于生产可能性曲线向内移动，经济系统的最终均衡点为 C 点。这一变化过程既包含了由 A 点到 B 点的规模效应，使得污染排放量由 Z_1 进一步下降到 Z_b，也包含了由 B 点到 C 点的结构效应，使得污染排放量最终下降到 Z_c。产出规模的下降主要是因为污染治理增加而耗费了更多的资源，而结构效应的出现主要是由于污染治理所耗费的资源对污染性产业产生的影响更大。结果是生产 X 产品的机会成本上升，在世界价格固定不变的情况下，生产者转而生产更多的清洁产品 Y。

（2）环境库兹涅茨曲线的形成机制。20 世纪 90 年代，一些经济学家发现在人均收入较低的阶段，经济增长会导致较高的环境污染，当人均收入到达某个临界点（拐点）后，经济增长会使得环境污染越来越低，环境状况得以改善。经济增长和环境污染之间的这种倒 U 形关系称为环境库兹涅茨曲线。环境库兹涅茨曲线的形成机制大致有以下 7 个方面：

①经济增长的源动力。学术文献中常常用“经济增长的源动力”来解释环境库兹涅茨曲线，但是似乎只有 Copeland and Taylor（2003a）进行过真正的规范化处理。Copeland and Taylor（2003a）假设一国在经济发展的初期其经济增长主

要依靠资本积累的增加来推动，而在发展的后期其经济增长主要依靠人力资本的增加来推动，然后证明发现：当经济增长主要由污染性产业密集使用的要素积累的增加推动时，污染排放水平与收入之间存在单调正相关关系；如果经济增长主要由清洁产业密集使用的要素积累的增加推动时，污染排放水平与收入之间存在单调负相关关系。因此，如果不存在环境污染政策或者污染排放强度不变，那么随着人均收入的增加，污染排放水平在开始阶段会逐渐上升，然后开始下降。在这里，结构效应是关键性的。如图 5－4 所示，经济增长依赖于资本积累，结果结构效应和规模效应都增加了污染排放，导致环境质量逐渐恶化；而在图 5－5 中，经济增长依靠人力资本的增加来推动，虽然规模效应增加了污染排放，但结构效应减少了污染排放，而且结构效应对环境质量的正向影响超过了规模效应的负向影响，从而促使环境质量逐渐改善。世界发达国家经济发展的历史经验表明，早期的经济增长依赖于清洁的农业部门发展的驱动，然后逐渐向依赖于污染的工业部门驱动过渡，之后再向依赖于清洁的服务业部门的驱动演进（Grossman and Krueger，1995）。这样的发展历程反映了污染随着收入增长呈现先上升后下降的变动过程。

②收入效应。收入效应反映的是随着收入的提高，人们对环境质量的要求提高，这是另外一个广泛应用的对环境库兹涅茨曲线的解释。在收入水平较低的阶段，污染排放首先随着经济增长而上升，因为消费增加的重要性远远超过环境质量的重要性。但是，随着收入的上升，人们为环境质量提高的支付意愿越来越强烈，愿意牺牲更多的消费来获得更高的环境质量，这样污染排放将随着经济增长而下降。Copeland and Taylor（2003a）证明，如果边际损害的收入弹性小于 1，污染排放水平随着收入水平的上升而上升；如果边际损害的收入弹性大于 1，结果正好相反。而在更高的收入水平下，人们对于环境质量具有更高的偏好，因此边际损害的收入弹性会随着收入的增长而提高，从而出现环境库兹涅茨曲线。

③门槛效应。在经济发展早期，污染排放可能少有监管或者不受监管，结果污染排放随着产出的增加而不断上升。但当收入水平足够高时，经济活动会受到环境规制的约束，污染排放可能会随着收入的增长而出现下降（Copeland and Taylor，2003a）。

④污染治理规模报酬递增。该解释可简单地表述为随着污染治理规模的增加，污染治理的效率提高了，这样会使得污染治理更有利可图，从而导致污染排放减少。这一观点体现了规模效应与技术效应的结合，因为随着产出规模的增加，企业会利用更加清洁的技术进行生产，这样规模效应创造了其自身的技术效应。

⑤国际贸易的作用。以上每一种解释都没有考虑到国际贸易对环境库兹涅茨曲线形成产生的作用。事实上,国际贸易是能够解释环境库兹涅茨曲线的最重要的因素之一,许多学者认为环境库兹涅茨曲线可能是国家贸易的结果(Suri and Chapman,1998; Cole, 2004; Kearsley and Riddel, 2010):贸易开放导致污染密集型产品生产的增加,污染也随之增加,当环境规制加强后,污染密集型产品的生产则转移到环境规制较弱的国家。这样,污染密集型产品的出口产生了环境库兹涅茨曲线向上倾斜的部分,污染密集型产品的进口则产生了环境库兹涅茨曲线向下倾斜的部分。

⑥制度框架和管理。政府加强环境规制的意愿是影响环境退化的关键因素(Panayotou,1997; Bhattarai and Hammig, 2001)。Bhattarai and Hammig (2001)研究了热带森林砍伐,认为对于森林砍伐来说制度因素比收入或其他宏观经济条件更重要。如果政府机构是软弱的、无效的或腐败的,那么环境库兹涅茨曲线可能在比社会最优收入更高的收入水平上达到高峰(Lopez and Mitra, 2000)。

⑦收入分配的公平性。原始的库兹涅茨曲线研究的是经济增长与收入分配之间的关系(Kuznets,1955)。类似地,许多研究者检验收入分配的公平性是否是除了收入之外影响环境库兹涅茨曲线的潜在因素(Torras and Boyce,1998; Magnani, 2000; Bimonte, 2002)。其基本思想是经济增长能带来更公平的收入分配,进而公众的环境保护意识提高,适宜的环境规制加强了。有关经验研究验证了在某些国家或地区收入分配的公平性对污染减少的显著影响。Magnani (2000)运用 OECD 成员国 1980—1991 年的数据研究结果表明,收入分配公平提高了环境保护的研究支出。因此,当且仅当经济增长没有导致收入不平等的大量增加时,高收入国家的环境库兹涅茨曲线的向下倾斜才会出现(Magnani, 2000)。Bimonte (2002)也得出了同样的结论。这就能够解释为什么处于相同经济增长业绩的一些国家却有着不同的环境退化水平(Bimonte, 2002)。

5.2 中国对外贸易的碳排放效应的实证分析

国际贸易与环境之间有着潜在的相互影响,不仅贸易会影响环境质量,而且环境规制反过来会影响贸易,如严格的环境规制会阻碍(促进)污染产品的出口(进口)(Copeland and Taylor, 1994)。也就是说,在研究国际贸易对环境的影响时,要考虑贸易的内生性问题,否则估计结果将是有偏差的和不一致的,自然也就无法得出对外贸易对环境排放影响的正确结论。

以往有关国际贸易对环境影响的实证分析，一般沿着两种思路方法进行。一是以 Antweiler, Copeland, and Taylor (2001)、Cole(2003)为代表的文献，沿着 Grossman 和 Krueger(1991) 的思路估计国际贸易的规模效应、结构效应与技术效应。然而，这一类文献似乎没有考虑到贸易内生性的问题，正如 Antweiler, Copeland, and Taylor(2001)所说，内生性问题可能是其工作的弱点。二是以 Frankel and Rose (2005)为代表的文献，在环境库兹涅茨曲线的分析框架中加入贸易开放度变量，研究既定收入水平上国际贸易对环境的影响。在第二种思路方法的文献中，只有 Frankel and Rose (2005)采用 Frankel and Romer(1999)的方法为国际贸易提供了一个有效的工具变量，其他文献似乎还没有对贸易的内生性问题进行有效的直接处理：虽然一些文献采用动态面板数据的广义矩估计方法，但也只是解决了因变量与其滞后项的内生性问题。也正如 Copeland and Taylor (2003b)在关于贸易与环境的“进一步的研究方向”中指出的那样，“借鉴 Frankel and Romer(1999)的研究，……我们能够获得评估贸易对环境影响的更多方法”。

鉴于此，本研究沿着 Frankel and Rose (2005)的思路，即在环境库兹涅茨曲线的分析框架中加入贸易开放度变量来研究中国对外贸易对二氧化碳排放的影响。然而，如前所述，国际贸易对环境的影响分为直接影响——既定经济增长条件下国际贸易对环境的影响以及间接影响——国际贸易引致的经济增长对环境的影响，而现有文献包括 Frankel and Rose (2005)也只是研究了国际贸易对环境的直接影响，并没有考虑间接影响以及综合考虑直接影响和间接影响之后的总影响，这样得出的结论并不一定可靠。因此，与现有文献不同的是，本书不仅研究了对外贸易的直接效应，而且考虑到了间接效应，因而得出的中国对外贸易的二氧化碳排放总效应相对来讲比较可靠。首先借鉴 Frankel and Romer(1999)的方法，利用外生的地理特征为中国各行业的对外贸易构建了一个工具变量，以解决贸易的内生性问题。同时，考虑到经济增长与环境之间也是相互影响的，也就是说经济变量也是内生的，于是借鉴 Frankel and Rose (2005)的方法采用经济变量的滞后项作为工具变量对这一问题进行处理。在此基础上，研究中国既定经济增长条件下对外贸易对二氧化碳排放的影响，接着分析对外贸易对中国经济增长的影响，然后构建中国对外贸易对二氧化碳排放的总影响模型，分析中国对外贸易的碳排放总效应，包括直接效应和间接效应。

5.2.1　中国对外贸易的工具变量的构建

就对外贸易而言，其工具变量必须是外生的而且与对外贸易高度相关，而双边贸易的引力模型为解决中国对外贸易的工具变量问题提供了答案。在有关引力模型的文献中，地理特征是双边贸易一个强有力的决定因素，而对于一个国家的总贸易而言也是一样的。更重要的是，国家的地理特征没有被经济增长、环境政策和其他影响经济增长和环境政策的因素所影响（Frankel and Romer, 1999）。因此，本书利用中国贸易伙伴的地理特征来构建中国对外贸易的工具变量。方法是首先利用贸易引力模型来估计中国各行业的双边贸易额，然后将中国与其所有贸易伙伴的各行业双边贸易额加总即可得到中国各行业的总贸易额，这就是本书所要的工具变量。

1. *双边贸易的引力模型与数据*

与传统的双边贸易的引力模型不同，这里构建工具变量所用的双边贸易的引力模型只有地理特征，如国家或地区大小（包括人口和面积）、贸易双方之间的距离、贸易双方是否有共同的边界、是否为内陆国家或地区等。这样就确保了所构建的工具变量仅仅依赖于国家或地区的地理特征，而不受到环境的影响。模型构建在 Frankel and Romer(1999)的基础上进行。由于 Frankel and Romer(1999)是估计所有国家与其贸易伙伴之间的双边贸易量，因此其中的自变量包括双边贸易国家的人口、面积等，而本书只需要估计中国与其贸易伙伴之间的双边贸易量，所以模型中的中国人口、面积等变量对于任何 i 国来说是一样的，也就是说在模型中只是一个常数，因此在我们构建的模型中这些变量包括在模型的常数中。

构建的只包括地理特征的中国双边贸易的引力模型为

$$\ln T_i = \beta_0 + \beta_1 \ln D_i + \beta_2 \ln N_i + \beta_3 \ln A_i + \beta_4 LANG_i + \beta_5 LOCK_i + \beta_6 B_i + \varepsilon_i \tag{5-6}$$

其中，T_i 为中国某行业与 i 国的双边贸易额（出口额加上进口额）与中国该行业增加值的比值，各行业的双边贸易额数据来源于 OECD 的官方网站（http://stats.oecd.org），各行业增加值数据来源于历年《中国统计年鉴》；D_i 为中国与 i 国的地理距离，数据来源于法国国际经济研究中心 CEPII（http://www.cepii.fr/welcome.asp）；N_i 为 i 国的人口，数据来源于联合国统计司（United Nations Statistics Division）（http://unstats.un.org/unsd/databases.htm）；A_i 为 i 国的陆地面积，数据来源于 CEPII。$LANG_i$、$LOCK_i$、B_i 均为虚拟变量，取值为 1 分别表示中国与 i 国或地区有共同的语言、i 国或地区是内陆国家或地区、中国与 i 国或地区有共同的边界；取值为 0 则表示无共同语言、不是内陆国家或地区、无共同的边界。ε_i 为随机扰动项。

还需要说明的是，因为中国总贸易额是中国与世界其他所有国家或地区的双边贸易额之和，所以本书进行双边贸易额估计所选择的样本是与中国双边贸易额的数据可得到的所有国家或地区，总共 57 个，分别是阿尔巴尼亚、阿根廷、澳大利亚、奥地利、比利时和卢森堡、巴西、文莱、保加利亚、柬埔寨、加拿大、智利、克罗地亚、塞浦路斯、捷克、丹麦、爱沙尼亚、芬兰、法国、德国、希腊、匈牙利、冰岛、印度、印度尼西亚、爱尔兰、以色列、意大利、日本、韩国、拉脱维亚、立陶宛、马来西亚、马耳他、墨西哥、荷兰、新西兰、挪威、菲律宾、波兰、葡萄牙、罗马尼亚、俄罗斯、沙特阿拉伯、新加坡、斯洛伐克、斯洛文尼亚、南非、西班牙、瑞典、瑞士、泰国、土耳其、英国、美国、越南及中国台湾和香港地区。

2. 中国各行业总贸易的工具变量

根据式(5－6)进行回归，可以得到中国各行业与 i 国双边贸易额与该行业增加值的比值的估计值，然后将其加总，便可得到中国各行业总贸易额与该行业增加值的比值的估计值，即这里所要得到的工具变量。

于是，将式(5－6)重写为

$$\ln T_i = \boldsymbol{\beta}' \boldsymbol{X}_i + \varepsilon_i \tag{5-7}$$

其中，$\boldsymbol{\beta}' = (\beta_0, \beta_1, \cdots, \beta_6)'$，$\boldsymbol{X} = (1, \ln D_i, \cdots, B_i)'$，分别表示式(5－6)中各个自变量系数和各自变量组成的矩阵。

由式(5－7)可以得到中国各行业总贸易额与该行业增加值的比值的估计值，即工具变量为

$$\hat{T} = \sum_{i=1}^{57} e^{\hat{\beta}' X_i} \tag{5-8}$$

3. 工具变量的计算结果

由于后面研究对外贸易对二氧化碳排放的影响涉及 12 年、16 个行业，这里要进行 192 次回归，因篇幅限制不便将所有的回归结果一一列出。按照式(5－6)回归，得到 192 组自变量系数，然后结合自变量的实际数据，运用式(5－8)计算得到中国各行业总贸易额与该行业增加值的比值的估计值 $\hat{T}$，即本书所需的工具变量。为了考察这一工具变量与实际值 T 之间的关系，这里提供了估计值 $\hat{T}$ 与实际值 T 之间的散点图，如图 5－7 所示。结果发现，各行业总贸易额占该行业增加值的比值的估计值 $\hat{T}$ 与实际值 T 之间的相关系数为 0.986，这表明地理特征是决定国家贸易额的重要因素，估计值 $\hat{T}$ 包含了实际值 T 足够多的信息，是一个合适的工具变量，这将为后面的研究打下良好的基础。

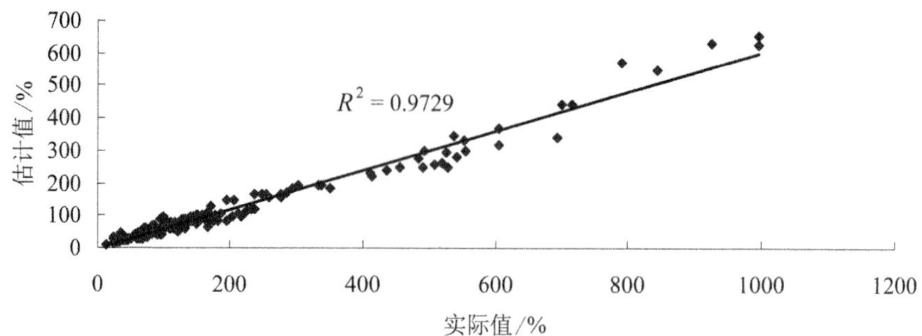

图 5-7　各行业贸易额占其增加值的比例的实际值与估计值之间的关系

5.2.2　既定经济增长条件下，中国对外贸易对二氧化碳排放的影响

如前文所述，对外贸易的碳排放效应包括直接效应和间接效应，而在既定经济增长条件下，中国对外贸易对二氧化碳排放的影响是后续研究的主要基础。这部分的研究遵循 Frankel and Rose (2005)的分析框架：在环境库兹涅茨曲线的分析框架中加入贸易开放度变量来研究中国对外贸易对二氧化碳排放的影响。因此，下面首先引入环境库兹涅茨曲线分析的基本框架，然后加入贸易开放度等其他影响环境质量的变量来研究中国对外贸易的碳排放效应。

1. 环境库兹涅茨曲线分析的基本模型

对于环境库兹涅茨曲线的研究，相关文献通常假设环境污染是人均收入二次方或三次方的函数，采用以下基本模型

$$ENV_{it} = \lambda_0 + \lambda_1 G_{it} + \lambda_2 G_{it}^2 + \lambda_3 G_{it}^3 + \lambda_4 M_{it} + \alpha_i + \psi_{it} \qquad (5-9)$$

其中，ENV 为环境指标，G 为人均收入或其对数，M 为其他影响环境质量的变量，α 为不可观察的个体特征，ψ 为随机误差项，t 为时间，i 为国家、省或城市。

式(5-9)提供了环境指标与收入之间关系的几种形式：

(1) 如果 $\lambda_1 = \lambda_2 = \lambda_3 = 0$，环境指标 ENV 与人均收入 G 之间没有关系。

(2) 如果 $\lambda_1 > 0$ 且 $\lambda_2 = \lambda_3 = 0$，环境指标 ENV 将随着人均收入 G 单调递增。

(3) 如果 $\lambda_1 < 0$ 且 $\lambda_2 = \lambda_3 = 0$，环境指标 ENV 将随着人均收入 G 单调递减。

(4) 如果 $\lambda_1 > 0$，$\lambda_2 < 0$，$\lambda_3 = 0$，环境指标 ENV 与人均收入 G 之间将呈现倒 U 形关系，EKC 存在，拐点为 $G^* = -\lambda_1 / 2\lambda_2$ 或 $G^* = \exp(-\lambda_1 / 2\lambda_2)$（对数情形）。

(5) 如果 $\lambda_1 < 0$，$\lambda_2 > 0$，$\lambda_3 = 0$，环境指标 ENV 与人均收入 G 之间将呈现 U 形关系。

(6) 如果 $\lambda_1 > 0$，$\lambda_2 < 0$，$\lambda_3 > 0$，环境指标 ENV 与人均收入 G 之间将出现 N 形关系。

(7) 如果 $\lambda_1 < 0$，$\lambda_2 > 0 \lambda_3 < 0$，环境指标 ENV 与人均收入 G 之间将出现倒 N 形关系。

需要说明的是，在 20 世纪 90 年代初环境库兹涅茨曲线研究兴起之时，多数研究并没有考虑到其他因素对环境质量的影响，只是研究人均收入与环境质量之间的关系，而且主要采用二次方的形式；也有文献考虑到了环境污染在经历了一定经济发展阶段后出现再次增加或减少的可能性，于是采用三次方的函数形式；只有少数研究如 Roberts and Grimes(1997)、De Bruyn, Van den Bergh, and Opschoor(1998)、Agras and Chapman (1999)等考虑到了其他因素对环境质量的影响。而在后期的研究中，多数文献如 Harbaugh, Levinson, and Wilson (2002)、Cole and Elliott(2003a)、Cole(2003, 2004)、Frankel and Rose (2005)等都考虑到了其他因素，特别是国际贸易对环境质量的影响。

2. 加入贸易开放度等变量后的计量模型与数据说明

(1) 计量模型。国际贸易是影响环境质量的重要因素之一。这里要研究分析对外贸易对中国二氧化碳排放的影响，因此在 EKC 分析的基本模型的基础上，结合中国的实际情况，加入贸易开放度和其他影响二氧化碳排放的变量，构建如下计量模型：

$$\ln C_{jt} = \delta_0 + \delta_1 \ln W_{jt} + \delta_2 (\ln W_{jt})^2 + \delta_3 (\ln W_{jt})^3 + \delta_4 T_{jt} + \delta_5 EN_{jt} + \delta_6 RD_{jt} + \mu_j + \eta_{jt} \tag{5-10}$$

其中，ln 为自然对数，C 分别以中国各行业二氧化碳排放量和二氧化碳排放强度(单位产出的二氧化碳排放量)表示，j 和 t 分别表示行业和年份，W 为各行业的人均产出，T 为贸易开放度，EN 为一次性能源消费结构，RD 为研发强度，μ_j 是不可观察的行业个体差异，η_{jt} 为随机扰动项。

需要说明的是，由于本书采用的是中国各行业的面板数据，而《中国统计年鉴》中缺少 2004 年以前的中国农业增加值数据以及 2008 年以后的中国工业分行业增加值数据，同时《中国科技统计年鉴》缺少 1996 年以前的工业分行业的研发经费，所以本章所研究的行业只限于工业分行业，研究的时间区间为 1996—2007 年。

另外，因为计算中国工业各行业二氧化碳排放所需的能源数据来源于《中国能源统计年鉴》，各行业的贸易额数据来源于 OECD 官方网站，而《中国能源统计年鉴》和OECD行业贸易数据库中的行业分类不完全一致。为统计口径的一致性，于是将中国工业分行业整理归并为16个行业，分别为①采矿业（包括煤炭采选业、石油和天然气开采业、黑色金属矿采选业、有色金属矿采选业、非金属矿采选业、其他矿采选业）；②食品、饮料和烟草制造业（包括食品加工业、食品制造业、饮料制造业、烟草加工业）；③纺织、服装和皮革制造业（包括纺织业、服装及其他纤维制品制造业、皮革、毛皮、羽绒及其制品业）；④木材加工业（包括木材加工及竹、藤、棕、草制品业、家具制造业）；⑤造纸、印刷和文体用品制造业（包括造纸及纸制品业、印刷业、记录媒介的复制、文教体育用品制造业）；⑥石油加工、炼焦及核燃料加工业；⑦化学工业（包括化学原料及化学品制造业、化学纤维制造业、医药制造业）；⑧橡胶、塑料业（包括橡胶制品业、塑料制品业）；⑨非金属矿物制品业；⑩金属冶炼业（包括黑色金属冶炼及压延加工业、有色金属冶炼及压延加工业）；⑪金属制品业；⑫机械设备制造业（包括普通机械制造业、专用设备制造业）；⑬电气机械及器材制造业；⑭电子通信、仪器仪表制造业（包括通信设备、计算机及其他电子设备制造业、仪器仪表及文化办公用机械制造业）；⑮交通运输设备制造业；⑯其他制造业（包括工艺品及其他制造业、废弃资源和废旧材料回收加工业）。

(2)变量解释及数据说明。

①各行业二氧化碳排放量和排放强度(C)。在相关研究中，对于因变量的环境指标有三种衡量方法：人均排放、总排放、排放强度。由于此处所用的是中国的行业排放数据，人均排放也就没有意义了，故只采用各行业二氧化碳排放量和排放强度两种衡量方法。由于无法从相关统计机构得到中国各行业二氧化碳排放量和排放强度的直接数据，必须对其进行估算。按式(4-19)计算得到各种能源的二氧化碳排放系数，用该系数乘以该能源的消费量就可以得到该能源消费所排放的二氧化碳，然后将某行业消费的每一种能源所排放的二氧化碳加总，就得到该行业二氧化碳排放量，最后以此除以该行业的增加值（按照各行业生产者出厂价格指数换算为2000年不变价），即可得到某行业单位产出二氧化碳排放量，即二氧化碳排放强度。其中，能源消费数据来源于历年《中国能源统计年鉴》，各行业的增加值数据来源于历年《中国统计年鉴》。

②人均产出(W)。各行业人均产出等于各行业增加值除以该行业的年平均从业人员，其中，各行业增加值按照各行业生产者出厂价格指数换算为2000年不变价，相关数据均来源于历年《中国统计年鉴》。以往的研究通常以人均GDP作为人均收入指标来研究污染排放与人均收入之间的关系，而本书遵循环境库兹涅

茨曲线的分析框架，结合本研究的行业数据特点，所以加入人均产出这一变量及其二次方项，有关文献也证实污染排放与人均产出之间存在倒 U 形关系（Song, Zheng, and Tong, 2008；蔡昉等，2008；李小平、卢现祥，2010）。而增加立方项是因为简单的二次方程可能没有考虑到二氧化碳排放在更高的人均产出水平上再次增加或减少的可能性。

③贸易开放度（T）。亦称贸易强度，是指一国的进出口贸易总额与该国 GDP 的比值。本研究所用的是行业数据，因此从行业角度讲，这里用各行业进出口贸易总额与该行业增加值的比值来表示贸易开放度。各行业出口额与进口额数据来源于 OECD 官方网站（http://stats.oecd.org），各行业的增加值数据来源于历年《中国统计年鉴》。国际贸易主要通过规模效应、技术效应和结构效应等对环境产生影响（Grossman and Krueger, 1991），因此，理论上贸易开放度对二氧化碳排放的总影响是不确定的，到底是"向底线赛跑假说"还是"贸易得益假说"，需要通过实证来检验。

④一次性能源消费结构（EN）。由第 4 章的研究可以看出，消费不同种类的能源产生的二氧化碳排放量是不同的。有关研究也表明，能源结构优化有助于降低二氧化碳排放强度（石敏俊、周晟吕，2010；许广月，2013）。因此考虑一次性能源消费结构对二氧化碳排放的影响是非常必要的。由于我国的一次性能源消费以煤炭为主，此处以各行业煤炭消费量占该行业一次性能源消费总量的比重来衡量一次性能源消费结构，相关数据均来自历年《中国能源统计年鉴》。从理论上来说，消费的煤炭比重越高，产生的二氧化碳排放量就越多。

⑤研发强度（RD）。许多学者强调技术进步（包括减少投入的生产技术的改进或生产过程中减少污染的技术使用）对二氧化碳排放的显著影响（Lindmark, 2002; Lantz and Feng, 2006），其主要原因是基于化石燃料的能源消费是二氧化碳排放的主要来源，技术进步降低了能源强度。而各行业的技术进步要靠研发来推动，所以考虑研发强度对中国二氧化碳排放的影响是必要的。研发强度以每个行业的研发经费与该行业增加值之比来衡量，各行业的研发经费支出（包括技术开发经费、技术改造经费、技术引进经费、消化吸收经费和购买国内技术经费等 5 项）数据都来自历年的《中国科技统计年鉴》。研发强度越大，说明该行业的创新投入越多，技术进步可能越大，能源的利用效率可能越高，能够以更少的投入得到更多的产出，有利于减少二氧化碳排放。

3. 回归结果分析

回归分 3 种情况进行。首先，考虑自变量仅有人均产出的基本模型，目的是考察中国二氧化碳排放与人均产出之间的关系；然后，加入贸易开放度变量，一方面观察中国二氧化碳排放与人均产出之间关系的稳健性，另一方面更是要考察对外贸易对二氧化碳排放的影响；最后，加入所有变量，一方面以观察前面结果，特别是对外贸易对二氧化碳排放的影响的稳健性，另一方面也掌握其他变量对二氧化碳排放的影响。

（1）自变量仅包含人均产出的情形。

①因变量为二氧化碳排放量的自然对数的情形。回归结果如表 5－1 所示，模型 1 与模型 2 为不含人均产出三次方的形式，模型 3 与模型 4 为含有人均产出三次方的形式。结果表明，不管是固定效应还是随机效应，对于模型 3 与模型 4，人均产出的一次方项、二次方项和三次方项都不显著；而在模型 1 与模型 2 中，人均产出的一次方项与二次方项都很显著。这表明“因变量为二氧化碳排放量的自然对数的情形”适合采用模型 1 与模型 2。另外，豪斯曼检验（Hausman test）表明，所有模型中随机效应都优于固定效应。因此，本文采用模型 1 与模型 2 中随机效应的结果。结果发现，人均产出的一次方项和二次方项分别为负显著和正显著；另外，人均产出作为内生变量比作为外生变量的情形时的系数绝对值稍大。因此，可以初步认为中国二氧化碳排放量与人均产出之间并没有呈现倒 U 形的环境库兹涅茨曲线，而是呈现 U 形曲线关系。

表 5－1 因变量为二氧化碳排放量的自然对数的回归结果（一）

自变量	模型 1－外生情形		模型 2－内生情形		模型 3－外生情形		模型 4－内生情形	
	RE	FE	RE-IV	FE-IV	RE	FE	RE-IV	FE-IV
$\ln W$	−0.727 ***	0.725 ***	−0.744 ***	−0.742 ***	0.121	0.122	−0.220	−0.221
	(−5.02)	(−4.98)	(−4.85)	(−4.82)	(0.18)	(0.18)	(−0.30)	(−0.30)
$(\ln W)^2$	0.158 ***	0.157 ***	0.163 ***	0.163 ***	−0.135	−0.134	−0.016	−0.015
	(6.46)	(6.43)	(6.33)	(6.30)	(−0.58)	(−0.58)	(−0.06)	(−0.06)
$(\ln W)^3$					0.032	0.032	0.019	0.019
					(1.27)	(1.26)	(0.72)	(0.72)
Constant	8.983 ***	8.980 ***	8.983 ***	8.980 ***	8.203 ***	8.201 ***	8.498 ***	8.497 ***
	(20.92)	(42.84)	(20.61)	(40.62)	(10.88)	(12.59)	(10.66)	(12.12)
Within-R^2	0.369	0.369	0.368	0.367	0.374	0.374	0.373	0.372
Sample	192	192	192	192	192	192	192	192

（续表）

自变量	模型1-外生情形		模型2-内生情形		模型3-外生情形		模型4-内生情形	
	RE	FE	RE-IV	FE-IV	RE	FE	RE-IV	FE-IV
豪斯曼检验	0.04($p>0.5$)		0.03($p>0.5$)		0.02($p>0.5$)		0.01($p>0.5$)	

注：括号内为 t 值，*** 表示 $p<0.01$；RE 与 FE、RE-IV 与 FE-IV 分别为随机效应与固定效应、采用工具变量时随机效应与固定效应。

②因变量为二氧化碳排放强度的自然对数的情形。回归结果如表 5-2 所示，模型 5 与模型 6 为不含人均产出三次方的形式，模型 7 与模型 8 为含有人均产出三次方的形式。

表 5-2　因变量为二氧化碳排放强度的自然对数的回归结果(一)

自变量	模型5-外生情形		模型6-内生情形		模型7-外生情形		模型8-内生情形	
	RE	FE	RE-IV	FE-IV	RE	FE	RE-IV	FE-IV
$\ln W$	−0.738***	−0.726***	−0.843***	−0.831***	3.030***	3.012***	2.940***	2.924***
	(−3.88)	(−3.84)	(−4.18)	(−4.14)	(3.57)	(3.55)	(3.22)	(3.20)
$(\ln W)^2$	−0.014	−0.016	−0.001	−0.004	−1.312***	−1.304***	−1.295***	−1.288***
	(−0.42)	(−0.50)	(−0.04)	(−0.11)	(−4.56)	(−4.54)	(−4.20)	(−4.18)
$(\ln W)^3$					0.142***	0.141***	0.141***	0.140***
					(4.54)	(4.51)	(4.20)	(4.17)
Constant	1.867***	1.853***	2.063***	2.048***	−1.602*	−1.589**	−1.445	−1.432*
	(4.40)	(6.78)	(4.74)	(7.07)	(−1.83)	(−1.97)	(−1.55)	(−1.65)
Within-R^2	0.781	0.781	0.781	0.780	0.804	0.804	0.804	0.803
Sample	192	192	192	192	192	192	192	192
豪斯曼检验	4.26($p<0.05$)		3.56($p<0.05$)		3.80($p>0.1$)		6.48($p>0.05$)	

注：括号内为 t 值，*、**、*** 分别表示 $p<0.10$、$p<0.05$、$p<0.01$；RE 与 FE、RE-IV 与 FE-IV 分别为随机效应与固定效应、采用工具变量时随机效应与固定效应。

结果表明，不管是固定效应还是随机效应，在模型 5 与模型 6 中人均产出的一次方项显著，而二次方项却不显著；而在模型 7 与模型 8 中人均产出的一次方项、二次方项和三次方项都很显著。这说明“因变量为二氧化碳排放强度的自然对数的情形”应该采用模型 7 与模型 8。另外，豪斯曼检验表明，应该采用模型 7 与模型 8 中的随机效应的结果。很显然，结果表明除了内生与外生情形中各变量系数的大小有所差异外，可以初步认为中国二氧化碳排放强度与人均产出之间也没有呈现倒 U 形的环境库兹涅茨曲线，而是呈现 N 形曲线关系。

(2) 在人均产出的基础上加入贸易变量的情形。

①因变量为二氧化碳排放量的自然对数的情形。回归结果如表 5－3 所示，模型 9 与模型 10 皆为不包含人均产出三次方的形式，模型 11 与模型 12 皆为包含有人均产出三次方的形式。

表 5－3　因变量为二氧化碳排放量的自然对数的回归结果(二)

自变量	模型 9－外生情形		模型 10－内生情形		模型 11－外生情形		模型 12－内生情形	
	RE	FE	RE-IV	FE-IV	RE	FE	RE-IV	FE-IV
$\ln W$	−0.745 ***	−0.741 ***	−0.763 ***	−0.760 ***	0.199	0.194	−0.131	−0.135
	(−5.17)	(−5.16)	(−4.99)	(−4.99)	(0.29)	(0.29)	(−0.18)	(−0.19)
$(\ln W)^2$	0.163 ***	0.162 ***	0.169 ***	0.168 ***	−0.163	−0.160	−0.047	−0.045
	(6.69)	(6.68)	(6.56)	(6.56)	(−0.71)	(−0.70)	(−0.19)	(−0.18)
$(\ln W)^3$					0.036	0.035	0.024	0.023
					(1.42)	(1.41)	(0.88)	(0.87)
T	−0.068 ***	−0.063 **	−0.093 ***	−0.089 ***	−0.070 ***	−0.065 **	−0.094 ***	−0.090 ***
	(−2.59)	(−2.37)	(−3.31)	(−3.14)	(−2.67)	(−2.45)	(−3.35)	(−3.18)
Constant	9.091 ***	9.078 ***	9.125 ***	9.115 ***	8.225 ***	8.220 ***	8.540 ***	8.537 ***
	(22.84)	(43.03)	(22.48)	(40.66)	(11.31)	(12.80)	(11.04)	(12.32)
Within-R^2	0.388	0.388	0.385	0.384	0.395	0.395	0.391	0.390
Sample	192	192	192	192	192	192	192	192
豪斯曼检验	7.54($p>0.05$)		3.07($p>0.1$)		7.47($p>0.1$)		2.66($p>0.5$)	

注：括号内为 t 值，**、*** 分别表示 $p<0.05$、$p<0.01$；RE 与 FE、RE-IV 与 FE-IV 分别为随机效应与固定效应、采用工具变量时随机效应与固定效应。

显然，这一情形下应该采用模型 9 与模型 10 的结果。另外，豪斯曼检验表明，随机效应优于固定效应。结果表明：人均产出的一次项和二次项的系数在统计上均表现为显著，但一次项系数为负，二次项的系数为正。另外，人均产出被当作内生变量与被当作外生变量时相比，其系数的绝对值稍微变大了，这说明了前述"中国二氧化碳排放量与人均产出之间并没有呈现倒U形的环境库兹涅茨曲线，而是呈现正U形曲线关系"结果的稳健性。对于最为关心的贸易开放度，不管是被当作内生变量还是外内变量，都表现出较强的负显著性，而且被当作内生变量时的系数比被当作外生变量时的系数大了许多，这初步说明中国对外贸易有利于二氧化碳排放量的减少，符合"贸易得益假说"的理论预期。

②因变量为二氧化碳排放强度的自然对数的情形。回归结果如表5-4所示：模型13与模型14皆为不包含人均产出三次方的形式，模型15与模型16皆为包含有人均产出三次方的形式。显然，这一情形下应该采用模型15与模型16的结果。另外，豪斯曼检验表明，固定效应优于随机效应。结果表明：就人均产出而言，内生情形与外生情形除了系数有少许差异外，其一次方项、二次方项与三次方项都分别表现出很强的正显著性、负显著性与正显著性，这进一步证明了前述"中国二氧化碳排放强度与人均产出之间没有呈现倒U形的环境库兹涅茨曲线，而是呈现N形曲线关系"的观点。对于本研究所关心的贸易开放度，在没有考虑到贸易内生性的情况下，其与二氧化碳排放强度负相关，但是不显著；而其被当作内生变量、采用工具变量回归时，不仅与二氧化碳排放强度显著负相关而且系数也大多了。这初步说明中国对外贸易有利于二氧化碳排放强度的减少，符合"贸易得益假说"的理论预期。

表5-4　因变量为二氧化碳排放强度的自然对数的回归结果(二)

自变量	模型13-外生情形		模型14-内生情形		模型15-外生情形		模型16-内生情形	
	RE	FE	RE-IV	FE-IV	RE	FE	RE-IV	FE-IV
$\ln W$	−0.753 ***	−0.732 ***	−0.871 ***	−0.850 ***	3.087 ***	3.048 ***	3.052 ***	3.018 ***
	(−3.89)	(−3.86)	(−4.19)	(−4.17)	(3.58)	(3.59)	(3.25)	(3.26)
$(\ln W)^2$	−0.010	−0.014	0.006	0.002	−1.333 ***	−1.317 ***	−1.335 ***	−1.321 ***
	(−0.30)	(−0.44)	(0.18)	(0.06)	(−4.56)	(−4.57)	(−4.21)	(−4.22)
$(\ln W)^3$					0.145 ***	0.143 ***	0.146 ***	0.144 ***
					(4.55)	(4.55)	(4.23)	(4.23)
T	−0.039	−0.024	−0.106 ***	−0.094 **	−0.045	−0.032	−0.110 ***	−0.100 ***
	(−1.11)	(−0.68)	(2.80)	(2.48)	(−1.35)	(−0.96)	(−3.07)	(−2.78)

（续表）

自变量	模型 13 -外生情形		模型 14 -内生情形		模型 15 -外生情形		模型 16 -内生情形	
	RE	FE	RE-IV	FE-IV	RE	FE	RE-IV	FE-IV
Constant	1.934 ***	1.890 ***	2.230 ***	2.190 ***	−1.594 *	−1.579 **	−1.401	−1.388
	(4.90)	(6.78)	(5.44)	(7.31)	(−1.84)	(−1.96)	(−1.50)	(−1.58)
Within-R^2	0.782	0.782	0.775	0.775	0.805	0.805	0.800	0.799
Sample	192	192	192	192	192	192	192	192
豪斯曼检验	24.09($p<0.05$)		26.32($p<0.05$)		73.72($p<0.05$)		30.17($p<0.01$)	

注：括号内为 t 值，*、**、*** 分别表示 $p<0.10$、$p<0.05$、$p<0.01$；RE 与 FE、RE-IV 与 FE-IV 分别为随机效应与固定效应、采用工具变量时随机效应与固定效应。

（3）包含所有变量的情形。

①因变量为二氧化碳排放量的自然对数的情形。回归结果如表 5－5 所示：模型 17 与模型 18 为无人均产出三次方的形式，模型 19 与模型 20 为有人均产出三次方的形式。

表 5－5 因变量为二氧化碳排放量自然对数的回归结果（三）

自变量	模型 17 -外生情形		模型 18 -内生情形		模型 19 -外生情形		模型 20 -内生情形	
	RE	FE	RE-IV	FE-IV	RE	FE	RE-IV	FE-IV
$\ln W$	−0.715 ***	−0.699 ***	−0.791 ***	−0.778 ***	0.460	0.380	−0.052	−0.132
	(−4.91)	(−4.85)	(−5.15)	(−5.11)	(0.64)	(0.53)	(−0.07)	(−0.17)
$(\ln W)^2$	0.165 ***	0.162 ***	0.181 ***	0.178 ***	−0.245	−0.214	−0.075	−0.046
	(6.62)	(6.56)	(6.83)	(6.80)	(−0.99)	(−0.87)	(−0.28)	(−0.17)
$(\ln W)^3$					0.046 *	0.042	0.028	0.025
					(1.67)	(1.54)	(0.95)	(0.83)
T	−0.035	−0.027	−0.067 **	−0.061 **	−0.040	−0.033	−0.069 **	−0.064 **
	(−1.28)	(−0.99)	(−2.33)	(−2.14)	(−1.48)	(−1.20)	(−2.41)	(−2.21)
EN	0.790 ***	0.826 ***	0.744 ***	0.766 ***	0.787 ***	0.818 ***	0.729 ***	0.750 ***
	(3.90)	(4.08)	(4.21)	(4.35)	(3.92)	(4.06)	(4.14)	(4.24)
RD	0.018	−0.139	0.353	0.219	0.567	0.387	0.663	0.506
	(0.03)	(−0.22)	(0.56)	(0.35)	(0.80)	(0.54)	(0.91)	(0.69)

（续表）

自变量	模型 17 -外生情形		模型 18 -内生情形		模型 19 -外生情形		模型 20 -内生情形	
	RE	FE	RE-IV	FE-IV	RE	FE	RE-IV	FE-IV
Constant	8.425 ***	8.383 ***	8.555 ***	8.528 ***	7.311 ***	7.365 ***	7.863 ***	7.925 ***
	(20.21)	(31.66)	(20.90)	(33.86)	(9.27)	(10.35)	(9.48)	(10.48)
Within-R^2	0.444	0.443	0.447	0.447	0.450	0.450	0.452	0.452
Sample	192	192	192	192	192	192	192	192
豪斯曼检验	10.29($p>0.05$)		6.01($p>0.5$)		7.56($p>0.1$)		8.72($p>0.1$)	

注：括号内为 t 值，*、**、*** 分别表示 $p<0.10$、$p<0.05$、$p<0.01$；RE 与 FE、RE-IV 与 FE-IV 分别为随机效应与固定效应、采用工具变量时随机效应与固定效应。

回归结果表明计量模型中人均产出的三次方项不适合这一情形。同时，豪斯曼检验表明，在此情形下随机效应优于固定效应。因此我们采用模型 17 与模型 18 的随机效应结果：就人均产出变量而言，进一步验证了前述表 5-1 与表 5-3 的结果，这充分说明研究期间人均产出与二氧化碳排放量呈显著的正 U 形关系，环境库兹涅茨曲线假说不成立。这一结果与 Frankel and Rose(2005)的回归结果一致，同时也验证了 Rothman(1998)关于“一些消费过程中产生的污染物如二氧化碳排放和城市垃圾等没有显示随着人均收入的增加而下降”的观点。对于本研究最为关心的贸易开放度，在没有考虑到贸易内生性的情况下，其与二氧化碳排放量虽然负相关，但是不显著；然而，在贸易被当作内生变量、采用工具变量回归时，不仅与二氧化碳排放量显著负相关，而且系数也变得大多了。这进一步证明了前述“中国对外贸易有利于二氧化碳排放量的减少”的结论，也符合“贸易得益假说”的理论预期。这里需要解释一下其中原因：正如 5.1 节所述，一个国家是否通过贸易获得环境利益取决于其比较优势，如果一个国家在污染密集型产品上具有比较优势，则贸易将使得该国环境受到损害；反之，则贸易将使得环境变得更清洁(Frankel, 2003)。而 3.2 节计算的中国具有明显比较优势的 7 个行业中，纺织业、木材加工业、橡胶与塑料、电气机械及器材制造业、电子通信与仪器仪表制造业等 5 个行业属于非碳密集型的洁净行业，其出口额占所有 16 个行业总出口额的份额在研究期间处于 59.07%～67.15%之间；只有非金属矿物制品业、金属制品业这 2 个行业属于碳密集型行业，其出口额占所有 16 个行业总出口额的份额在研究期间处于 5.34%～5.98%之间。也就是说，相对碳密集型行业而言，中国的非碳密集型的洁净行业更具有比较优势。① 因此，“贸易得益假说”在中国的成立也就不难理解了。对于一次性能源消费结构，其与二氧化碳排放量显著正相关，符合理论预期，而且系数相对较大，这说明以煤炭为主的一次性能源消费特征对中国二氧化碳排放量造成了较大影响。研发强度和二氧化碳排放量正相关，但不显著，这和我们的预期相反，可能的解释是：虽然有研发投入，但成效不显著，表明工业各行业的研发强度并没有转变为中国节能减排的内在动力。

②因变量为二氧化碳排放强度的自然对数的情形。回归结果如表 5 - 6 所示，模型 21 与模型 22 为无人均产出三次方的情形，模型 23 与模型 24 为有人均产出三次方的情形。

表 5 - 6 因变量为二氧化碳排放强度自然对数的回归结果(三)

自变量	模型 21—外生情形		模型 22—内生情形		模型 23—外生情形		模型 24—内生情形	
	RE	FE	RE-IV	FE-IV	RE	FE	RE-IV	FE-IV
$\ln W$	−0.583 ***	−0.524 ***	−0.702 ***	−0.650 ***	2.643 ***	2.397 **	2.541 **	2.276 **
	(−2.95)	(−2.73)	(−3.32)	(−3.16)	(2.80)	(2.58)	(2.44)	(2.21)
$(\ln W)^2$	−0.043	−0.053	−0.025	−0.035	−1.166 ***	−1.073 ***	−1.148 ***	−1.050 ***
	(−1.26)	(−1.61)	(−0.70)	(−0.99)	(−3.60)	(−3.36)	(−3.21)	(−2.97)
$(\ln W)^3$					0.125 ***	0.114 ***	0.124 ***	0.112 ***
					(3.48)	(3.21)	(3.13)	(2.86)
T	−0.015	0.010	−0.089 **	−0.071 *	−0.027	−0.007	−0.100 ***	−0.084 ***
	(−0.40)	(0.26)	(−2.29)	(−1.85)	(−0.77)	(−0.18)	(−2.62)	(−2.21)
EN	0.204	0.355	0.170	0.277	0.219	0.334	0.118	0.205
	(0.75)	(1.32)	(0.70)	(1.16)	(0.84)	(1.27)	(0.51)	(0.88)
RD	−2.524 ***	−3.001 ***	−2.401 ***	−2.843 ***	−1.078	−1.576 *	−1.080	−1.545
	(−2.98)	(−3.58)	(−2.77)	(−3.32)	(−1.16)	(−1.70)	(−1.12)	(−1.60)
Constant	1.777 ***	1.609 ***	2.092 ***	1.969 ***	−1.293	−1.147	−0.953	−0.762
	(3.92)	(4.57)	(4.69)	(5.79)	(−1.31)	(−1.24)	(−0.90)	(−0.76)
Within-R^2	0.798	0.799	0.792	0.794	0.809	0.810	0.804	0.805
Sample	192	192	192	192	192	192	192	192

① 因本节的研究期间始于 1996 年，故这里补充计算了 2000 年以前的情形(见附录 1)，得到与本节的研究期间完全吻合的中国各行业的比较优势指数，据此同样可以得出“中国的非碳密集型的洁净行业更具有比较优势”这一结论。

（续表）

自变量	模型 21—外生情形		模型 22—内生情形		模型 23—外生情形		模型 24—内生情形	
	RE	FE	RE-IV	FE-IV	RE	FE	RE-IV	FE-IV
豪斯曼检验	564.7($p<0.01$)		64.01($p<0.01$)		10.19($p>0.1$)		7.52($p>0.1$)	

注：括号内为 t 值，*、**、*** 分别表示 $p<0.10$、$p<0.05$、$p<0.01$；RE 与 FE、RE-IV 与 FE-IV 分别为随机效应与固定效应、采用工具变量时随机效应与固定效应。

回归结果表明计量模型中人均产出的三次方项适合这一情形。同时，豪斯曼检验表明，在此情形下模型 21 与模型 22 固定效应优于随机效应，而模型 23 与模型 24 随机效应优于固定效应。因此采用模型 23 与模型 24 中随机效应的结果：对于人均产出变量，进一步验证了前述表 5－2 与表 5－4 的结果，这充分说明研究期间人均产出与二氧化碳排放强度呈显著的 N 形关系，也验证了陆旸(2012)关于“全球性污染物二氧化碳排放在高收入水平上污染再次上升，进而出现 N 形的环境库兹涅茨曲线”的观点。与“因变量为二氧化碳排放量的自然对数”的回归结果几乎一样，贸易开放度与二氧化碳排放强度负相关，在其被当作外生变量时是不显著的，而其被当作内生变量、采用工具变量回归时与二氧化碳排放强度显著负相关而且系数也大多了。这进一步证明了前述“中国对外贸易有利于二氧化碳排放强度的减少”的结论，同样符合“贸易得益假说”的理论预期。对于一次性能源消费结构，其与二氧化碳排放强度正相关，但不显著，这说明能源结构并没有显著影响中国的二氧化碳排放强度，这一结论与陈诗一(2011)“整体而言，能源结构效应对碳强度降低的影响力不大”的观点类似。为何能源结构与中国二氧化碳排放量显著正相关，而并没有显著影响中国的二氧化碳排放强度呢？由于二氧化碳排放强度等于二氧化碳排放量除以产出，因此需要进一步考察能源消费结构与产出的关系。研究期间，中国能源结构主要包括煤炭、石油、天然气以及水电、核电和风电。煤炭开采技术的成熟和资源的便利性，使得中国煤的消费成本和其他能源相比都具有相当大的竞争力。也就是说，以煤炭占比表示的能源消费结构与企业生产成本是反向关系：煤炭占比越大(小)，生产成本越小(大)。这也说明了以煤炭占比表示的能源消费结构与产出之间是正相关关系。因此，在能源消费结构与二氧化碳排放量和产出都正相关的情形下，“能源消费结构与二氧化碳排放强度虽然正相关，但不显著”的结果在一定程度上得到解释。虽然研发强度和二氧化碳排放强度负相关，符合理论预期，但不显著，这进一步说明了研发强度并不没有转变为中国节能减排的内在动力。

5.2.3 中国对外贸易对经济增长的影响

在研究了中国对外贸易对二氧化碳排放的直接影响的基础上，要得到对外贸易对二氧化碳排放的总影响，就必须研究对外贸易对二氧化碳排放的间接影响。而由于间接效应是指对外贸易通过经济增长对二氧化碳排放产生的影响，因此还必须要建立对外贸易与经济增长之间的联系，研究中国对外贸易对经济增长的影响，为后续研究打下基础。在相关的研究中，许多文献往往采用人均 GDP 指标代表经济增长变量，结合所用的行业数据的特点，这里用各行业的人均产出表示经济增长变量。

1. 计量模型与数据说明

借鉴 Frankel and Rose(2005)的思路框架，结合本书的行业数据特点建立中国对外贸易对各行业人均产出的影响方程为

$$\ln W_{jt} = \gamma_0 + \gamma_1 T_{jt} + \gamma_2 \ln N_{jt} + \gamma_3 I_{jt} + \varphi_j + \xi_{jt} \tag{5-11}$$

其中，ln 为自然对数；j 和 t 分别表示行业和年份；W 为工业各行业的人均产出，用各行业增加值(2000 年不变价)除以年均从业人数来表示；T 为贸易开放度，用各行业进出口贸易总额与该行业增加值的比值来表示，预期系数为正；N 为各行业的从业人数，根据索洛的新古典经济增长理论，人口与人均产出为反向关系，因此预期系数为负；I 为各行业的投资额占其增加值的比例，预期系数为正；φ 为不可观察的个体特征，ξ 为随机扰动项。为保证研究时间区段的一致性，与前面研究既定经济增长条件下对外贸易对二氧化碳排放的直接影响一样，研究期间为 1996—2007 年，相关数据均来源于历年《中国统计年鉴》。

2. 中国对外贸易对经济增长的影响分析

回归结果如表 5 - 7 所示。回归分两种情况进行：一种是没有对贸易的内生性问题进行处理而直接将对外贸易作为外生变量；另一种是将对外贸易作为内生变量，而采用前文所构建的工具变量对贸易的内生性问题进行处理。豪斯曼检验表明随机效应优于固定效应。结果发现：对外贸易被当作外生变量时对经济增长的影响虽然表现为正，但是不够显著；而在被当作内生变量采用工具变量进行处理时，不但影响为正，而且非常显著、系数也变得大多了。这不仅进一步说明构建工具变量处理贸易的内生性问题的必要性，而且更重要的是表明中国对外贸易对经济增长有着显著的影响。结合前面中国对外贸易对二氧化碳排放的直接影响

的显著性，说明要研究对外贸易通过经济增长对二氧化碳排放的影响，即间接影响的必要性。各行业的从业人数对人均产出有着显著的负影响，符合理论预期。各行业的投资额占其增加值的比例对人均产出有着显著的正影响，也符合理论预期。这一回归结果将成为下面中国对外贸易的碳排放总效应的研究基础。

表 5－7　中国对外贸易对经济增长的影响回归结果

自变量	模型 A(贸易外生情形)		模型 B(贸易内生情形)	
	RE	FE	RE-IV	FE-IV
T	0.090 *	0.103 *	0.183 ***	0.221 ***
	(1.94)	(1.89)	(3.69)	(3.75)
$\ln N$	−0.558 ***	−0.737 ***	−0.541 ***	−0.711 ***
	(−5.08)	(−5.47)	(−4.88)	(−5.21)
I	2.704 ***	2.863 ***	2.672 ***	2.817 ***
	(13.18)	(13.58)	(12.88)	(13.18)
Constant	5.478 ***	6.464 ***	5.251 ***	6.154 ***
	(8.53)	(8.36)	(8.08)	(7.84)
Within-R^2	0.527	0.531	0.520	0.518
Sample	192	192	192	192
豪斯曼检验	5.13($p>0.1$)		6.00($P>0.1$)	

注：括号内为 t 值，*、*** 分别表示 $p<0.10$、$p<0.01$；RE 与 FE、RE-IV 与 FE-IV 分别为随机效应与固定效应、采用工具变量时随机效应与固定效应。

5.2.4　中国对外贸易的碳排放总效应

中国对外贸易碳排放的总效应包括直接效应和间接效应。在前文研究的基础上，便可以构建中国对外贸易碳排放的总效应模型。

将式(5－10)两边对贸易开放度 T 求导，可以得到中国二氧化碳排放的贸易开放度弹性即中国对外贸易碳排放的总效应为

$$\frac{dC/C}{dT/T}=[\delta_1+2\delta_2\ln W+3\delta_3(\ln W)^2]\frac{dW/W}{dT/T}+\delta_4 T \tag{5-12}$$

将式(5－11)两边对贸易开放度 T 求导，可以得到经济增长的贸易开放度弹性为

$$\frac{dW/W}{dT/T}=\gamma_1 T \tag{5-13}$$

结合式(5－12)与式(5－13)，可以得到中国对外贸易碳排放的总效应为

$$\frac{dC/C}{dT/T}=[\delta_1+2\delta_2\ln W+3\delta_3(\ln W)^2]\gamma_1 T+\delta_4 T \tag{5-14}$$

其中，$\delta_4 T$ 为直接效应，$[\delta_1+2\delta_2\ln W+3\delta_3(\ln W)^2]\gamma_1 T$ 为间接效应。

具体计算分二氧化碳排放量和二氧化碳排放强度两种情况进行。

1. 二氧化碳排放量情形

按照上述直接效应、间接效应以及总效应的表达式，结合前面表 5－5 与表 5－7中的数据，经计算可以得到表 5－8 中的结果。需要说明的是，在表 5－5 的模型 17 与模型 18 以及表 5－7 的模型 A 与模型 B 中，豪斯曼检验结果表明，随机效应都优于固定效应，因此采用表 5－8 中第(1)列与第(3)列的结果。第(1)列属于人均产出、贸易开放度都被当作外生变量的情况下所得到的结果：若贸易开放度提高 1%，中国对外贸易碳排放的直接效应将导致二氧化碳排放量减少 0.051%，间接效应即通过经济增长导致二氧化碳排放量增加 0.032%；总体上，贸易开放度提高 1%，二氧化碳排放量将会减少 0.019%。第(3)列的情形为人均产出、贸易开放度都被当作内生变量而采用工具变量回归得到的结果：若贸易开放度提高 1%，直接效应将导致二氧化碳排放量减少 0.098%，间接效应导致二氧化碳排放量增加 0.071%；总体上，贸易开放度提高 1%，二氧化碳排放量将会减少 0.028%。很显然，内生情形的结果相对可靠，而外生情形低估了中国对外贸易的碳排放效应。

表 5－8　中国对外贸易的二氧化碳排放效应：二氧化碳排放量情形

二氧化碳排放量的贸易开放度弹性	(1)	(2)	(3)	(4)
	RE	FE	RE-IV	FE-IV
直接效应	－0.051	－0.040	－0.098 **	－0.090 **
间接效应	0.032 *	0.037 *	0.071 ***	0.084 ***
总效应	－0.019	－0.003	－0.028 **	－0.006 **

注：*、**、*** 分别表示 $p<0.10$、$p<0.05$、$p<0.01$，计算所需的 δ_1、δ_2、δ_4 按表 5－5 中模型 17(RE、FE)与模型 18(RE-IV、FE-IV)的系数(因为没有人均产出三次方，故不存在 δ_3)，γ_1 按表 5－7 中模型 A(RE、FE)与模型 B(RE-IV、FE-IV)的系数，$\ln W$、T 按样本均值计算得到。

综上所述，中国对外贸易碳排放的直接效应导致二氧化碳排放量的减少，间接效应导致二氧化碳排放量的增加，而由于直接效应超过了间接效应，结果中国对外贸易总体上还是减少了二氧化碳的排放量，虽然总效应比较弱小。基于此，可以得出结论：中国对外贸易在一定程度上减少了二氧化碳的排放量，对于中国总体上节能减排做出了贡献。

2. 二氧化碳排放强度情形

同样，结合前面表 5-6 与表 5-7 中的数据，经计算可以得到表 5-9 中的结果。在表 5-6 的模型 23 与模型 24 以及表 5-7 的模型 A 与模型 B 中，豪斯曼检验结果表明，随机效应都优于固定效应，因此采用表 5-9 中第(5)列与第(7)列的结果。其中第(5)列为外生情形，第(7)列为内生情形。可以看出，与表 5-8 中二氧化碳排量的情况相比，对于二氧化碳排放强度，外生情形相对于内生情形更多地低估了中国对外贸易的碳排放效应。内生情形的结果表明，若贸易开放度提高 1%，直接效应导致二氧化碳排放强度降低 0.147%，间接效应导致二氧化碳排放强度降低 0.266%，结果总效应导致二氧化碳排放强度降低了 0.413%。这一结果也比表 5-8 中二氧化碳排放量的总效应大大提高了。

表 5-9 中国对外贸易的二氧化碳排放效应：二氧化碳排强度情形

二氧化碳排放强度的贸易开放度弹性	(5)	(6)	(7)	(8)
	RE	FE	RE-IV	FE-IV
直接效应	−0.040	−0.010	−0.147 ***	−0.123 ***
间接效应	−0.128 *	−0.144 *	−0.266 **	−0.321 **
总效应	−0.168	−0.154	−0.413 ***	−0.444 ***

注：*、**、*** 分别表示 $p<0.10$、$p<0.05$、$p<0.01$，计算所需的 δ_1、δ_2、δ_3、δ_4 按表 5-6 中模型 23(RE、FE)与模型 24(RE-IV、FE-IV)的系数，γ_1 按表 5-7 中模型 A(RE、FE)与模型 B(RE-IV、FE-IV)的系数，$\ln W$、T 按样本均值计算得到。

总之，中国对外贸易碳排放的直接效应、间接效应同时降低了二氧化碳排放强度，结果导致总效应较大程度上降低了二氧化碳排放强度，促进了中国的节能减排。

5.3 结论及政策含义

本章的主要任务是研究中国对外贸易对二氧化碳排放的影响，即中国对外贸易的碳排放效应。本章的研究借鉴 Frankel and Rose(2005)的思路方法，在Frankel and Romer(1999)的基础上为中国工业各行业的对外贸易构建了一个合适的工具变量，同时采用人均产出的滞后项作为工具变量对人均产出的内生性问题进行处理。在此基础上，研究了既定经济增长条件下中国对外贸易对二氧化碳排放的影响，即直接效应，和中国对外贸易通过经济增长对二氧化碳排放的影响，即间接效应，以及中国对外贸易碳排放的总效应，进而得出如下结论及政策含义。

5.3.1 结论

1. 对外贸易的直接效应、间接效应与总效应

由于中国非碳密集型的清洁行业比碳密集型行业更具比较优势，因此对中国而言“贸易得益假说”得以成立。研究期间，中国对外贸易显著减少了二氧化碳排放量和二氧化碳排放强度，有利于节能减排。从直接效应看，若贸易开放度提高1%，二氧化碳排放量将会减少 0.098%，二氧化碳排放强度将会降低 0.147%；从间接效应看，若贸易开放度提高 1%，二氧化碳排放量增加 0.071%，二氧化碳排放强度降低 0.266%。从总效应看，贸易开放度提高 1%，二氧化碳排放量将会减少 0.028%，二氧化碳排放强度将降低 0.413%。

2. 其他因素对二氧化碳排放的影响

研究期间，人均产出与二氧化碳排放量呈显著的 U 形关系，人均产出与二氧化碳排放强度呈显著的 N 形关系，环境库兹涅茨曲线在中国是不成立的；一次性能源消费结构虽然没有显著影响中国的二氧化碳排放强度，但却显著地增加了中国二氧化碳排放量；研发强度对中国二氧化碳排放量和二氧化碳排放强度均没有显著的影响，说明中国各行业的研发强度并没有转变为节能减排的内在动力。

5.3.2 政策含义

以上研究结论表明，中国二氧化碳排放增长的根源不在于对外贸易，因此，政策含义着重在以下几个方面。

1. 转变经济增长方式，调整产业结构

本章的研究表明，环境库兹涅茨曲线假说在中国是不成立的。《斯特恩报告》也认为，虽然其他污染物存在环境库兹涅茨曲线假说，也有研究验证了一些国家

人均二氧化碳排放与人均 GDP 的关系符合环境库兹涅茨曲线假说，但就气候变化问题来说，环境库兹涅茨曲线假说还缺乏强有力的证据（庄贵阳，2007）。在 5.1 节环境库兹涅茨曲线形成机制的“经济增长的源动力”分析表明，当经济增长的驱动力由清洁的农业部门逐渐向污染的工业部门过渡，之后再演进到清洁的服务业部门时，污染将随着收入增长出现先上升后下降的变动过程。世界银行的世界发展指数（world development indicators，WDI）表明，中国 2013 年各行业增加值占 GDP 的比重分别为农业 10%、工业 44%、服务业 46%，而同期的世界发达国家美国、日本、英国、法国、德国的平均水平为农业 1.2%、工业 23.6%、服务业 75.2%。早在 20 世纪 50 年代，美国就已经进入了一个以服务业为主的社会经济结构。从产业结构的演进角度看，中国与主要发达国家有着很大的差距。就工业分行业而言，研究期间，中国碳密集型行业增加值占整个工业增加值的比重在 28%～34%，呈现增加的趋势。因此，中国必须转变经济增长方式，通过适当的政策调控，调整产业结构，“由主要依靠第二产业带动向依靠第一、第二、第三产业协同带动转变，由主要依靠增加物质资源消耗向主要依靠科技进步、劳动者素质提高、管理创新转变”，①使二氧化碳排放与经济增长之间出现近似倒 U 形曲线，在不久的将来经济增长的同时二氧化碳排放不断下降。

2. 调整能源结构，提高清洁能源使用率

本章的研究表明，中国各行业的能源消费结构显著地增加了中国二氧化碳排放量。因此，要从现阶段经济发展特点与能源结构出发，进一步调整能源结构，提高清洁能源使用率，从而降低各行业的二氧化碳排放系数和二氧化碳排放量。有研究表明，如果将煤的使用比重降低 1%代之以天然气，二氧化碳排放量会减少 0.74%（丁一汇，2007）。根据《中国能源统计年鉴》，目前我国的能源消费结构为煤炭约占 68%，石油约占 19%，天然气约占 5%，而水电、风电、核电等清洁能源约占 8%。就各行业的能源结构而言，从各年均值看，研究期间煤炭消费占总能源消费比例较大的行业依次为造纸、印刷和文体用品制造业、木材加工业、食品、饮料和烟草制造业、非金属矿物制品业、纺织、服装和皮革制造业，以上每一个行业的煤炭消费占比达到 82%以上；其次为橡胶、塑料业、其他制造业、交通运输设备制造业、采矿业、电气机械及器材制造业、机械设备制造业，这些行业的煤炭消费占比也达到 50%以上；化学工业、金属制品业、电子通信与仪器仪表制造业、金属冶炼业、石油加工、炼焦及核燃料加工业的煤炭消费占比较小，不超过 48%。因

① 转引自习近平 2015 年 5 月 27 日在华东七省市党委主要负责同志座谈会上的讲话。

此，在总体调整能源生产结构的基础上，政府要通过政策引导重点调整以上煤炭消费占比大的行业的能源消费结构，以降低能源结构对我国各行业二氧化碳排放的正影响。

3. 有针对性地加大有关行业的研发强度，提高能源利用效率

提高能源的利用效率，可以降低各行业的二氧化碳排放系数，进而减少二氧化碳排放量。而能源利用效率的提高关键在于科技创新能力的提高、研发投入的增加和科技成果转化制度的完善等三个方面。而本章实证分析得出的结论“中国研发强度并没有显著地影响二氧化碳的排放”的主要原因也可能是这三个方面工作的欠缺。正如 2015 年中国政府工作报告中所指出的那样，“创新创造的关键在人，要以体制创新推动科技创新”，“企业是技术创新的主体，要落实和完善企业研发费用加计扣除、高新技术企业扶持等普惠性政策，鼓励企业增加创新投入”。关于提高科技创新能力和完善科技成果转化制度方面，本书没有深入研究，这里不便多谈。而就创新投入而言，根据计算，在所研究的 16 个行业中虽然有 7 个行业的研发强度较大，研发经费占其增加值的比重年均超过 10%，但是其他 9 个行业的年均研发强度较小，分别是橡胶塑料业 5.9%，造纸印刷业 5.8%，非金属矿物制品业 5.4%，纺织服装业 4.3%，食品饮料烟草业 4.2%，金属制品业 3.5%，采矿业 3.4%，木材加工业 1.8%，其他制造业 1.4%。其中，非金属矿物制品业和金属制品业属于排放系数较大的行业。因此，对于研发强度较小的行业特别是其中非金属矿物制品业和金属制品业等二氧化碳排放系数较大的行业，政府应该通过政策引导有针对性地加大有关行业的研发强度，并将其转变为节能减排的内在动力。

第6章　环境规制对中国碳密集型行业出口贸易的影响

如果一个国家在商品生产上采取更严格的环境规制会导致其污染密集型商品在国际贸易中丧失比较优势吗？20世纪70年代，当工业化国家担心其环境规制的加强可能会影响贸易模式和产业选址时，贸易与环境问题就开始受到公众和学术界的关注。虽然80年代人们对贸易和环境问题的兴趣有所减弱，但是90年代中后期以来，由于受到《北美自由贸易协议》(North American Free Trade Agreement, NAFTA)和《关税及贸易总协定》(Generalized Agreements on Tariffs and Trade , GATT)乌拉圭回合争议的激发，贸易和环境问题一直是国际学术界关注和研究的热点问题之一。关注的焦点之一就是环境规制是否影响了国际贸易中污染密集型产品的比较优势，进而影响国际贸易和对外投资模式？对这一问题的研究主要集中在污染避难所效应和污染避难所假说方面。

有趣的是，到目前为止有关这两个方面的实证研究还没有一致的结论。20世纪90年代中期的研究发现，环境规制对出口没有影响或者是有反常的正影响。由于早期的研究没有发现污染避难所效应，他们利用污染避难所效应是污染避难所假说成立的必要条件，认为污染避难所假说不成立。但是90年代后期，一些研究通过将环境规制内生化推翻了上述结论，认为有存在污染避难所效应的充足证据，虽然还很少有支持或反对污染避难所假说的直接证据(Taylor, 2004)。有学者断言，严格的环境规制将会影响污染密集型产品的比较优势和国际竞争力，为了提高这些行业的国际竞争力或使得这些行业不向海外转移，一些国家通过降低环境标准如“生态倾销”(eco-dumping)、“向底线赛跑”(race to the bottom)、“宽松竞争”(competition in laxity)等创造污染避难所以吸引国际企业(Levinson, 1996)。2001年，时任美国总统布什决定不履行《京都议定书》的主要原因之一就是考虑到环境规制会降低美国产品的国际竞争力，从而影响其经济发展，导致大量劳动者失业。后京都时代的世界气候大会直到《巴黎协定》才取得令世人相对满意的建设性成果，一个重要的原因就是难以找到各国利益和全球利益的平衡点，不愿意承诺自己大幅度减排的任务。因为若是承诺大幅度减排温室气体，这可能会提高本国企业的生产成本，进而降低本国碳密集型产品的比较优势和国际竞争力，对经济增长和就业也会产生负面影响。

目前对于污染避难所效应和污染避难所假说的研究主要集中在发达国家，即发达国家实施严格的环境规制是否会降低其产品的国际竞争力，进而阻碍出口或促进进口，发达国家是否向发展中国家转移污染密集型产业，而对于发展中国家是否存在污染避难所效应或污染避难所假说却少有提及。众所周知，按照《联合国气候变化框架公约》和《京都议定书》，中国虽然没有二氧化碳减排义务，但是中国一直坚持“共同但有区别的责任”的原则，确实采取了强有力的节能减排措施：在2006年《气候变化国家评估报告》中已明确提出走“低碳经济”的发展道路，到“十一五”规划纲要中提出“十一五”期间单位GDP能耗要降低20%左右；提出从2009年到2020年单位GDP二氧化碳排放比2005年下降40%～45%，并作为约束性指标纳入国民经济和社会发展中长期规划，到党的十八大报告把生态文明建设提高到和经济建设、政治建设、文化建设、社会建设同等重要的高度，提出了实现“美丽中国”的目标。在低碳经济的背景下，中国加强环境规制、减少二氧化碳排放到底有没有降低其制造业，尤其是碳密集型污染行业的比较优势，进而对其出口产生影响？若有影响，这影响是正面的还是负面的，即是符合污染避难所效应还是波特假说？如果存在污染避难所效应，那么环境规制的加强有没有使得中国的污染密集型产业向国外转移，即污染避难所假说是否成立？这些将是本章即将要回答的问题。

6.1 环境规制对国际贸易的影响的相关理论

环境规制和要素禀赋的差异是影响一国比较优势的主要因素(Copeland and Taylor，2003a)，因其对比较优势影响的大小，可能会导致污染避难所效应、污染避难所假说或要素禀赋假说。

6.1.1 污染避难所假说与污染避难所效应

根据环境规制对产业的比较优势和国际竞争力的影响程度的不同，可以分为污染避难所假说与污染避难所效应。

污染避难所假说最早由Copeland and Taylor(1994)提出，其基本思想是在贸易自由化过程中，污染密集型行业将由收入高的、环境规制严格的国家向收入低的、环境规制宽松的国家转移；低收入国家因相对宽松的环境规制而获得了污染密集型产业的比较优势，从而成为高收入国家的污染行业避难所。

如图 6－1 所示，假设世界上有两个国家：北方和南方，用星号“＊”表示南方的变量或字母。这两个国家都生产两种产品：X 和 Y，X 为污染密集型产品，Y 为清洁产品。横轴表示 X 产品相对 Y 产品的数量，纵轴表示两种产品的相对价格。假设在初始状态下两国的所有情形都相同，由相对需求曲线 RD 和相对供给曲线 RS 决定的 X 产品相对于 Y 产品价格为 P_A，也就是说在自给自足的情况下，两国价格是相同的，没有贸易产生。现在南方降低环境规制以刺激 X 产品的生产，同时由于资源由 Y 产品向 X 产品转移，Y 产品的生产收缩。这样在既定的价格下，南方将生产更多的 X 产品，其相对供给曲线向右平移到 RS^*，由相对需求曲线 RD 和相对供给曲线 RS^* 决定的价格为 P_A^*。显然 $P_A > P_A^*$，这样南方在污染产品 X 上具有比较优势，而北方在清洁产品 Y 上具有比较优势，国际贸易就产生了。一旦贸易开放，北方将从南方进口 X 产品，南方将从北方进口 Y 产品，由此北方 X 产品生产减少，污染减少，南方 X 产品生产增加，污染增加，这样因环境规制差异引致的贸易使得南方成为污染避难所。

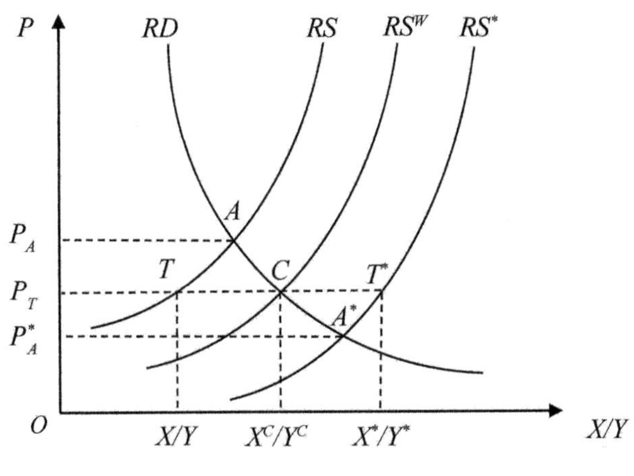

图 6－1　污染避难所假说

［资料来源：根据 Copeland and Taylor（2003a）整理而得］

Copeland and Taylor（2004）认为污染避难所效应和污染避难所假说是一个概念的两个层次——污染避难所假说则是污染避难所效应的较强版本。污染避难所效应将环境规制的改变与其导致的贸易流向联系起来，认为环境规制的加强将影响工厂选址和国际贸易流向，如果严格的环境规制阻碍(促进)了污染产品的出口(进口)，污染避难所效应将发生(Copeland and Taylor, 2004; Taylor, 2004)。与污染避难所假说的关系是如果污染避难所效应非常强烈，污染避难所假说将出现；污染避难所效应是污染避难所假说成立的必要但非充分条件(Taylor, 2004)。

另外，还必须说明两点：①如果严格的环境规制将激励创新，提高效率，进而减少生产成本，提高竞争力(Porter and Van der Linde, 1995)，那么则称为波特假说。②前文包括第5章中提到的向底线赛跑假说，其与污染避难所假说的区别是前者意味着世界环境规制的整体水平降低了，而后者则不然，一些国家可能会为自己的生产选择较高的环境标准，而从他国进口污染产品(Frankel and Rose, 2005)。

6.1.2 要素禀赋假说

与污染避难所假说相反，要素禀赋假说认为，环境规制对贸易模式的影响很小或没有影响，而是由要素禀赋或技术决定贸易模式(Copeland and Taylor, 2004)，因此，资本丰富的发达国家将出口资本密集型产品而不管环境规制的差异，资本稀缺的发展中国家将出口劳动密集型产品。而产品的资本密集度与产品生产的污染排放强度高度相关(Copeland and Taylor, 2003a)，因此，贸易自由化将使得资本丰富的发达国家对其污染密集型产品进行专业化生产，污染增加；资本稀缺的发展中国家对其清洁产品进行专业化生产，污染减少。在要素禀赋假说下，国际贸易将导致污染密集型产业从资本稀缺的发展中国家向资本丰富的发达国家转移(Copeland and Taylor, 2003a)。

如图6-2所示，假设北方与南方除要素禀赋不同外，其他情形都一样：北方资本丰富，南方劳动力丰富。RD 为北方与南方共同的相对需求曲线，RS^* 与 RS 分别为南方与北方的相对供给曲线，由供求决定的产品 X 与 Y 的相对价格南方为 P_A^*，北方为 P_A。由于 X 为资本密集型产品，北方的资本丰富导致其相对供给曲线 RS 位于南方的相对供给曲线 RS^* 的右边，所以 P_A^* 高于 P_A。这样资本丰富的北方在资本密集型的污染产品上具有比较优势，而资本缺乏的南方在劳动力丰富的清洁产品上具有比较优势。在贸易自由化的条件下，北方将出口污染产品，进口清洁产品，污染增加；南方将出口清洁产品，进口污染产品，污染减少。

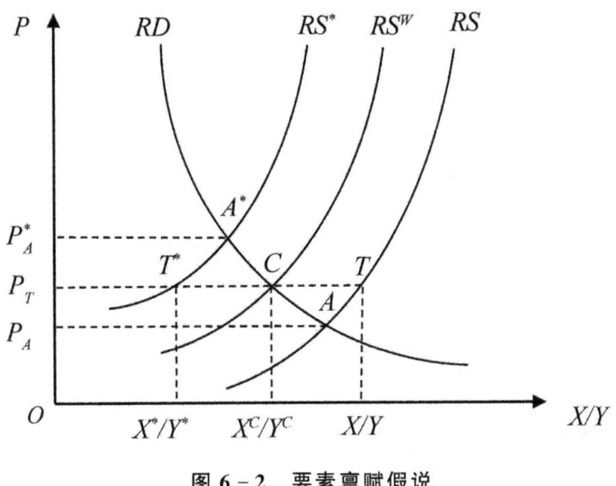

图 6－2　要素禀赋假说

［资料来源：根据 Copeland 和 Taylor（2003a）整理而得］

以上是分别就环境规制和要素禀赋对比较优势产生的影响分析，若是同时作用于比较优势，比如：收入高的发达国家资本丰富，导致污染密集型产品具有比较优势；但是严格的环境规制却导致其在清洁产品上具有比较优势，这样污染避难所效应与要素禀赋效应相互抵消导致净效应会较小。

6.2　基于碳排放视角的污染避难所效应检验

如前所述，加强环境规制会削弱污染密集型行业的比较优势和国际竞争力，如果严格的环境规制阻碍（促进）了污染产品的出口（进口），污染避难所效应将发生。本节将研究中国控制二氧化碳排放、加强环境规制对中国碳密集型行业出口贸易的影响，即检验污染避难所效应是否成立。如文献综述中所言，以往的实证分析大体上采用 3 种方法：①运用相对简单的统计方法；②运用双边贸易的引力模型；③运用赫克歇尔-俄林-瓦内克（HOV）模型。然而基于多边贸易的 HOV 方法存在一个缺点，那就是环境规制对国际贸易的影响可能被抵消了，因为多边贸易是双边贸易的总和（Van Beers and Van den Bergh，1997）。

因此，本节运用双边贸易的引力模型进行分析，其特点：①采用面板数据从而克服了截面数据很难控制、不可观察的国家特征，而且考虑到了环境规制的内生性问题从而克服了外生的环境规制对回归结果的偏差。②运用二氧化碳排放强度来衡量环境规制，以考察在低碳经济的背景下中国控制二氧化碳排放对碳密集型行业出口贸易的影响。③为了避免样本选择偏差，本节选择2000—2011年中国与其56位主要贸易伙伴之间的双边贸易作为样本，[①]样本容量为672个，包括34个发达国家(地区)和22个发展中国家(地区)。[②]

6.2.1　环境规制的衡量方法

衡量环境规制严格度(stringency of environmental regulations)面临着许多困难。在已有文献中环境规制的衡量方法大致有以下3种：①采用污染控制成本(pollution abatement costs and expenditures, PACE)占总成本或总产值的比重来衡量，如Ederington and Minier (2003)、Levinson and Taylor(2008)等；②采用人均GDP直接衡量环境规制的严格度，如Mani and Wheeler(1998)、Grether and Melo(2003)等；③采用环境规制下污染物的排放强度(单位GDP的排放量)或能源强度(单位GDP的能源消费)，如Van Beers and Van den Bergh (1997)、Xing and Kolstad(2002)、Cole and Elliott(2003b)等。

Van Beers and Van den Bergh (1997)在研究环境规制对对外贸易的影响时，将环境规制的衡量方法分为投入导向和产出导向。投入导向是指国家在环境保护方面的努力，如立法、环境研究支出、污染控制等，然而环境控制成本不仅依赖于环境规制严格度，而且取决于环境问题的性质、环境规制的形式和实施效果，同时实施污染控制的国家可能会对污染密集型行业提供财政援助，因此投入导向无法反映财政援助的抵消作用因而夸大了环境规制成本。而产出导向是指环境规制的实际效果，不仅考虑到了环境规制的严格度，而且考虑到了环境规制的实施效果以及补贴对严格的环境规制的抵消作用，故认为相对于投入导向而言，产出导向是比较好的环境规制衡量措施。同时，Van Beers and Van den Bergh (1997)根据产出导向的环境指标构建了“宽”(broad)、“窄”(narrow)两种环境规制的衡量方法，[③]并认为“窄”的方法符合污染者付费原则(polluter pays principle, PPP)从而优于“宽”的方法。后续的研究如Harris, Konya, and

---

① 中国于1998年5月签署《京都议定书》，2000年又对《中华人民共和国大气污染防治法》作出第二次修订，因此研究的起始年份为2000年；由于数据的可得性，研究的最后年份为2011年。

② 区分发达国家和发展中国家的依据为联合国发展计划署发布的《2010年人类发展报告》，34个发达国家(地区)：澳大利亚、奥地利、比利时、加拿大、塞浦路斯、捷克、丹麦、爱沙尼亚、芬兰、法国、德国、希腊、中国香港、匈牙利、冰岛、爱尔兰、以色列、意大利、日本、韩国、卢森堡、马耳他、荷兰、新西兰、挪威、波兰、葡萄牙、新加坡、斯洛文尼亚、西班牙、瑞典、瑞士、英国、美国；22个发展中国家：阿尔巴尼亚、阿根廷、巴西、保加利亚、柬埔寨、智利、克罗地亚、印度、印度尼西亚、拉脱维亚、立陶宛、马来西亚、墨西哥、菲律宾、罗马尼亚、俄罗斯、沙特阿拉伯、斯洛伐克、南非、泰国、土耳其、越南。因为缺少中国台湾的相关数据，故未将其列入。

③ 具体的环境指标详见Van Beers and Van den Bergh (1997)。

Matyas (2002)和 Cole and Elliott(2003b)在研究环境规制对贸易的影响时也都运用了 Van Beers and van den Bergh (1997)文中“窄”的方法衡量的环境规制。一些文献也对反映环境规制结果的产出导向表示肯定：由于难以精确地评估环境控制成本进而取得环境规制的可靠数据，因此许多经验研究中环境规制的衡量是难免有偏差的(Busse，2004)；而运用客观的定量的污染水平所作的研究更令人信服(Brunnermeier 和 Levinson，2004)。

鉴于此，本节采用 Van Beers and Van den Bergh (1997)“窄”的方法来衡量环境规制，与其不同的是本节的构建方法是基于能源消费的二氧化碳排放强度(单位 GDP 的二氧化碳排放量)而不是能源强度(单位 GDP 的能源消费)。这一点也契合了本章的研究目标：考察在低碳经济的背景下中国控制二氧化碳排放对碳密集型行业出口贸易的影响。具体方法如下：

(1) 先确定两个环境规制指标：指标 A 为 1993 年各国的二氧化碳排放强度(考虑到《联合国气候变化框架公约》于 1992 年达成并通过)，指标 B 为研究期间 2000—2011 年每年各国二氧化碳排放强度与 1993 年相比的减少量。

(2) 就 A、B 两个指标分别给每年每个国家的一个序数等级，指标最差(对 A 来说即排放强度最大或对 B 来说即减少量最小)的序数等级为 1，其次为 2，以此类推。

(3) 将 A、B 两个指标的序数等级相加，即得到每年各国总体的环境规制的序数等级分。

(4) 将每年各国的序数等级分按照数值越小序数越小的原则再重新排序，然后将排好的结果除以国家的数目即得到每年各国环境规制的等级分。这个等级分的数值在 0～1 之间，数值越大说明环境规制越严格。

二氧化碳排放强度数据来源于美国能源信息局(U.S. Energy Information Administration，EIA)，里面有购买率平价计算的 2005 年不变价的二氧化碳排放强度数据。结合以上方法，可以计算得到中国与其贸易伙伴国(地区)的环境规制等级分，计算结果如表 6 - 1 所示。

表 6 - 1　中国及其贸易伙伴国(地区)环境规制严格度

国家(地区)	2000 年	2001 年	2002 年	2003 年	2004 年	2005 年	2006 年	2007 年	2008 年	2009 年	2010 年	2011 年
瑞典	0.544	0.596	0.561	0.561	0.544	0.596	0.509	0.509	0.526	0.614	0.561	0.614
爱尔兰	0.491	0.526	0.526	0.544	0.526	0.579	0.491	0.491	0.509	0.596	0.544	0.561

（续表）

国家（地区）	2000 年	2001 年	2002 年	2003 年	2004 年	2005 年	2006 年	2007 年	2008 年	2009 年	2010 年	2011 年
英国	0.526	0.561	0.526	0.526	0.509	0.544	0.491	0.474	0.509	0.579	0.526	0.561
瑞士	0.509	0.526	0.544	0.526	0.491	0.526	0.474	0.474	0.491	0.561	0.509	0.579
法国	0.526	0.579	0.544	0.509	0.474	0.544	0.456	0.439	0.439	0.544	0.526	0.596
德国	0.439	0.456	0.421	0.439	0.351	0.404	0.368	0.351	0.351	0.439	0.386	0.439
美国	0.298	0.386	0.333	0.351	0.298	0.333	0.333	0.298	0.333	0.386	0.351	0.386
中国	0.298	0.316	0.333	0.298	0.246	0.281	0.263	0.263	0.263	0.298	0.263	0.281
中国香港	0.456	0.333	0.246	0.158	0.158	0.211	0.228	0.211	0.263	0.246	0.228	0.281
日本	0.246	0.228	0.263	0.175	0.175	0.246	0.193	0.175	0.175	0.246	0.193	0.263
南非	0.035	0.035	0.105	0.035	0.035	0.070	0.088	0.070	0.053	0.123	0.105	0.158
泰国	0.070	0.088	0.070	0.070	0.070	0.053	0.053	0.053	0.070	0.070	0.053	0.088
马来西亚	0.088	0.053	0.035	0.053	0.053	0.088	0.070	0.105	0.070	0.035	0.035	0.070
印度尼西亚	0.053	0.070	0.053	0.070	0.070	0.035	0.035	0.035	0.035	0.053	0.070	0.123
沙特阿拉伯	0.018	0.018	0.018	0.018	0.018	0.018	0.018	0.018	0.018	0.018	0.018	0.035
简单平均值	0.303	0.317	0.312	0.288	0.271	0.309	0.288	0.278	0.285	0.328	0.300	0.335

为节省篇幅，这里只列出 15 位国家或地区（包括中国与其前 4 位最大贸易伙伴、环境规制最为严格与最为宽松的各前 5 位国家或地区）的环境规制严格度，中国所有贸易伙伴的环境规制严格度见附录 2。可以看出，中国环境规制总体上处于中等水平，2002 年环境规制最为严格，位于 57 国（地区）中的第 24 位；2009 年最为宽松，排在 57 国（地区）中的第 36 名。在中国的贸易伙伴中，瑞典、爱尔兰、英国、瑞士、法国、挪威、丹麦、阿尔巴尼亚、拉脱维亚、奥地利、芬兰等国的环境规制较为严格；沙特阿拉伯、印度尼西亚、马来西亚、泰国、南非、新加坡、澳大利亚、韩国、塞浦路斯、越南、以色列等国的环境规制较为宽松。

6.2.2 中国碳密集型行业的确定

由于本章是研究以二氧化碳排放强度衡量的环境规制对中国碳密集型行业出口贸易的影响，因此必须按照中国各行业的二氧化碳排放强度来确定碳密集型行业。根据 4.2 节所作的行业归并以及二氧化碳完全排放强度的计算结果，将二氧化碳完全排放强度大于 22 个行业简单平均值的 6 个制造业确定为碳密集型行业，分别为金属冶炼业、非金属矿物制品业、化学工业、石油加工业、金属制品业、机械设备制造业，并将其按照1995—2005年二氧化碳完全排放强度平均值由大到小列入表6-2中。

表6-2　中国碳密集型行业

行　业	CO_2完全排放强度/吨CO_2/万元	《中国能源统计年鉴》中的行业名称	ISIC Rev.3 行业编码
金属冶炼业	7.15	有色金属冶炼及压延加工业（资源性行业）、黑色金属冶炼及压延加工业	27
非金属矿物制品业	6.28	非金属矿物制品业（资源性行业）	26
化学工业	3.86	化学原料及化学品制造业（含有资源性产品）、化学纤维制造业、医药制造业	24
石油加工业	3.56	石油加工及炼焦业（资源性行业）	23
金属制品业	3.42	金属制品业	28
机械设备制造业	2.68	普通机械制造业、专用设备制造业	29

注：第3列括号内标注的资源性行业（产品）来源于 Van Beers and Van den Bergh（1997）和陆旸（2009）。

需要说明的是，根据 Low（1992）、Low and Yeats（1992）和 Busse（2004），非金属矿物制品业、化学工业、造纸业、木材加工业、石油加工业、金属冶炼业、金属制品业为污染密集型行业；而 Cole（2004）认为木材加工业、化学工业、非金属矿物制品业和金属冶炼业为污染强度最大的行业。也就是说，造纸业、木材加工业在国外也属于污染密集型行业，这一点与本书的结果不同。

6.2.3　模型与数据说明

引力模型由丹麦经济学家 Tinbergen（1962）与他的合作者 Linnemann（1966）独立所创，之后被广泛地应用于国际贸易的实证研究中。正如 Anderson（1979）所说，"引力模型很可能是近25年来最成功的实证贸易设计"，还有学者认为引力模型是迄今为止解释双边贸易最成功的计量工具（Deardorff，1984；Van Beers and Van den Bergh，1997；Anderson and Wincoop，2003）。根据传统的引力模型，双边贸易可以由国内生产总值、人口、双边距离、陆地面积以及是否有共同的边界和语言等来解释。根据 Dixit and Stiglitz（1977）基于要素禀赋的新贸易模型，双边贸易是双边经济总量、相对要素禀赋差异与要素相似性指数的增函数，而 Egger(2000，2002)的引力模型就是在这一理论基础上建立的。基于此，这里借鉴 Egger(2000，2002)的模型，在此基础上加入环境规制变量，建立如下的引力模型

$$EX_{it} = \varphi_0 + \varphi_1 GDPT_{it} + \varphi_2 ENDOW_{it} + \varphi_3 SIM_{it} + \varphi_4 D_i + \varphi_5 A_i + \varphi_6 LANG_i + \varphi_7 B_i ++ \varphi_8 SER_t + \varphi_9 SER_{it} + \sigma_i + \nu_{it} \tag{6-1}$$

其中，EX_{it} 为中国 t 年向 i 国(地区)的出口贸易额(千美元)的对数，数据来源于 OECD 的官方网站，原始数据为当年价格，我们按照美国各年的 GDP 指数换算为 2005 年不变价。$GDPT_{it} = \ln(GDP_t + GDP_{it})$ 表示中国与 i 国(地区)t 年的总体经济总量的对数，GDP_t 、GDP_{it} 分别是中国、i 国 t 年的国内生产总值，单位为美元(2005 年不变价格)，数据来源于联合国统计司；双边总体经济总量 $GDPT_{it}$ 越大，双边贸易量越大，因此预期 $\varphi_1 > 0$。$ENDOW_{it} = |\ln(GDP_t/N_t) - \ln(GDP_{it}/N_{it})|$ 表示中国与 i 国(地区)t 年的相对要素禀赋之差，N_t 、N_{it} 分别为中国、i 国(地区)t 年的人口数，数据来源于联合国统计司；根据要素禀赋理论，要素禀赋差 $ENDOW_{it}$ 越大，产业间贸易量越大，因此预期 $\varphi_2 > 0$。$SIM_{it} = \ln[1 - (GDP_t/(GDP_t + GDP_{it}))^2 - (GDP_{it}/(GDP_t + GDP_{it}))^2]$ 表示中国与 i 国(地区)t 年 GDP 的相对大小即要素相似性指数，在 0(两国 GDP 差距无穷大)和 0.5(两国 GDP 一样大)之间；根据产业内贸易理论，要素相似性指数 SIM_{it} 越大，产业内贸易量越大，因此预期 $\varphi_3 > 0$。D_i 是中国与 i 国(地区)之间的地理距离(km)的对数，代表双边贸易的运输成本，因此预期 $\varphi_4 < 0$，数据来源于 CEPII。A_i 是 i 国(地区)的陆地面积($\times 10^4$ km^2)的对数，面积越大，国内贸易占总贸易的比例越大，因此预期 $\varphi_5 < 0$，数据来源于 CEPII。$LANG_i$ 、B_i 为虚拟变量，取值为 1 表示中国与 i 国(地区)有共同的语言、共同的边界，取值为 0 则表示无共同语言、共同的边界，因此预期 $\varphi_6 > 0$、$\varphi_7 > 0$。SER_t 、SER_{it} 分别是中国、i 国(地区)t 年的环境规制严格度(stringency of environmental regulation，SER)的对数，环境规制严格度的衡量方法如前文所述；根据污染避难所效应，严格的环境规制会增加出口成本，降低产品的国际竞争力，从而阻碍出口，促进进口。因此，若 $\varphi_8 < 0$，则说明严格的环境规制阻碍了出口，即存在污染避难所效应；若 $\varphi_8 > 0$，则说明严格的环境规制将激励创新，提高效率，进而减少生产成本、提高竞争力，即波特假说成立或者说可能中国对污染密集型产品进行生产补贴。若 $\varphi_9 > 0$，则说明进口国实施严格的环境规制，降低了其产品的国际竞争力，促进

了中国出口；若 $\varphi_9 < 0$，这说明中国碳密集型产品的出口会遭到进口国的环境贸易壁垒，导致中国出口减少。σ_i 为不随时间变化的不可观察的国家特征，ν_{it} 为误差项。总之，预期系数 φ_1、φ_2、φ_3、φ_6、φ_7 为正，φ_4、φ_5 为负，φ_8、φ_9 符号不确定。

然而，有学者认为，把环境规制作为外生变量是有疑问的。如果贸易能够影响环境规制的制定，那么环境规制就是内生的。例如，如果污染密集型产品的出口减少或进口增加，政府可能会放松环境规制以提高这些产品的竞争力，这样将抵消环境规制对出口的影响(Cole and Elliott，2003b；Ederington and Minier，2003)。从本章的实际情况看，出口贸易也会对中国二氧化碳排放强度造成影响。这就是说，环境规制影响出口，出口也会影响环境规制，这种互为因果的关系，会导致回归结果出现偏差(Brunnermeier and Levinson，2004)。为了解决这一问题，这里针对前文按照中国二氧化碳排放强度构建的环境规制引入工具变量。一个有效的工具变量必须是外生的而且与中国二氧化碳排放强度高度相关。在国外文献中，能源指标常用来作为环境规制的工具变量(傅京燕、李丽莎，2010)。众所周知，一个国家的能源生产结构是由一国本身的能源禀赋决定的，不受国际贸易的影响，同时能源结构与二氧化碳排放强度高度相关，所以本章将以中国能源生产结构作为中国环境规制的工具变量。由于中国的能源禀赋以煤炭为主，具体操作中以煤炭占能源生产总量的比例作为工具变量。

6.2.4　回归结果分析

首先将环境规制当作外生变量进行普通的面板数据回归，然后考虑到环境规制的内生性，利用工具变量法进行估计，回归结果如表 6 - 3 所示。

表 6 - 3　环境规制对中国碳密集型行业出口贸易的影响估计结果

自变量	环境规制外生		环境规制内生	
	固定效应(FE)	随机效应(RE)	固定效应(FE)	随机效应(RE)
$GDPT_{it}$	3.673 *** (33.56)	3.149 *** (42.55)	3.417 *** (24.12)	2.910 *** (31.13)
$ENDOW_{it}$	0.503 *** (8.89)	0.395 *** (7.24)	0.445 *** (7.30)	0.325 *** (5.57)
SIM_{it}	1.530 *** (9.16)	0.765 *** (8.16)	1.363 *** (7.58)	0.730 *** (7.60)
D_i	—	−0.912 *** (−3.96)	—	−0.951 *** (−4.06)
A_i	—	−0.034(−0.50)	—	−0.004(−0.06)
$LANG_i$	—	0.488(1.63)	—	0.503 * (1.66)

（续表）

自变量	环境规制外生		环境规制内生	
	固定效应(FE)	随机效应(RE)	固定效应(FE)	随机效应(RE)
B_i	—	0.929 ** (1.99)	—	0.897 * (1.89)
SER_t	−1.259 *** (−7.43)	−1.511 *** (−8.79)	−2.057 *** (−6.37)	−2.602 *** (−8.38)
SER_{it}	0.021(0.33)	−0.065(−1.02)	0.091(1.31)	0.025(0.37)
Constant	−91.104 *** (−32.74)	−69.728 *** (−25.80)	−84.944 *** (−24.04)	−64.084 *** (−21.03)
Within-R^2	0.905	0.900	0.901	0.892
Sample	672	672	672	672
豪斯曼检验	228.10($p<0.01$)		580.63($p<0.01$)	

注：括号内为 t 值，*、**、*** 分别表示 $p<0.10$、$p<0.05$、$p<0.01$。

豪斯曼检验表明，固定效应优于随机效应。研究发现：

(1)对于中国环境规制变量，不管是被当作外生变量还是内生变量，中国环境规制变量都是负显著而且系数较大——从内生回归结果看，环境规制等级分提高1%，中国碳密集型行业总体出口减少2.057%；值得注意的是，内生环境规制对出口的影响要大于外生环境规制对出口的影响。这说明中国的环境规制不仅没有导致其碳密集行业获得比较优势，而且对该行业的出口贸易有较大的阻碍作用，存在明显的污染避难所效应。当然，从另一角度讲，说明中国不会成为国外的污染产业避难所。

(2)外国的环境规制对于中国碳密集型污染行业出口的影响为正，但是不够显著，影响系数也较小。这表明：虽然外国加强环境规制增加了其碳密集型行业的生产成本而导致其碳密集型行业的国际竞争力相对减弱，而中国碳密集型行业的国际竞争力相对增强，进而对中国碳密集型行业的出口贸易有促进作用，但是这一作用不够明显。

(3)对于引力模型中的一般解释变量，双边总体经济总量、要素禀赋差、要素相似性指数以及共同语言、共同边界等对中国碳密集型污染行业都有明显的促进作用，符合贸易理论预期；中国与其贸易伙伴的双边距离为负显著，表明运输成本对双边贸易的阻碍作用；外国面积对中国出口贸易的影响虽然为负，符合理论预期，但是不够显著。

为了进一步明确中国环境规制对各单个碳密集型行业出口贸易的影响，于是对其分别进行了回归，结果如表 6－4 所示。豪斯曼检验表明，对于机械设备制造业（SER 当作内生变量时）、石油加工业，随机效应优于固定效应；其他情形时固定效应都优于随机效应。研究发现：

中国环境规制对所有碳密集型行业的出口都有负影响，只不过由于各个行业的资源性特征不同，有些行业是（或包含）资源性行业（产品），所以各行业受到中国环境规制的影响程度并不与碳密集度的大小完全成正比。其中：石油加工业受到的影响虽然为负，但是不显著，这主要是因为石油加工业是属于典型的资源性行业，其比较优势主要由资源禀赋决定。这也进一步验证了 Van Beers and Van den Bergh（1997）与 Harris，Konya and Matyas（2002）认为决定此类行业竞争力的主要因素是自然资源而不是环境规制的观点。对于非金属矿物制品业，也是因为其属于资源性行业，所以虽然其碳排放强度很大，但是受到的影响最小。金属冶炼业中包含有色金属冶炼及压延加工业和黑色金属冶炼及压延加工业，虽然前者属于资源性行业，但是其所占比重远远小于后者，因此金属冶炼业还是会因其二氧化碳排放强度在所研究的 6 类碳密集型行业中最大，而受到的影响最大。对于其他 3 个碳密集型行业，受到影响的大小依次为机械设备制造业、化学工业和金属制品业。另外，需要说明的是，环境规制被当作内生变量采用工具变量进行回归与环境规制被当作外生变量回归相比，每一个碳密集型行业受到的影响都大多了。

除了化学工业通过了 10%水平的显著性检验，外国的环境规制对中国其他 5 个碳密集型行业出口的影响都不显著，其中：石油加工业和非金属矿物制品业的出口受到的影响为负，而金属冶炼业、化学工业、金属制品业和机械设备制造业等 4 类行业都受到了正影响。可能的原因是，石油加工业和非金属矿物制品业属于典型的资源性行业，决定其比较优势的主要因素是资源禀赋，而国外环境规制对这类行业的影响类似于贸易壁垒；而对于其他 4 类行业，可能由于外国加强环境规制增加了其碳密集型行业的生产成本而减弱了其产品的国际竞争力，从而使得中国相应的碳密集型行业的竞争力相对增强而受到了正影响。

表6-4 环境规制对中国各单个碳密集型行业出口贸易的影响估计结果

自变量	非金属矿物制品业				金属冶炼业			
	环境规制外生		环境规制内生		环境规制外生		环境规制内生	
	FE	RE	FE	RE	FE	RE	FE	RE
SER_t	−0.830***	−1.076***	−1.200***	−1.789***	−3.389***	−3.792***	−5.180***	−5.952***
	(−3.82)	(−5.01)	(−2.95)	(−4.77)	(−6.00)	(−7.00)	(−4.86)	(−6.48)
SER_{it}	−0.037	−0.140*	−0.004	−0.081	−0.009	−0.442**	0.148	−0.300*
	(−0.45)	(−1.79)	(−0.05)	(−0.97)	(−0.04)	(−2.55)	(0.64)	(−1.65)
Within-R^2	0.839	0.834	0.838	0.830	0.653	0.645	0.647	0.635
Sample	672	672	672	672	672	672	672	672
豪斯曼检验	42.81($p<0.01$)		41.15($p<0.01$)		26.94($p<0.01$)		23.59($p<0.01$)	

自变量	化学工业				石油加工业			
	环境规制外生		环境规制内生		环境规制外生		环境规制内生	
	FE	RE	FE	RE	FE	RE	FE	RE
SER_t	−1.057***	−1.146***	−1.884***	−2.029***	−0.453	−0.120	−0.941	−0.303
	(−4.94)	(−5.49)	(−4.65)	(−5.51)	(−0.42)	(−0.12)	(−0.46)	(−0.17)
SER_{it}	0.083	−0.007	0.155*	0.066	0.115	−0.258	0.158	−0.244
	(1.02)	(−0.09)	(1.78)	(0.80)	(0.28)	(−0.73)	(0.36)	(−0.66)
Within-R^2	0.817	0.815	0.812	0.809	0.077	0.076	0.076	0.076
Sample	672	672	672	672	672	672	672	672
豪斯曼检验	18.61($p<0.01$)		15.96($p<0.01$)		4.40($p>0.1$)		2.32($p>0.1$)	

自变量	金属制品业				机械设备制造业			
	环境规制外生		环境规制内生		环境规制外生		环境规制内生	
	FE	RE	FE	RE	FE	RE	FE	RE
SER_t	−0.770***	−1.353***	−1.390***	−2.684***	−0.871***	−1.340***	−2.138***	−3.094***
	(−3.40)	(−5.76)	(−3.26)	(−6.56)	(−4.32)	(−6.41)	(−5.48)	(−8.09)
SER_{it}	0.033	−0.142*	0.087	−0.043	0.003	−0.094	0.114	0.044
	(0.39)	(−1.77)	(0.95)	(−0.50)	(0.04)	(−1.25)	(1.36)	(0.53)
Within-R^2	0.850	0.831	0.848	0.818	0.889	0.878	0.881	0.859
Sample	672	672	672	672	672	672	672	672
豪斯曼检验	151.95($p<0.01$)		145.05($p<0.01$)		245.14($p<0.01$)		5.60($p>0.1$)	

注:1. FE、RE分别为固定效应与随机效应,括号内数字为 t 值, *、**、*** 分别表示 $p<0.10$、$p<0.05$、$p<0.01$。

2. 为节省篇幅,引力模型中的一般解释变量的回归结果没有列出。

6.3　基于碳排放视角的污染避难所假说检验

前一节的研究表明，中国的环境规制对其碳密集型行业的出口贸易有着显著的负影响，中国存在着污染避难所效应。根据 Taylor(2004)，如果污染避难所效应非常强烈，污染避难所假说将出现。那么，中国有没有因为严格的环境规制导致其碳密集型行业向外转移而出现污染避难所假说呢？本节将研究这一问题。

6.3.1　方法与数据

一个国家或地区是否存在行业转移，可以通过"净出口占国内消费比例"这一指标来检验(Mongelli, Tassielli, and Notarnicola, 2006)。净出口占国内消费比例表示一国或地区某行业对其他国家或地区的净出口额占该国或地区该行业消费额的比重，用公式表示如下

$$N_{kt}^{ij}=\frac{X_{kt}^{ij}-M_{kt}^{ij}}{C_{kt}^{i}} \tag{6-2}$$

其中，N_{kt}^{ij} 为 i 国或地区向 j 国或地区 k 行业 t 年的净出口占国内消费比例，X_{kt}^{ij} 为 i 国或地区向 j 国或地区 k 行业 t 年的出口额，M_{kt}^{ij} 为 i 国或地区从 j 国或地区 k 产业 t 年的进口额，C_{kt}^{i} 为 i 国或地区 k 产业 t 年的消费额。C_{kt}^{i} 可以通过下式来计算

$$C_{kt}^{i}=P_{kt}^{i}-(X_{kt}^{iw}-M_{kt}^{iw}) \tag{6-3}$$

其中，P_{kt}^{i} 为 i 国或地区 k 行业 t 年的产值，X_{kt}^{iw} 与 M_{kt}^{iw} 分别为 i 国或地区 k 产业 t 年向世界其他国家或地区的出口额和从世界其他国家或地区的进口额。

就本节研究的具体情形，i 代表中国，j 代表世界其他国家或地区，包括中国 56 个贸易伙伴的总和，这 56 个贸易伙伴与 6.2 节所介绍的相同。中国各行业的产值均来源于《中国统计年鉴》，原始数据的价格为人民币，根据美元与人民币汇率换算成美元；世界其他国家或地区各行业进出口额的相关数据均来源于 OECD 官方网站的各行业双边贸易数据库，http://stats.oecd.org。如果中国 k 行业对世界其他国家或地区的"净出口占国内消费比例"在研究期间呈下降趋势，则说明中国国内对 k 行业产品的消费需求越来越多地由从其他国家或地区增加的进口来满足，证明中国向其他国家或地区转移了该行业；反之，则证明其他国家或地区向中国转移了该行业。为保持与 6.2 节一致，研究期间为 2000—2011 年。

6.3.2　实证结果分析

在所研究的 22 类产业中，除 3 种服务业、建筑业、电力、燃气和水的生产和供

应业以及其他制造业等 6 类产业以外，[①]本文计算了包括农业和工业分行业在内的 16 个行业的“净出口占国内消费比例”，实证结果如图 6 - 3 与图 6 - 4 所示。这里只列出中国向世界转移的行业和世界向中国转移的行业各 2 个，其他 12 个行业的情形见附录 3。

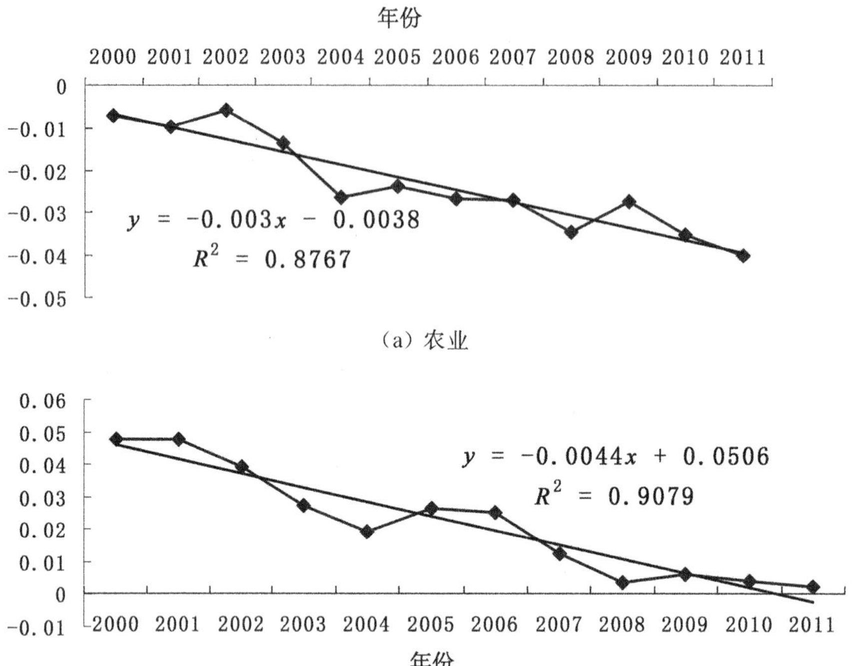

(a) 农业

(b) 食品、饮料与烟草

图 6 - 3　中国向世界转移的行业示例

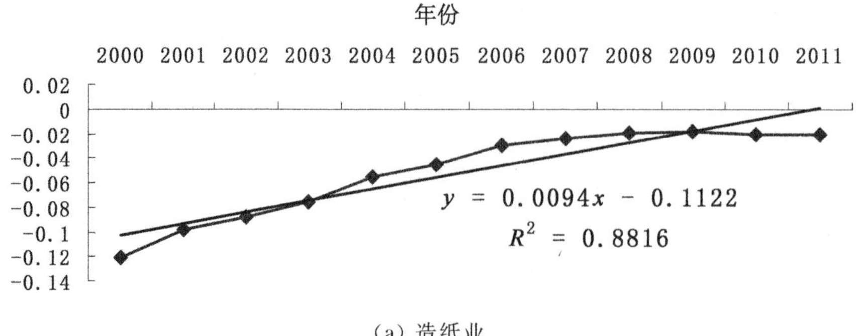

(a) 造纸业

---

① OECD 的双边贸易数据库缺少服务业、建筑业的贸易数据，水的生产和供应业属于非贸易部门，中国电力、燃气的双边贸易额可以忽略不计，其他制造业属于杂项分类，因此这些行业排除在外。

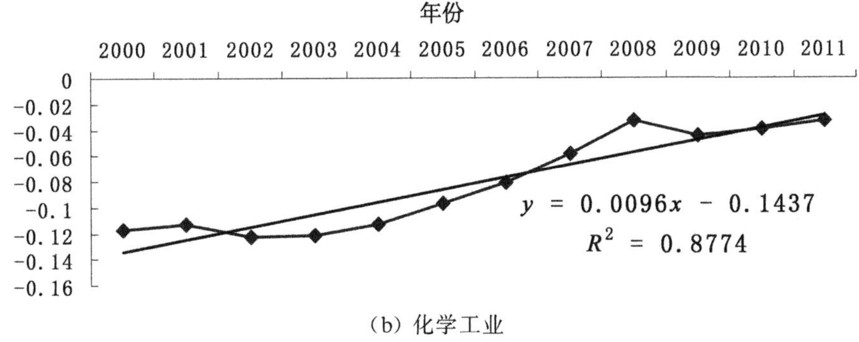

(b) 化学工业

图 6 - 4　世界向中国转移的行业示例

结果发现:①农业,采矿业,食品、饮料和烟草制造业,纺织业,橡胶与塑料制品业等 5 个行业的净出口占国内消费比例呈现下降趋势,并且各曲线回归方程的拟合优度 R^2 值比较大,说明研究期间中国向国外转移了这些行业,而且都属于非碳密集型行业。②造纸业、化学工业、机械设备制造业、电子通信与仪器仪表制造业等 4 个产业的净出口占国内消费比例呈现上升趋势,并且各曲线回归方程的拟合优度 R^2 值比较大,说明研究期间国外向中国转移了这些行业。其中,化学工业、机械设备制造业属于碳密集型行业,造纸业、电子通信与仪器仪表制造业属于非碳密集型行业。③在其他 7 个行业中,石油加工业、金属冶炼业、交通运输设备制造业等 3 个行业的净出口占国内消费比例都呈现上升趋势,有从国外向中国转移的迹象,其中石油加工业、金属冶炼业属于碳密集型行业;电气机械及器材制造业、木材加工业、非金属矿物制品业、金属制品业等 4 个行业的净出口占国内消费比例呈现下降趋势,有从中国向国外转移的迹象,其中非金属矿物制品业、金属制品业属于碳密集型行业。然而,不管是上升趋势还是下降趋势,其曲线回归方程的 R^2 值都比较小,拟合优度比较差,不能判断这些行业是否存在转移。

由 3.2 节的比较优势分析可知,中国向国外转移的这 5 个行业或者有比较劣势,或者显示性比较优势指数(*RCA*)呈下降趋势;而国外向中国转移的 4 个行业在中国要么有比较优势,要么 *RCA* 呈上升趋势。这也就是说,中国向国外转移的是具有比较劣势或 *RCA* 下降的行业,国外向中国转移的是具有比较优势或 *RCA* 上升的行业。

总的说来,一方面,因为中国某行业具有比较劣势或 *RCA* 的下降,中国向国外进行了行业转移;中国向国外转移的只是非碳密集型行业,而没有转移碳密集型行业。另一方面,因为中国某行业具有比较优势或 *RCA* 的上升,国外向中国进行了行业转移;国外向中国转移的既有碳密集型行业,也有非碳密集型的洁净行业。

以上结果表明,中国环境规制的加强并没有导致中国的碳密集型行业向国外转移,中国不存在污染避难所假说。但是反过来中国是否已成为国外的污染行业避难所了呢?

(1) 6.2 节的分析说明,中国的环境规制并没有导致其碳密集行业获得比较优势。实际上,结合 3.2 节的分析可知,在中国碳密集型行业中,非金属矿物制品业、金属制品业这 2 个行业具有比较优势,其出口额占所有 16 个行业总出口额的份额在研究期间处于 5.34%~5.98%之间;而石油加工业、化学工业、金属冶炼业、机械设备制造业这 4 个行业具有比较劣势,其出口额占所有 16 个行业总出口额的份额在研究期间处于 16.04%~24.85%之间。这充分说明,中国多数碳密集型行业还是处于比较劣势。这进一步表明中国并没有因为其环境规制而获得碳密集型行业的比较优势。

(2) 从另一角度看,如果一个国家在污染排放强度较小的行业具有比较优势,对外贸易也不会使其成为外国的污染避难所(Copeland and Taylor, 2003a)。而中国的实际情形正如 5.2.2 节所述,"相对碳密集型行业而言,中国的非碳密集型的洁净行业更具有比较优势"。因此,对外贸易并没有使中国成为国外的污染行业避难所。

6.4 结论及政策含义

为了考察在低碳经济的背景下,中国控制二氧化碳排放对出口贸易产生了怎样的影响,本章运用扩展的引力模型,分析了以二氧化碳排放强度构建的环境规制对中国碳密集型行业的出口贸易的影响,检验作为发展中国家的中国是否存在污染避难所效应;同时运用"净出口占国内消费比例"这一指标对中国与外国之间的行业转移情形进行实证分析,检验了污染避难所假说。研究发现,作为发展中国家的中国也存在污染避难所效应,但是中国环境规制并没有严格到导致中国的碳密集型行业向国外转移,污染避难所假说在中国不成立。

6.4.1 结论

1. 污染避难所效应检验

(1) 对于中国碳密集型行业总体出口的影响。

中国环境规制与其贸易伙伴相比处于中等水平，其对中国碳密集型行业的出口贸易不仅有着显著的负影响，而且影响系数较大。这说明中国的环境规制不仅没有导致其碳密集行业获得比较优势，而且对该行业的出口贸易有较大的阻碍作用，作为发展中国家的中国也存在污染避难所效应。

外国的环境规制对于中国碳密集型污染行业出口的影响为正，但是不够显著，影响系数也较小。这表明：虽然外国加强环境规制增加了其碳密集型行业的生产成本而导致其碳密集型行业的国际竞争力相对减弱，而中国碳密集型行业的国际竞争力相对增强，进而对中国碳密集型行业的出口贸易有促进作用，但是这一作用不够明显。

(2) 对于中国单个碳密集型行业出口的影响。

除石油加工业受到的影响不显著外，中国环境规制对其他 5 个碳密集型行业的出口有着显著的负影响，其中金属冶炼业受到的影响最大，接下来依次是机械设备制造业、化学工业、金属制品业，而非金属矿物业受到的影响最小。

除了化学工业通过了 10%水平的显著性检验，外国的环境规制对中国其他 5 个碳密集型行业出口的影响都不显著，其中：石油加工业和非金属矿物制品业的出口受到的影响为负，而金属冶炼业、化学工业、金属制品业和机械设备制造业等 4 类行业都受到了正影响。

2. 污染避难所假说检验

(1) 中国向国外转移了农业、采矿业、食品、饮料和烟草制造业、纺织业、橡胶与塑料制品业等 5 个非碳密集型行业，而没有转移碳密集型行业。这说明中国环境规制并没有严格到导致中国的碳密集型行业向国外转移，污染避难所假说在中国不成立。

(2) 国外向中国转移的既有化学工业、机械设备制造业等碳密集型行业，也有造纸业、电子通信与仪器仪表制造业等非碳密集型的洁净行业。然而，不仅中国并没有因为其环境规制而获得碳密集型行业的比较优势，而且其非碳密集型的洁净行业比碳密集型行业更具有比较优势。因此，对外贸易并没有使中国成为国外的污染避难所。

6.4.2 政策含义

自 1987 年颁布《中华人民共和国大气污染防治法》以来，中国就一直比较重视环境保护，特别是自 2006 年发布《气候变化国家评估报告》，明确提出走“低碳经济”的发展道路以来，中国越来越重视节能减排。在低碳经济的背景下，中国不断加强环境规制、降低二氧化碳排放强度是必然的趋势,也是建设资源节约型、环境友好型社会和实现"美丽中国"目标的必然要求。以上结论隐含着如下政策含义。

(1) 中国政府应该实施适度严格的环境规制,以减少其对出口贸易的负影响。

虽然本章的研究结果表明中国加强环境规制、控制二氧化碳排放对碳密集型行业的出口有显著的负影响,存在明显的污染避难所效应,但是中国的环境规制与其贸易伙伴相比还处于中等水平,其对碳密集型产品出口贸易的负面影响程度还没有达到污染避难所假说的理论预期。因此,从对中国出口贸易的影响角度看,中国环境规制的加强还是有一定的空间。在低碳经济的背景下,中国政府不必通过降低环境规制以获取碳密集型产品的国际竞争力,而应该根据经济贸易发展水平,适度加强环境规制。但是,考虑到环境规制毕竟对中国出口贸易造成了负面影响,环境规制的加强需要循序渐进,稳步推进,不能一蹴而就,以减缓其对出口贸易的负影响。

(2) 各行业应该加强技术创新,以降低生产成本尤其是环境成本,提高其比较优势和国际竞争力。

如 6.1 节所述,从理论上讲,环境规制对国际贸易的影响存在着负影响——污染避难所效应或污染避难所假说,也存在着正影响——波特假说。而本章的实证研究表明,一方面,目前中国的环境规制对其碳密集型行业的出口贸易造成了显著的负影响,而还没有达到波特假说的理论预期——严格的环境规制将激励创新,提高效率,进而减少生产成本,提高竞争力;另一方面,中国非碳密集型行业的洁净行业比碳密集型行业更具有比较优势。因此,在低碳经济的背景下,各行业特别是受到环境规制负面影响较大的碳密集型行业,要充分认识到当前形势的严峻性和紧迫性,必须立足长远,加强技术创新,提高能源效率,降低生产成本,提高比较优势和国际竞争力。

第 7 章　研究结论与展望

本书运用非竞争性投入产出模型系统地估算并分析了中国对外贸易中隐含的二氧化碳,并运用计量经济学方法研究了中国对外贸易的二氧化碳排放效应,检验了基于二氧化碳排放视角的中国污染避难所效应与污染避难所假说的存在性。

7.1　研究结论

7.1.1　中国对外贸易隐含碳

(1) 中国各行业的二氧化碳直接排放系数与完全排放系数总体上均在逐步减小,但是后者远远高于前者;金属冶炼业、非金属矿物制造业、化学工业、石油加工业、金属制品业、机械设备制造业是二氧化碳排放系数最大的 6 个行业。

(2) 中国出口贸易、进口贸易和净出口贸易隐含碳不断增长。研究期间,中国出口隐含碳由 4.78 亿吨上升到 9.05 亿吨,其占国内生产所排放的二氧化碳的比例由 25%上升到 32%;中国进口隐含碳由 4.08 亿吨上升到 6.22 亿吨,其占国内消费所排放的二氧化碳的比例由 22%上升到 24%;中国净出口隐含碳由 1995 年的 0.70 亿吨上升到 2005 年的 2.83 亿吨,其占国内生产所排放的二氧化碳的比例由 3.7%上升到 9.9%。

(3) 中间投入的进口为国内生产节省了越来越多的二氧化碳。研究期间,中国出口贸易隐含碳中来自国内生产的排放(即实际出口排放)所占的比例逐渐减少,由 84%下降为 75%,而进口的中间投入的出口排放所占比例逐渐增加,由 16%上升到 25%;实际进口隐含碳占总进口隐含碳的比例由 81%下降为 68%,而生产出口商品的中间投入的进口排放占总进口隐含碳的比例由 19%上升到 32%;最终消费品的进口排放所占比例由 1995 年的 26%下降为 2005 年的 14%,而中间投入的进口排放所占比例由 74%上升到 86%。

(4) 总体上,中国对外贸易的行业结构有助于减少二氧化碳排放,但 2000 年后对外贸易对节能减排的贡献度在不断减小。

(5) 出口贸易隐含碳接受地主要集中在美国、中国香港、日本、韩国、德国等国家和地区，进口贸易隐含碳来源地主要集中在日本、中国台湾、韩国、美国、德国等国家和地区，净出口隐含碳接受地主要集中在中国香港、美国、荷兰、英国、越南等国家和地区；净进口隐含碳来源地主要集中在中国台湾、日本、韩国、俄罗斯、德国等国家和地区。

(6) 2006—2015 年的 10 年间，中美双边贸易中，中国的"碳贸易逆差"年均达到 3.86 亿吨，美国通过对外贸易每年向中国净转移了大量的二氧化碳排放，相当于美国国家自主贡献预案承诺的减排目标年均值的 49%。

基于以上结论，政策含义主要体现在：

(1) 转变经济增长方式，促进经济增长由主要依靠投资、出口拉动向依靠消费、投资、出口协调拉动转变，以缓解中国的二氧化碳排放压力。

(2) 调整贸易政策，进一步优化贸易结构，扩大对外贸易对节能减排的贡献度。

(3) 在后京都时代国际气候谈判中，中国应该坚持以"消费者责任"作为界定各国碳排放责任的原则，在此基础上与世界各国协商建立一个公平合理的国际碳排放权分配制度，减少中国的碳减排压力。

(4) 在未来的中美贸易谈判过程中，中国必要时可将"碳贸易逆差"作为谈判筹码。

7.1.2 中国对外贸易的二氧化碳排放效应

1. 中国对外贸易显著地减少了二氧化碳排放

研究期间，中国对外贸易显著减少了二氧化碳排放总量和二氧化碳排放强度，有利于节能减排。从直接效应看：若贸易开放度提高 1%，二氧化碳排放量将会减少 0.098%，二氧化碳排放强度将会降低 0.147%；从间接效应看：若贸易开放度提高 1%，二氧化碳排放量增加 0.071%，二氧化碳排放强度降低 0.266%；从总效应看，贸易开放度提高 1%，二氧化碳排放量将会减少 0.028%，二氧化碳排放强度将降低 0.413%。

2. 其他因素对二氧化碳排放的影响

研究期间，人均产出与二氧化碳排放量呈显著的 U 形关系，人均产出与二氧化碳排放强度呈显著的 N 形关系，环境库兹涅茨曲线在中国是不成立的。一次性能源消费结构虽然没有显著影响中国的二氧化碳排放强度，但却显著地增加了中国二氧化碳排放量。研发强度对中国二氧化碳排放量和二氧化碳排放强度均没有显著的影响，说明中国各行业的研发强度并没有转变为节能减排的内在动力。

以上结论体现的政策含义有：转变经济增长方式，调整产业结构；调整能源结构，提高清洁能源使用率；有针对性地加大有关行业的研发强度，提高能源利用效率。

7.1.3 污染避难所效应与污染避难所假说检验

1. 污染避难所效应检验

中国环境规制在世界范围内处于中等水平，其对中国碳密集型行业的出口贸易有着显著的负影响，作为发展中国家的中国也存在污染避难所效应。就单个行业而言，除石油加工业受到的影响不显著外，中国环境规制对其他 5 个碳密集型行业的出口有着显著的负影响，其中：金属冶炼业受到的影响最大，接下来依次是机械设备制造业、化学工业、金属制品业，而非金属矿物业受到的影响最小。

2. 污染避难所假说检验

中国环境规制并没有严格到导致中国的碳密集型行业向国外转移，污染避难所假说在中国不成立；同时，中国并没有因为其环境规制而获得碳密集型行业的比较优势，其非碳密集型的洁净行业比碳密集型行业更具有比较优势，中国也没有成为国外的污染行业避难所。

以上结论体现的政策含义：中国政府应该实施适度严格的环境规制，以减少其对出口贸易的负影响；各行业应该加强技术创新，以降低生产成本尤其是环境成本，提高其比较优势和国际竞争力。

7.2 研究不足与展望

因知识、能力与时间限制，本研究尚有诸多不足之处，有待进一步思考和完善，简述如下。

7.2.1 对外贸易隐含碳

投入产出方法分为单区域投入产出方法和多区域投入产出方法。由于数据的可得性和多区域投入产出表编制的困难，目前关于国际贸易隐含的二氧化碳，特别是单个国家对外贸易中隐含的二氧化碳的研究主要还是采用单区域投入产出方法，本文也是如此。然而，采用单区域投入产出方法一般假定进口产品的二氧化碳排放系数等同于国内相同产品的二氧化碳排放系数，即进口产品是利用国内的能源投入和生产技术进行生产的，比如本文从进口替代国内生产所节约的二氧化碳排放角度假定国内外二氧化碳完全排放系数相等，这样会导致进口、净出口隐含的二氧化碳准确度不高的结果。而多区域投入产出方法根据原产地的能源投入和生产技术来估算进口产品的二氧化碳排放系数,能更准确地估算出国际贸易中隐含的二氧化碳排放。令人欣喜的是,最近出现了一个世界投入产出数据库(world input-output database),里面提供了包含40个国家的多区域投入产出表、40个国家的各行业能源消费数据,而且OECD官方网站也提供了世界许多国家的投入产出表,这样为运用多区域投入产出方法研究国际贸易隐含的二氧化碳提供了方便。遗憾的是,世界投入产出数据库等出现时,本书的写作已经完成,故该课题有待于后续进一步研究。

7.2.2 贸易与环境的内生性问题

对外贸易与二氧化碳排放之间的关系问题说到底还是贸易与环境问题。理论上讲,贸易与环境之间有着潜在的相互影响,不仅贸易会影响环境质量,而且环境规制反过来会影响贸易。也就是说,在运用计量经济学方法研究贸易与环境的关系问题时,一定要处理好贸易或环境规制的内生性问题,否则得出的结果就会有失偏颇。这一内生性问题给贸易与环境关系的研究者造成较大的研究困难,也是导致实证研究中出现结论不一的主要原因。

本书在研究对外贸易与二氧化碳排放的相互影响时,是运用工具变量方法来处理内生性问题的。在研究中国对外贸易的二氧化碳排放效应时,运用只含有地理特征的引力模型为中国对外贸易构建了一个有效的工具变量;而在研究环境规制对中国碳密集型行业出口贸易的影响,即检验污染避难所效应时,运用能源结构作为中国环境规制的工具变量。虽然对外贸易的工具变量似乎较为满意,但是环境规制的工具变量似乎还需要进一步完善。总之,在研究贸易与环境的关系时,贸易或环境规制的内生性问题还有进一步提升和完善的空间。

7.2.3 碳泄漏与世界各国碳减排责任的确定原则

由于并不是要给世界各国温室气体排放清单的核算原则提供最终的解决方案,本书只是简单地说明了因碳泄漏等问题的存在而导致"消费者责任"原则比"生产者责任"原则更具合理性以及"消费者责任"原则对中国的意义,并没有深入研究碳泄漏以及应该以何种原则来重新确定世界各国的碳排放责任。实际上,在后京都时代的国际气候变化谈判中,世界各国均因担心自己承担过大的碳减排责任而一直争论不休,以致国际气候变化谈判也举步维艰。因此,对于碳泄漏问题,特别是应该以何种原则来重新确定世界各国的碳排放责任更具合理性的研究,在将来仍然具有极其重要的理论价值和现实意义。

附录 1　1996—2007 年中国各行业的显性比较优势指数

行　业	1996 年	1997 年	1998 年	1999 年	2000 年	2001 年	2002 年	2003 年	2004 年	2005 年	2006 年	2007 年	均值
农业	0.89	0.94	0.85	0.86	0.85	0.72	0.73	0.66	0.45	0.45	0.36	0.33	0.67
采矿业	0.71	0.65	0.61	0.42	0.39	0.43	0.34	0.27	0.22	0.18	0.14	0.10	0.37
食品、饮料和烟草	1.00	0.86	0.86	0.83	0.84	0.77	0.68	0.57	0.53	0.50	0.49	0.43	0.70
纺织业	4.29	4.36	4.20	4.19	4.12	3.86	3.64	3.46	3.30	3.27	3.28	3.20	3.76
木材加工业	1.12	1.00	0.91	0.96	1.02	1.05	1.04	0.97	0.99	1.04	1.11	1.06	1.02
造纸业	0.23	0.26	0.26	0.24	0.27	0.29	0.29	0.29	0.27	0.30	0.33	0.39	0.29
石油加工业	0.60	0.67	0.75	0.64	0.60	0.59	0.51	0.53	0.50	0.35	0.26	0.28	0.52
化学工业	0.61	0.58	0.58	0.55	0.52	0.50	0.45	0.42	0.41	0.43	0.42	0.47	0.49
橡胶与塑料	1.09	1.16	1.22	1.21	1.24	1.18	1.13	1.02	1.02	1.07	1.06	1.01	1.12
非金属矿物制品业	1.51	1.55	1.47	1.47	1.44	1.37	1.41	1.33	1.34	1.46	1.48	1.40	1.44
金属冶炼业	0.69	0.77	0.65	0.65	0.73	0.59	0.54	0.54	0.76	0.75	0.84	0.87	0.70
金属制品业	1.43	1.49	1.55	1.56	1.59	1.59	1.58	1.47	1.49	1.51	1.52	1.52	1.53
机械设备制造业	0.46	0.46	0.50	0.58	0.65	0.70	0.74	0.75	0.77	0.80	0.83	0.93	0.68
电气机械及器材制造业	1.21	1.25	1.33	1.49	1.47	1.45	1.48	1.40	1.34	1.33	1.34	1.41	1.38
电子通信与仪器仪表制造业	0.92	0.91	1.03	1.05	1.06	1.23	1.46	1.70	1.82	1.91	1.94	1.98	1.42
交通运输设备制造业	0.21	0.21	0.23	0.23	0.27	0.25	0.22	0.25	0.26	0.28	0.31	0.35	0.25

资料来源：根据 OECD 官方网站数据计算。

附录 2　中国及其贸易伙伴国(地区)环境规制严格度

国家(地区)	2000 年	2001 年	2002 年	2003 年	2004 年	2005 年	2006 年	2007 年	2008 年	2009 年	2010 年	2011 年
中国	0.298	0.316	0.333	0.298	0.246	0.281	0.263	0.263	0.263	0.298	0.263	0.281
阿尔巴尼亚	0.526	0.561	0.491	0.456	0.404	0.386	0.421	0.421	0.474	0.544	0.491	0.526
阿根廷	0.368	0.456	0.404	0.368	0.368	0.421	0.368	0.351	0.368	0.456	0.509	0.491
澳大利亚	0.123	0.123	0.088	0.088	0.105	0.123	0.105	0.088	0.105	0.105	0.158	0.175
奥地利	0.509	0.456	0.439	0.368	0.316	0.368	0.421	0.368	0.439	0.526	0.456	0.544
比利时	0.228	0.281	0.263	0.140	0.158	0.158	0.263	0.228	0.140	0.368	0.368	0.368
巴西	0.351	0.386	0.404	0.404	0.421	0.439	0.386	0.351	0.316	0.404	0.298	0.386
保加利亚	0.193	0.140	0.228	0.175	0.211	0.228	0.228	0.246	0.263	0.316	0.263	0.281
柬埔寨	0.316	0.351	0.368	0.333	0.281	0.351	0.333	0.316	0.316	0.368	0.333	0.386
加拿大	0.211	0.298	0.281	0.193	0.193	0.175	0.263	0.175	0.211	0.333	0.316	0.333
智利	0.228	0.228	0.333	0.246	0.193	0.193	0.193	0.281	0.228	0.298	0.211	0.228
克罗地亚	0.228	0.298	0.316	0.281	0.298	0.404	0.316	0.333	0.351	0.386	0.228	0.351
塞浦路斯	0.281	0.211	0.175	0.281	0.140	0.158	0.123	0.123	0.123	0.123	0.123	0.140
捷克	0.316	0.333	0.368	0.333	0.281	0.351	0.333	0.281	0.281	0.333	0.281	0.351
丹麦	0.509	0.544	0.526	0.421	0.456	0.561	0.404	0.404	0.456	0.509	0.544	0.509
爱沙尼亚	0.263	0.263	0.298	0.246	0.263	0.298	0.281	0.281	0.281	0.316	0.228	0.298

（续表）

国家(地区)	2000 年	2001 年	2002 年	2003 年	2004 年	2005 年	2006 年	2007 年	2008 年	2009 年	2010 年	2011 年
芬兰	0.474	0.491	0.456	0.211	0.351	0.491	0.439	0.404	0.421	0.474	0.474	0.474
法国	0.526	0.579	0.544	0.509	0.474	0.544	0.456	0.439	0.439	0.544	0.526	0.596
德国	0.439	0.456	0.421	0.439	0.351	0.404	0.368	0.351	0.351	0.439	0.386	0.439
希腊	0.140	0.175	0.246	0.263	0.263	0.333	0.298	0.228	0.263	0.316	0.368	0.298
中国香港	0.456	0.333	0.246	0.158	0.158	0.211	0.228	0.211	0.263	0.246	0.228	0.281
匈牙利	0.404	0.456	0.421	0.404	0.404	0.456	0.421	0.386	0.386	0.456	0.456	0.456
冰岛	0.263	0.421	0.351	0.333	0.298	0.439	0.351	0.281	0.281	0.316	0.316	0.228
印度	0.158	0.175	0.193	0.333	0.263	0.298	0.263	0.246	0.193	0.140	0.175	0.298
印度尼西亚	0.053	0.070	0.053	0.070	0.070	0.035	0.035	0.035	0.035	0.053	0.070	0.123
爱尔兰	0.491	0.526	0.526	0.544	0.526	0.579	0.491	0.491	0.509	0.596	0.544	0.561
以色列	0.281	0.123	0.123	0.105	0.123	0.140	0.158	0.158	0.246	0.228	0.211	0.246
意大利	0.386	0.491	0.404	0.333	0.298	0.316	0.316	0.281	0.281	0.368	0.316	0.421
日本	0.246	0.228	0.263	0.175	0.175	0.246	0.193	0.175	0.175	0.246	0.193	0.263
韩国	0.105	0.158	0.158	0.123	0.158	0.175	0.211	0.193	0.193	0.158	0.123	0.105
拉脱维亚	0.456	0.509	0.474	0.474	0.421	0.474	0.439	0.404	0.386	0.421	0.439	0.439
立陶宛	0.404	0.439	0.421	0.439	0.368	0.421	0.386	0.368	0.368	0.404	0.368	0.421
卢森堡	0.421	0.474	0.404	0.351	0.281	0.351	0.333	0.316	0.316	0.404	0.368	0.368
马来西亚	0.088	0.053	0.035	0.053	0.053	0.088	0.070	0.105	0.070	0.035	0.035	0.070

（续表）

国家(地区)	2000 年	2001 年	2002 年	2003 年	2004 年	2005 年	2006 年	2007 年	2008 年	2009 年	2010 年	2011 年
马耳他	0.316	0.333	0.316	0.281	0.246	0.263	0.263	0.263	0.246	0.298	0.246	0.018
墨西哥	0.298	0.316	0.333	0.316	0.333	0.351	0.211	0.228	0.193	0.211	0.193	0.281
荷兰	0.333	0.263	0.281	0.211	0.193	0.158	0.175	0.228	0.298	0.281	0.175	0.246
新西兰	0.281	0.228	0.281	0.263	0.298	0.228	0.246	0.281	0.246	0.263	0.211	0.316
挪威	0.509	0.561	0.509	0.491	0.439	0.509	0.474	0.456	0.509	0.491	0.474	0.491
菲律宾	0.193	0.158	0.228	0.246	0.246	0.298	0.316	0.316	0.351	0.386	0.333	0.421
波兰	0.333	0.351	0.351	0.333	0.281	0.351	0.333	0.316	0.316	0.368	0.351	0.386
葡萄牙	0.351	0.404	0.386	0.439	0.316	0.351	0.386	0.368	0.404	0.421	0.526	0.491
罗马尼亚	0.281	0.246	0.281	0.263	0.246	0.298	0.281	0.298	0.298	0.333	0.281	0.351
俄罗斯	0.175	0.193	0.211	0.175	0.228	0.281	0.263	0.263	0.263	0.298	0.246	0.281
沙特阿拉伯	0.018	0.018	0.018	0.018	0.018	0.018	0.018	0.018	0.018	0.018	0.018	0.035
新加坡	0.175	0.105	0.140	0.123	0.088	0.105	0.140	0.140	0.088	0.088	0.088	0.053
斯洛伐克	0.333	0.316	0.351	0.333	0.281	0.333	0.316	0.298	0.298	0.351	0.316	0.386
斯洛文尼亚	0.298	0.368	0.298	0.333	0.333	0.404	0.351	0.386	0.386	0.316	0.263	0.439
南非	0.035	0.035	0.105	0.035	0.035	0.070	0.088	0.070	0.053	0.123	0.105	0.158
西班牙	0.246	0.263	0.246	0.228	0.175	0.211	0.193	0.175	0.228	0.351	0.281	0.404
瑞典	0.544	0.596	0.561	0.561	0.544	0.596	0.509	0.509	0.526	0.614	0.561	0.614
瑞士	0.509	0.526	0.544	0.526	0.491	0.526	0.474	0.474	0.491	0.561	0.509	0.579

（续表）

国家(地区)	2000年	2001年	2002年	2003年	2004年	2005年	2006年	2007年	2008年	2009年	2010年	2011年
泰国	0.070	0.088	0.070	0.070	0.070	0.053	0.053	0.053	0.070	0.070	0.053	0.088
土耳其	0.211	0.175	0.193	0.158	0.246	0.228	0.158	0.158	0.158	0.193	0.140	0.193
英国	0.526	0.561	0.526	0.526	0.509	0.544	0.491	0.474	0.509	0.579	0.526	0.561
美国	0.298	0.386	0.333	0.351	0.298	0.333	0.333	0.298	0.333	0.386	0.351	0.386
越南	0.193	0.193	0.175	0.158	0.158	0.193	0.158	0.158	0.158	0.175	0.175	0.211

注:数字越大,表示环境规制越严格。

附录 3　中国其他行业向(从)世界转移的情形

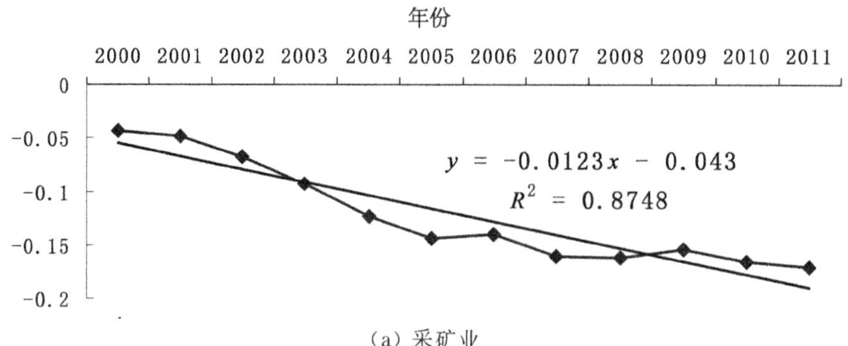

(a) 采矿业

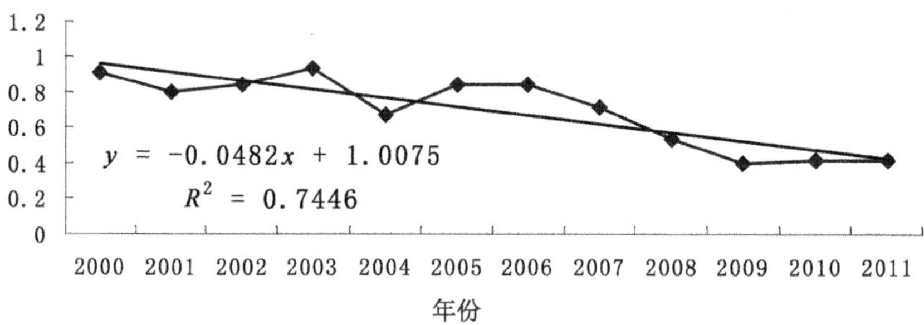

(b) 纺织业

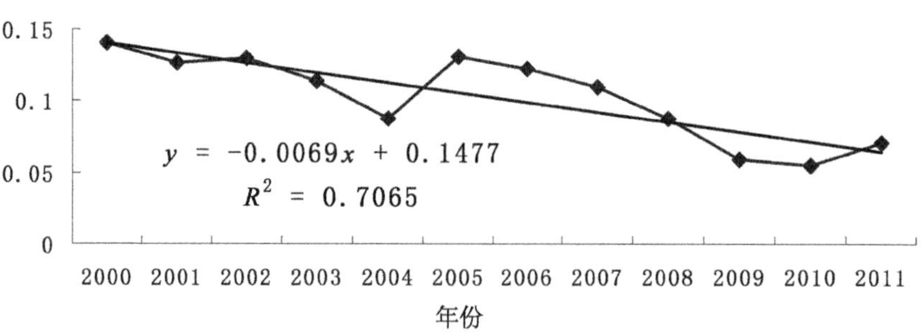

(c) 橡胶与塑料

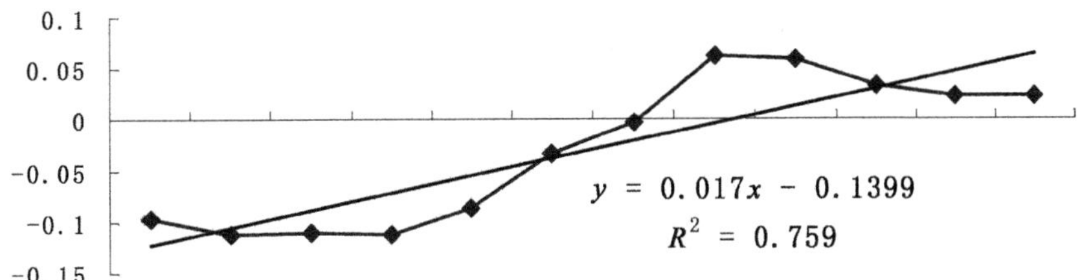

(d) 机械设备制造业

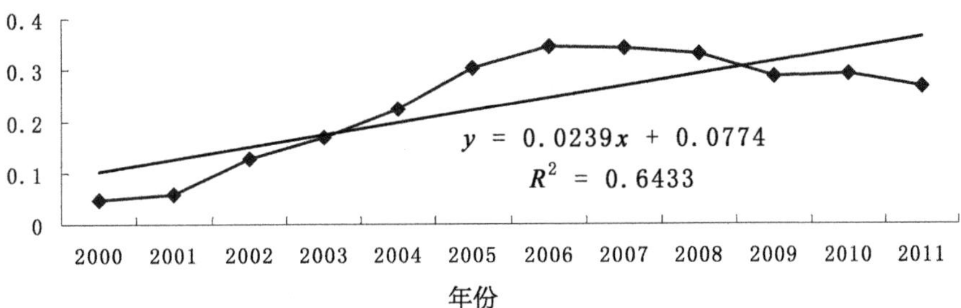

(e) 电子通信与仪器仪表制造业

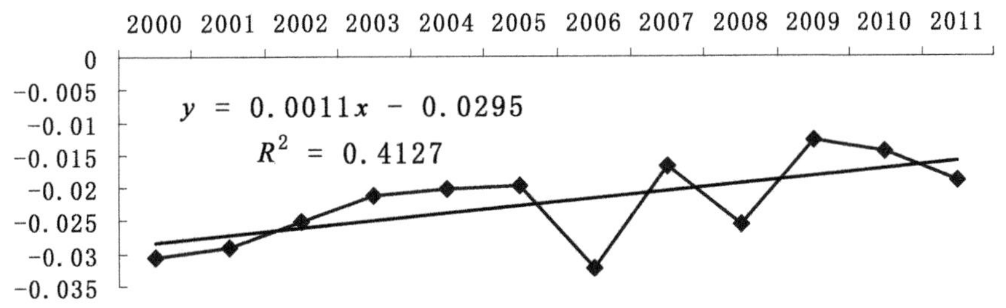

(f) 石油加工业

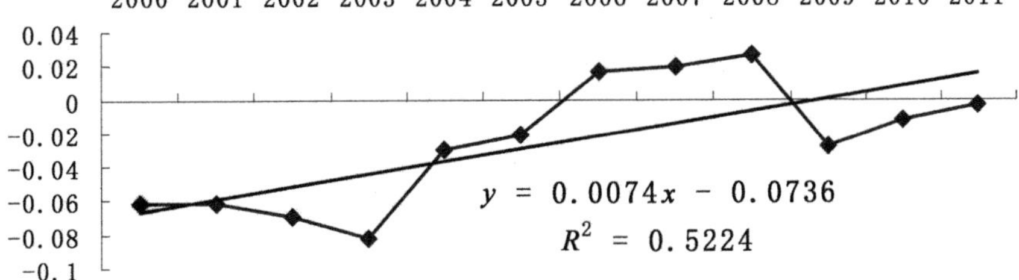

(g) 金属冶炼业

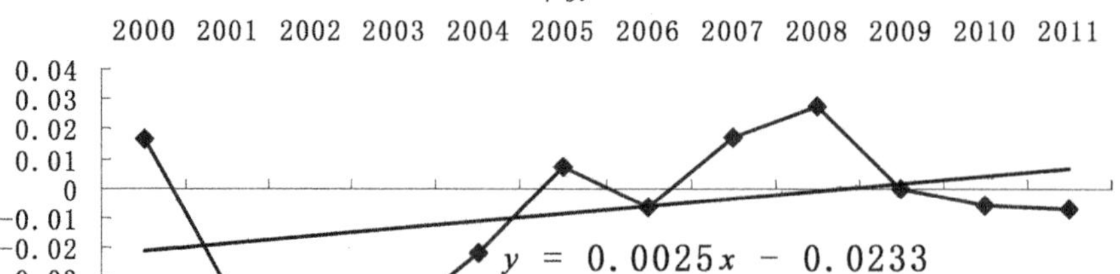

（h）交通运输设备制造业

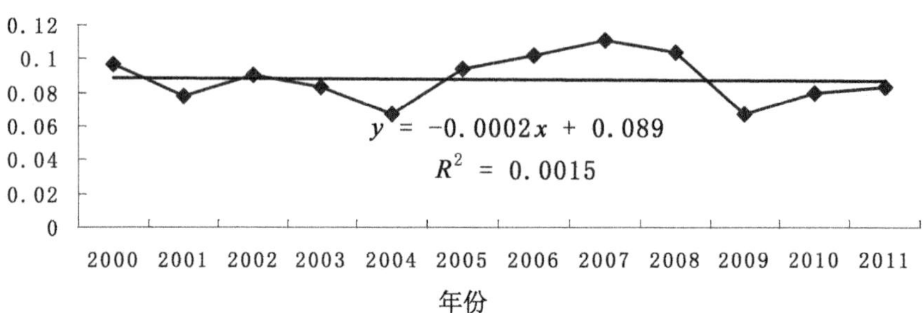

（i）电气机械及器材制造业

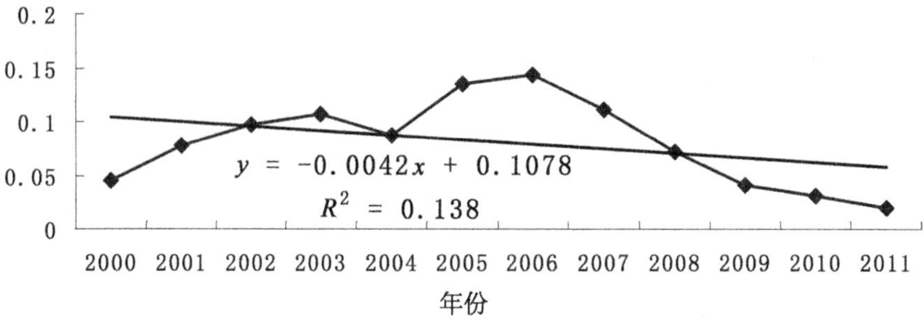

（j）木材加工业

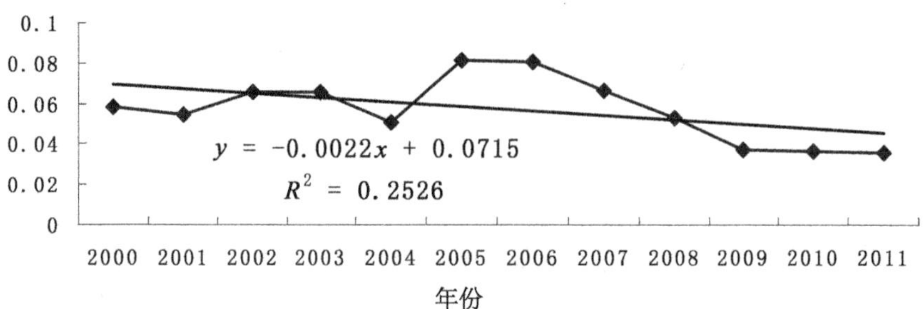

（k）非金属矿物制品业

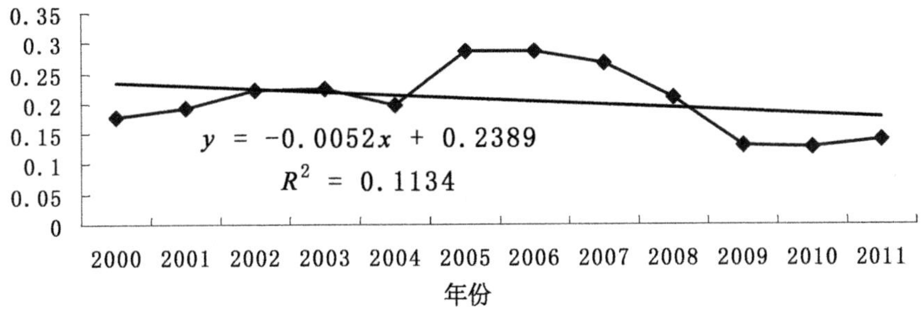
0.35
0.3
0.25
0.2
0.15
0.1
0.05
0
y = -0.0052x + 0.2389
R² = 0.1134
2000 2001 2002 2003 2004 2005 2006 2007 2008 2009 2010 2011
年份

(1) 金属制品业

参 考 文 献

[1] 蔡昉,都阳,王美艳.经济发展方式转变与节能减排内在动力[J].经济研究,2008(6):4-11.

[2] 柴麒敏,傅莎,徐华清,等.特朗普政府宣布退出《巴黎协定》的分析及对策建议[J].中国发展观察,2017(12):5-10.

[3] 陈诗一.中国碳排放强度的波动下降模式及经济解释[J].世界经济,2011(4):124-143.

[4] 陈迎,潘家华,谢来辉.中国外贸进出口商品中的内涵能源及其政策含义[J].经济研究,2008(7):11-25.

[5] 丁一汇.应对气候变暖中国面临挑战[N].中国环境报,2007-6-14(2).

[6] 樊纲,苏铭,曹静.最终消费与碳减排责任的经济学分析[J].经济研究,2010(1):4-14.

[7] 付加锋,高庆先,师华定.基于生产与消费视角的 CO_2 环境库茨涅兹曲线的实证研究[J].气候变化研究进展,2008,4(6):376-381.

[8] 傅京燕,李丽莎.环境规制、要素禀赋与产业国际竞争力的实证研究——基于中国制造业的面板数据[J].管理世界,2010(10):87-98.

[9] 葛全胜,刘洋,王芳,等.2016—2060 年欧美中印 CO_2 排放变化模拟及其与 INDCs 的比较[J].地理学报,2018,73(1):3-12.

[10] 韩玉军,陆旸.经济增长与环境的关系——基于对 CO_2 环境库兹涅茨曲线的实证研究[J].经济理论与经济管理,2009(3):5-11.

[11] 何洁.国际贸易对环境的影响:中国各省的二氧化硫(SO_2)工业排放[J].经济学(季刊),2010(2):415-446.

[12] 胡宗义,刘亦文,唐李伟.低碳经济背景下碳排放的库兹涅茨曲线研究[J].统计研究,2013,30(2):73-79.

[13] 林伯强,蒋竺均.中国二氧化碳的环境库兹涅茨曲线预测及影响因素分析[J].管理世界.2009(4):27-36.

[14] 李锴,齐绍洲.贸易开放、经济增长与中国二氧化碳排放[J].经济研究,2011(11):60-72.

[15] 李小平,卢现祥.国际贸易、污染产业转移和中国工业 CO_2 排放[J].经济研究,2010(1):15-26.

[16] 刘轶芳,蒋雪梅,祖垒.低碳约束下我国贸易结构的合理性研究[J].管理评论,2010(6):106-113.

[17] 陆虹.中国环境问题与经济发展的关系分析——以大气污染为例[J].财经研究,2000,26(10):53-59.

[18] 陆旸.环境规制影响了污染密集型商品的贸易比较优势吗?[J].经济研究,2009(4):28-40.

[19] 陆旸.从开放宏观的视角看环境污染问题:一个综述[J].经济研究,2012(2):146-158.

[20] 齐晔,李惠民,徐明.中国进出口贸易中的隐含碳估算[J].中国人口·资源与环境,2008,18(13):8-13.

[21] 邱强,李庆庆.中国进出口贸易隐含碳排放测算及驱动因素研究[J].经济管理,2012,34(11):10-18.

[22] 石敏俊,周晟吕.低碳技术发展对中国实现减排目标的作用[J].管理评论,2010(6):48-53.

[23] 魏本勇,方修琦,王媛,等.基于投入产出分析的中国国际贸易碳排放研究[J].北京师范大学学报(自然科学版),2009,45(4):413-419.

[24] 许广月.碳强度俱乐部收敛性:理论与证据——兼论中国碳强度降低目标的合理性和可行性[J].管理评论,2013(4):48-58.

[25]许广月,宋德勇.中国碳排放环境库茨涅茨曲线的实证研究——基于省域面板数据[J].中国工业经济,2010(5):37-47.

[26] 姚愉芳,齐舒畅,刘琪.中国进出口贸易与经济、就业、能源关系及对策研究[J].数量经济技术经济研究,2008(10):56-65.

[27] 张晓平.中国对外贸易产生的 CO_2 排放区位转移效应分析[J].地理学报,2009,64(2):234-242.

[28] 张友国.中国贸易含碳量及其影响因素——基于(进口)非竞争性投入产出表的分析[J].经济学(季刊),2010,9(4):1287-1310.

[29] 郑丽琳,朱启贵.中国碳排放库兹涅茨曲线存在性研究[J].统计研究,2012,29(5):58-65.

[30] 中华人民共和国国家发展和改革委员会.强化应对气候变化行动——中国国家自主贡献[R/OL].(2015-06-30)[2019-08-18].https://www4.unfccc.int/sites/submissions/INDC/Published% 20Documents/China/1/China's% 20INDC %20 -% 20on% 2030% 20June% 202015.pdf.

[31] 周五七,聂鸣.中国碳排放强度影响因素的动态计量检验[J].管理科学,2012(5):100-107.

[32] 周新.国际贸易中的隐含碳排放核算及贸易调整后的国家温室气体排放[J].管理评论,2010(6):17-24.

[33] 朱平辉,袁加军,曾五一.中国工业环境库兹涅茨曲线分析——基于空间面板模型的经验研究[J].中国工业经济,2010(6):65-74.

[34] 庄贵阳.低碳经济:气候变化背景下中国的发展之路[M].北京:气象出版社,2007.

[35] ACARAVCI A, OZTURK I. On the relationship between energy consumption, CO_2 emissions and economic growth in Europe[J]. Energy, 2010, 35(12): 5412-5420.

[36] AGRAS J, CHAPMAN D. A dynamic approach to the environmental Kuznets curve hypothesis[J]. Ecological economics, 1999, 28:267 - 277.

[37] AHMAD N, WYCKOFF A. Carbon dioxide emissions embodied in international trade of goods[R]. Paris: OECO, 2003.

[38] ALDY J E. An environmental Kuznets curve analysis of US state-level carbon dioxide emissions[J]. The journal of environment & development, 2005,14(1): 48 - 72.

[39] ANDERSON J E. A theoretical foundation for the gravity equation[J]. American economic review, 1979, 69(1):106 - 116.

[40] ANDERSON J E. and WINCOOP E V. Gravity with gravitas: a solution to the border puzzle[J]. American economic review, 2003,93(1):170 - 92.

[41] ANG J B. CO_2 emissions, research and technology transfer in China[J]. Ecological economics, 2009,68(10):2658 - 2665.

[42] ANSUATEGI A, ESCAPA M. Economic growth and greenhouse gas emissions [J]. Ecological economics, 2002, 40(1):23 - 37.

[43] ANTWEILER W. The pollution terms of trade[J]. Economic systems research, 1996, 8(4): 361 - 365.

[44] ANTWEILER W, COPELAND B R, TAYLOR M S. Is free trade good for the environment? [J]. The American economic review, 2001, 91(4):877 - 908.

[45] ARROW K, BOLIN B, COSTANZA R, et al. Economic growth, carrying capacity and the environment[J]. Ecological economics, 1995,15(2):91 -95.

[46] ASLANIDIS N, IRANZO S. Environment and development: is there a Kuznets curve for CO_2 emissions? [J]. Applied economics, 2009, 41(6):803 - 810.

[47] AZOMAHOU T, VAN PHU N. Economic growth and CO_2 emissions: a nonparametric approach[EB/OL].(2001 - 01 - 012)[2012 - 10 - 15]. http://www.beta-umr7522.fr/productions/publications/2001/2001 - 01.pdf.

[48] AZOMAHOU T, LAISNEY F, VAN PHU N. Economic development and CO_2 emissions: a nonparametric panel approach[J]. Journal of public economics, 2006, 90(6 - 7):1347 - 1363.

[49] BARBIER E. Introduction to the environmental Kuznets curve special issue[J]. Environment and development economics,1997, 2 (4):369 - 381.

[50] BAUMOL W J, OATES W E. The theory of environmental policy[M]. Cambridge: Cambridge University Press, 1988.

[51] BECKERMAN W. Economic growth and the environment: whose growth? whose environment? [J]. World development, 1992, 20(4):481 - 496.

[52] BEEDE D, WHEELER D. Measuring and explaining cross establishment variation in the generation and management of Industrial waste[Z]. World Bank mimeo, 1992.

[53] BHATTARAI M, HAMMIG M. Institutions and the environmental Kuznets

curve for deforestation: a cross-country analysis for Latin America, Africa, and Asia[J]. World development, 2001, 29 (6), 995 - 1010.

[54] BIMONTE S. Information access, income distribution, and the environmental Kuznets curve[J]. Ecological economics, 2002,41:145 - 156.

[55] BIRDSALL N, WHEELER D. Trade policy and industrial pollution in Latin America: where are the pollution havens? [J]. Journal of environment and development, 1993, 2(1):137 - 149.

[56] BORGHESI S. Income inequality and the environmental Kuznets curve[R]. Milan, Italy: Fondazione Eni Enrico Mattei, 2000.

[57] BORGHESI S. The environmental Kuznets curve: a critical survey[M]// Franzini M, Nicita A. Economic institutions and environmental policy. Farnham, UK: Ashgate Publishing, 2001: 201 - 224.

[58] BRADFORD D F, SCHLIECKERT R, SHORE S H. The environmental Kuznets curve: exploring a fresh specification[R]. NBER Working Paper No. 8001, 2000.

[59] BRUNNERMEIER S B, LEVINSON A. Examining the evidence on environmental regulations and industry location [J]. The journal of environment & development, 2004,13(1): 6 - 41.

[60] BULTE E H, VAN SOEST D P. Environmental degradation in developing countries: households and the (reverse) environmental Kuznets curve[J]. Journal of development economics, 2001, 65:225 - 235.

[61] BUSSE M. Trade, environmental regulations and the World Trade Organization: new empirical evidence[J]. Journal of world trade, 2004, 38(2):285 - 306.

[62] CARSON R T, JEON Y, MCCUBBIN D R. The relationship between air pollution emissions and income: US data[J]. Environment and development economics,1997, 2(4):433 - 450.

[63] CHAPMAN D, AGRAS J. A dynamic approach to the environmental Kuznets curve hypothesis[J]. Ecological economics, 1999, 28(2): 267 - 277.

[64] COLE M A. Development, trade, and the environment: how robust is the environmental Kuznets curve? [J]. Environment and development economics, 2003, 8(4):557 - 580.

[65] COLE M A. Trade, the pollution haven hypothesis and the environmental Kuznets curve: examining the linkages[J]. Ecological economics, 2004, 48(1): 71 - 81.

[66] COLE M A, ELLIOTT R J R. Determining the trade-environment composition effect: the role of capital, labor and environmental regulations[J]. Journal of environmental economics and management,2003a, 46(3): 363 - 383.

[67] COLE M A, ELLIOTT R J R. Do environmental regulations influence trade patterns? testing old and new trade theories[J]. World economy, 2003b, 26

(8): 1163 - 1186.

[68] COLE M A, RAYNER A J, BATES J M. The environmental Kuznets curve: an empirical analysis[J]. Environment and development economics, 1997, 2(4): 401 - 416.

[69] COONDOOA D, DINDA S. Carbon dioxide emission and income: a temporal analysis of cross-country distributional patterns [J]. Ecological economics, 2008, 65(2):375 - 385

[70] COPELAND B R, TAYLOR M S. North-south trade and the environment[J]. The quarterly journal of economics, 1994, 109(3):755 - 787.

[71] COPELAND B R, TAYLOR M S. Trade, growth, and the environment[R]. NBER Working Paper No. 9823, 2003a.

[72] COPELAND B R, TAYLOR M S. Trade and the environment: theory and evidence[M]. New Jersey: Princeton University Press, 2003b.

[73] COPELAND B R, TAYLOR M S. Trade, growth, and the environment[J]. Journal of economic literature, 2004,42(1):7 - 71.

[74] DEAN J M. Does trade liberalization harm the environment? a new test[J]. Canadian journal of economics, 2002,35(4): 819 - 842.

[75] DEARDORFF A V. Testing trade theories and predicting trade flows[M]// JONES R W, KENEN P B. Handbook of international economics, volume 1. Amsterdam:North-Holland Publishing Company, 1984:467 -517.

[76] DE BRUYN S M, OPSCHOOR J B. Developments in the throughput-income relationship: theoretical and empirical observations[J]. Ecological economics, 1997, 20 (3):255 - 268.

[77] DE BRUYN S M, VAN DEN BERGH J C J M, OPSCHOOR J B. Economic growth and emissions: reconsidering the empirical basis of environmental Kuznets curves[J]. Ecological economics, 1998, 25(2): 161 - 175.

[78] DIJKGRAAF E, VOLLEBERGH H R J. A note on testing for environmental Kuznets curves[R]. Environmental policy, economic reform and endogenous technology, Working Paper Series 7, 2001.

[79] DINDA S. environmental Kuznets curve hypothesis: a survey[J]. Ecological economics, 2004, 49 (4):431 - 455.

[80] DINDA S, COONDOO D, PAL M. Air quality and economic growth: an empirical study, [J]. Ecological economics, 2000,34 (3): 409 - 423.

[81] DIXIT A, STIGLITZ J E. Monopolistic competition and optimum product diversity[J]. American economic review, 1977, 67(3): 297 - 308.

[82] DUTT K. Governance, institutions and the environment-income relationship: a cross-country study[J]. Environment, development and sustainability, 2009, 11(4):705 - 723.

[83] DU Limin, WEI Chu, CAI Shenghua. Economic development and carbon

dioxide emissions in China: provincial panel data analysis[J]. China economic review, 2012, 23: 371-384.

[84] EDERINGTON J, LEVINSON A, MINIER J. Footloose and pollution-free[J]. The review of economics and statistics, 2005, 87(1): 92-99.

[85] EDERINGTON J, MINIER J. Is environmental policy a secondary trade barrier? an empirical analysis[J]. The Canadian journal of economics, 2003, 36(1): 137-154.

[86] EGGER P. A note on the proper econometric specification of the gravity equation[J]. Economics letters, 2000, 66(1): 25-31.

[87] EGGER P. An econometric view on the estimation of gravity models and the calculation of trade potentials[J]. World economy, 2002, 25(2): 297-312.

[88] EGLI H. Are cross-country studies of the environmental Kuznets curve misleading? New evidence from time series data for Germany[R]. Ernst-moritz-arndt University of Greifswald, Discussion paper 2001.

[89] EZZATI M, SINGER B H, KAMMEN D M. Towards an integrated framework for development and environmental policy: the dynamics of environmental Kuznets curves[J]. World development, 2001, 29 (8), 1421-1434.

[90] FARHANI S, CHAIBI A, RAULT C. CO_2 emissions, output, energy consumption, and trade in Tunisia[J]. Economic modelling, 2014, 38: 426-434.

[91] FERNG J J. Allocating the responsibility of CO_2 over-emissions from the perspectives of benefit principle and ecological deficit[J]. Ecological economics, 2003, 46(1): 121-141.

[92] FRANKEL J A. The environment and globalization[R]. NBER Working Paper No. 10090, 2003.

[93] FRANKEL J A, ROMER D. Does trade cause growth? [J]. American economic review, 1999, 89(3), 379-399.

[94] FRANKEL J A, ROSE A K. Is trade good or bad for the environment? sorting out the causality[J]. The review of economics and statistics, 2005, 87(1): 85-91.

[95] FRIEDL B, GETZNER M. Determinants of CO_2 emissions in a small open economy[J]. Ecological economics, 2003, 45(1): 133-148.

[96] GALEOTTI M, LANZA A. Richer and cleaner? a study on carbon dioxide emissions in developing countries[J]. Energy policy, 1999, 27(10): 565-573.

[97] GALEOTTI M, LANZA A. Desperately seeking environmental Kuznets[J]. Environmental modelling & software, 2005, 20(11): 1379-1388.

[98] GALEOTTI M, LANZA A, PAULI F. Reassessing the environmental Kuznets curve for CO_2 emissions: a robustness exercise[J]. Ecological economics, 2006,

57(1):152 - 163.

[99] GREENBLATT J B, WEI M. Assessment of the climate commitments and additional mitigation policies of the United States[J]. Nature climate change, 2016(6): 1090 - 1093.

[100] GRETHER J M, MELO J D. Globalization and dirty industries: do pollution havens matter? [R]. NBER Working Paper No. 9776, 2003.

[101] GRETHER J M, MATHYS N A, MELO J D. Unravelling the worldwide pollution haven effect [J]. Journal of international trade & economic development, 2012, 21(1):131 - 162.

[102] GROSSMAN G M, KRUEGER A B. Environmental impacts of a North American free trade agreement[R]. NBER working paper No. 3914, 1991.

[103] GROSSMAN G M, KRUEGER A B. Economic growth and the environment [J]. Quarterly journal of economics, 1995,110(2): 353 - 377.

[104] HALICIOGLU F. An econometric study of CO_2 emissions, energy consumption, income and foreign trade in Turkey[J]. Energy policy, 2009, 37(3): 1156 - 1164.

[105] HAMILTON C, TURTON H. Determinants of emissions growth in OECD countries[J]. Energy policy, 2002, 30(1):63 - 71.

[106] HARBAUGH W T, LEVINSON A, WILSON D M. Reexamining the empirical evidence for an environmental Kuznets curve[J]. The review of economics and statistics, 2002, 84(3):541 - 551.

[107] HARRIS M N, KONYA L, MATYAS L. Modelling the impact of environmental regulations on bilateral trade flows: OECD, 1990—1996[J]. The world economy, 2002, 25(3):387 - 405.

[108] HE J. Is the environmental Kuznets curve hypothesis valid for developing countries? A survey[R]. Cahier de recherche/Working paper 07 - 03, University de Sherbrooke, 2007.

[109] HEERINK N, MULATU A, BULTE E. Income inequality and the environment: aggregation bias in environmental Kuznets curves[J]. Ecological economics, 2001,38(3): 359 - 367.

[110] HEIL M T, SELDEN T M. Carbon emissions and economic development: future trajectories based on historical experience [J]. Environment and development economics, 2001,6(1):63 - 83.

[111] HETTIGE H, MANI M, WHEELER D. Industrial pollution in economic development: the environmental Kuznets curve revisited [J]. Journal of development economics, 2000, 62(2): 445 - 476.

[112] HILL R J,MAGNANI E. An exploration of the conceptual and empirical basis of the environmental Kuznets curve[J]. Australian economic papers, 2002, 41(2):239 - 254.

[113] HILTON F G H, LEVINSON A. Factoring the environmental Kuznets curve: evidence from automotive lead emissions [J]. Journal of environmental economics and management, 1998, 35(2): 126 - 141.

[114] HOLTZ-EAKIN D, SELDEN T M. Stoking the fires? CO_2 emissions and economic growth[J]. Journal of public economics, 1995, 57(1):85 - 101.

[115] HUANG H, LABYS W C. Environment and trade: a review of issues and methods[J]. International journal of global environmental issues, 2002, 2(1 - 2): 100 - 160.

[116] HUANG W M, LEE G W M, WU C C. GHG emissions, GDP growth and the Kyoto Protocol: a revisit of environmental Kuznets curve hypothesis[J]. Energy policy, 2008, 36: 239 - 247.

[117] IEA.World energy outlook 2010[R]. Paris: Organization for Economic, 2010.

[118] IPCC. Revised 1996 IPCC guidelines for national greenhouse gas inventories (volumes 3)[R/OL]. (1996 - 05 - 01)[2011 - 03 - 10]. https://www.ipcc-nggip.iges.or.jp/public/gl/invs1.html

[119] IPCC. 2006 IPCC guidelines for national greenhouse gas inventories(volume Ⅱ)[R/OL]. (2007 - 06 - 28)[2012 - 06 - 15]. https://www.ipcc-nggip.iges.or.jp/public/2006gl/index.html

[120] IPCC. Climate change 2007: synthesis report[R/OL]. (2007 - 09 - 01)[2019 - 08 -18]. https://www.ipcc.ch/report/ar4/syr/

[121] IWATA H, OKADA K, SAMRETH S. A note on the environmental Kuznets curve for CO_2: a pooled mean group approach[J]. Applied energy, 2011, 88(5):1986 - 1996.

[122] JAEGER W, PATEL S, PINCKNEY T. Smallholder wood production and population pressure in East Africa: evidence of an environmental Kuznets curve? [J]. Land economics, 1995,71: 1 - 21.

[123] JAFFE A B, PETERSON S R, PORTNEY P R, et al. Environmental regulation and the competitiveness of US manufacturing: what does the evidence tell us? [J]. Journal of economic literature, 1995,33(1):132 -163.

[124] JALIL A, MAHMUD S F. Environment Kuznets Curve for CO_2 emissions: a cointegration analysis for China[J]. Energy policy, 2009, 37(12):5167 - 5172.

[125] JANICKE M, BINDER M, MONCH H. Dirty industries: patterns of change in industrial countries[J]. Environmental and resource economics, 1997, 9: 467 - 491.

[126] JAUNKY V C. The CO_2 emissions-income nexus: evidence from rich countries [J]. Energy policy, 2011, 39(3):1228 - 1240.

[127] JAYANTHAKUMARAN K, VERMA R, LIU Y. CO_2 emissions, energy consumption, trade and income: a comparative analysis of China and India[J]. Energy policy, 2012,42:450 - 460.

[128] JHA S K. The Kuznets curve: a reassessment[J]. World development,1996, 24(4):773 - 780.

[129] KAIKA D, ZERVAS E. The environmental Kuznets curve (EKC) theory—Part A: concept, causes and the CO_2 emissions case[J]. Energy policy, 2013, 62:1392 - 1402.

[130] KAHN M E. A household level environmental Kuznets curve[J]. Economics letters, 1998, 59:269 - 273.

[131] KALT J P. The impact of domestic environmental regulatory policies on U.S. international competitiveness [M]// Spence M, Hazard H. International competitiveness. Cambridge, MA: Harper and Row, Ballinger, 1988:221 - 262.

[132] KANDER A, LINDMARK M. Foreign trade and declining pollution in Sweden: a decomposition analysis of long-term structural and technological effects[J]. Energy policy, 2006, 34(13):1590 - 1599.

[133] KAUFMANN R K. DAVIDSDOTTIR B, GARNHAM S, et al. The determinants of atmospheric SO_2 concentrations: reconsidering the environmental Kuznets curve[J]. Ecological economics, 1998, 25(2): 209 -220.

[134] KEARSLEY A, RIDDEL M. A further inquiry into the pollution haven hypothesis and the environmental Kuznets curve[J]. Ecological economics, 2010, 69 (4): 905 - 919.

[135] KELLENBERG D K. An empirical investigation of the pollution haven effect with strategic environment and trade policy [J]. Journal of international economics, 2009,78(2): 242 - 255.

[136] KIJIMA M, NISHIDE K, OHYAMA A. Economic models for the environmental Kuznets curve: a survey[J]. Journal of economic dynamics and control, 2010, 34(7):1187 - 1201.

[137] KOHLER M. CO_2 emissions, energy consumption, income and foreign trade: a South African perspective[J]. Energy policy, 2013,63: 1042 -1050.

[138] KONDO Y, MORIGUCHI Y. CO_2 emissions in Japan: influences of imports and exports[J]. Applied energy, 1998,59(2 - 3):163 - 174.

[139] KONDO Y, MORIGUCHI Y, SHIMIZU H. CO_2 emissions in Japan: influences of imports and exports[J]. Applied energy, 1998,59 (2 - 3):163 - 174.

[140] KOOP G, TOLE L. Is there an environmental Kuznets curve for deforestation? [J]. Journal of development economics, 1999, 58: 231 - 244.

[141] KUNNAS J, MYLLYNTAUS T. The environmental Kuznets curve hypothesis and air pollution in Finland[J]. Scandinavian economic history review, 2007, 55(2): 101 - 127.

[142] KUZNETS S. Economic growth and income inequality[J]. American economic

review, 1955, 45 (1):1－28.

[143] LANTZ V, FENG Q. Assessing income, population, and technology impacts on CO_2 emissions in Canada: where's the EKC? [J]. Ecological economics, 2006,57 (2): 229－238.

[144] LEAMER E. Sources of international comparative advantage: theory and evidence[M], Cambridge, MA: MIT Press, 1984.

[145] LEE C C, CHIU Y B, SUN C H. Does one size fit all? A reexamination of the environmental Kuznets curve using the dynamic panel data approach [J]. Review of agricultural economics, 2009, 31(4): 751－778.

[146] LEKAKIS J N, KOUSIS M. Demand for and supply of environmental quality in the environmental Kuznets curve hypothesis[J]. Applied economics letters, 2001, 8(3): 169－172

[147] LENZEN M, PADE L L, MUNKSGAARD J. CO_2 multipliers in multi-region input-output models[J]. Economic systems research, 2004,16(4):391－412.

[148] LEVINSON A. Environmental regulations and industry location: international and domestic evidence[M]// BHAGWATI J and HUDEC R E. Fair trade and harmonization: prerequisites for free trade?. Cambridge, MA: MIT Press, 1996:429－457.

[149] LEVINSON, TAYLOR M S. Unmasking the pollution haven effect [J]. International economic review, 2008, 49(1): 223－254.

[150] LIM J. Economic growth and environment: some empirical evidences from South Korea[J]. Seoul journal of economics, 1997,10(3): 273－292.

[151] LIN B, SUN C. Evaluating carbon dioxide emissions in international trade of China[J]. Energy policy, 2010,38(3):1389－1397.

[152] LINDMARK M. An EKC-pattern in historical perspective: carbon dioxide emissions, technology, fuel prices and growth in Sweden 1870—1997 [J]. Ecological economics,2002, 42(1－2): 333－347.

[153] LINNEMANN H. An econometric study of international trade flows [M]. Amsterdam: North-Holland Publishing Company,1966.

[154] LIST J A, GALIET C A. The environmental Kuznets curve: does one size fit all? [J]. Ecological economics, 1999, 31(3): 409－423.

[155] LIU L, MA X. CO_2 embodied in China's foreign trade 2007 with discussion for global climate policy[J]. Procedia environmental sciences, 2011,5:105－113.

[156] LOPEZ R, MITRA S. Corruption, pollution, and the Kuznets environment curve[J]. Journal of environmental economics and management, 2000,40 (2): 137－150.

[157] LOW P. Trade measures and environmental quality: The implications for Mexico's exports [R]// LOW P. International trade and the environment, World Bank discussion paper No.159, The World Bank, Washington, D.C.,

1992：105－120.

[158] LOW P, YEATS A. Do Dirt industries migrate? [R]// LOW P. International trade and the environment, World Bank discussion paper Series No. 159, The World Bank, Washington, D.C., 1992:89－103.

[159] LUCAS R E B, WHEELER D, HETTIGE H. Economic development, environmental regulation and the international migration of toxic industrial pollution: 1960－1988[R]// LOW P. International trade and the environment, The World Bank, Washington, D.C., 1992：67－86.

[160] MACDERMOTT R. A panel study of the pollution haven hypothesis[J]. Global economy journal, 2009, 9(1):1－12.

[161] MACHADO G, SCHAEFFER R, WORRELL E. Energy and carbon embodied in the international trade of Brazil: an input-output approach[J]. Ecological economics, 2001, 39(3)：409－424.

[162] MÄENPÄÄ I, SIIKAVIRTA H. Greenhouse gases embodied in the international trade and final consumption of Finland: an input-output analysis[J]. Energy policy, 2007, 35(1):128－143.

[163] MAGNANI E. The environmental Kuznets curve, environmental policy and income distribution[J]. Ecological economics,2000, 32(3)：431－443.

[164] MAGNANI E. The environmental Kuznets curve: development path or policy result? [J]. Environmental modelling and software, 2001,16(2):157－165.

[165] MANAGI S. Trade liberalization and the environment: carbon dioxide for 1960－1999[J]. Economics bulletin, 2004, 17(1)：1－5.

[166] MANAGI S, HIBIKI A, TSURUMI T. Does trade openness improve environmental quality? [J]. Journal of environmental economics and management, 2009, 58：346－363.

[167] MANI M, WHEELER D. In search of pollution havens? Dirty industry in the world economy,1960－1995[J]. The journal of environment & development, 1998, 7(3):215－247.

[168] MATYAS L, KONYA L, MACQUARIES L. The Kuznets U-curve hypothesis: some panel data evidence[J]. Applied economics letters, 1998, 5(11)：693－697.

[169] MCAUIRE M C. Regulation. factor rewards, and international trade[J]. Journal of public economics, 1982, 17(3)：335－354.

[170] MILLIMET D, LIST J A, STENGOS G. The environmental Kuznets curve: real progress or misspecified models? [J]. Review of economics and statistics, 2003,85(4):1038－1048.

[171] MONGELLI I, TASSIELLI G, NOTARNICOLA B. Global warming agreements, international trade and energy/carbon embodiments: an input-output approach to the Italian case[J]. Energy policy, 2006, 34(1)：88－100.

[172] MOOMAW W R, UNRUH G C. Are environmental Kuznets curve misleading us? The case of CO_2 emissions[J]. Environment and development economics, 1997, 2(4):451 - 463.

[173] MUNKSGAARD J, PEDERSEN K A, WIEN M. Impact of household consumption on CO_2 emissions[J]. Energy economics, 2000, 22(4):423 -440.

[174] MUNKSGAARD J, PEDERSEN K A. CO_2 accounts for open economies: producer or consumer responsibility? [J]. Energy policy, 2001, 29(4): 327 - 334.

[175] MUNKSGAARD J, PADE L L, MINX J, et al. Influence of trade on national CO_2 emissions[J]. International journal of global energy issues, 2005, 23 (4): 324 - 336.

[176] NAHMAN A, ANTROBUSI G. The environmental Kuznets curve: a literature survey [J]. South African journal of economics, 2005, 73 (1): 105 -120.

[177] NARAYAN P K, NARAYAN S. Carbon dioxide emissions and economic growth: panel data evidence from developing countries[J]. Energy policy, 2010, 38(1): 661 - 666.

[178] OZTURK I, ACARAVCI A. The long-run and causal analysis of energy, growth, openness and financialdevelopment on carbon emissions in Turkey[J]. Energy economics, 2013, 36: 262 - 267

[179] PAN J, PHILLIPS J, CHEN Y. China's balance of emissions embodied in trade: approaches to measurement and allocating international responsibility [J]. Oxford review of economic policy, 2008, 24(2):354 -376.

[180] PANAYOTOU T. Empirical tests and policy analysis of environmental degradation at different stages of economic development [R]. World employment programme research, Working paper WP238, International Labour Office, Geneva, 1993.

[181] PANAYOTOU T. Demystifying the environmental Kuznets curve: turning a black box into a policy tool[J]. Environment and development economics, 1997, 2(4):465 - 484.

[182] PANAYOTOU T, PETERSON A, SACHS J. Is the environmental Kuznets curve driven by structural change? what extended time series may imply for developing countries [R]. Center for International Development, Harvard University, CAER II discussion paper No. 80, 2000.

[183] PASCHE M. Technical progress, structural change, and the environmental Kuznets curve[J]. Ecological economics , 2002, 42(3):381 - 389.

[184] PAULI F. environmental Kuznets curve investigation using a varying coefficient AR model[R]. EEE working papers series No. 12, 2003.

[185] PEARSON P J. Energy, externalities and environmental quality: will

developmenty cure the ills it creats? [J]. Energy studies review, 1994, 6 (3): 199 - 216.

[186] PERMAN R, STERN D I. Evidence from panel unit root and cointegration tests that the environmental Kuznets curve does not exist [J]. Australian journal of agricultural and resource economics, 2003, 47(3):325 - 348.

[187] PERRINGS C, ANSUATEGI A. Sustainability, growth and development[J]. Journal of economic studies, 2000, 27(1/2):19 - 54.

[188] PETERS G P. From production-based to consumption-based national emissions inventories[J]. Ecological economics, 2008, 65(1):13 - 23.

[189] PETERS G P, HERTWICH E G. Pollution embodied in trade: the Norwegian case[J]. Global environmental change, 2006, 16(4):379 - 387.

[190] PETERS G P, HERTWICH E G. CO_2 embodied in international trade with implications for global climate policy [J]. Environmental science and technology, 2008a, 42(5):1401 - 1407.

[191] PETERS G P, HERTWICH E G. Post-Kyoto greenhouse gas inventories: Production versus consumption[J]. Climatic change, 2008b, 86(1 - 2): 51 - 66.

[192] PETHIG R. Pollution, welfare and environmental policy in the theory of comparative advantage [J]. Journal of environmental economics & management, 1976, 2(3):160 - 169.

[193] PORTER M C, VAN DER LINDE C. Toward a new conception of the environment-competitiveness relationship [J]. The journal of economic perspectives, 1995, 9(4): 97 - 118.

[194] RICHMOND A K, KAUFMANN R K. Is there a turning point in the relationship between income and energy use and/or carbon emissions? [J]. Ecological economics, 2006, 56(2):176 - 189.

[195] ROBERS J T, GRIMES P E. Carbon intensity and economic development 1962—1991: a brief exploration of the environmental Kuznets curve [J]. World development, 1997, 25 (2): 191 - 198.

[196] ROCA J. Do individual preferences explain environmental Kuznets curve? [J]. Ecological economics, 2003, 45(1):3 - 10.

[197] ROCA J, ALCÁNTARA V. Energy intensity, CO_2 emissions and the environmental Kuznets curve, The Spanish case [J]. Energy policy, 2001, 29(7): 553 - 556.

[198] ROCK M T. Pollution intensity of GDP and trade policy: can the World Bank be wrong? [J]. World development, 1996, 24(3): 471 - 479.

[199] ROTHMAN D S. environmental Kuznets curve—real progress or passing the buck? a case for consumption-base approaches [J]. Ecological economics, 1998, 25(2):177 - 194.

[200] SÁNCHEZ-CHÓLIZ J, DUARTE R. CO_2 emissions embodied in international trade: evidence for Spain[J]. Energy policy, 2004, 32(18):1999 - 2005.

[201] SCHAEFFER R, LEAL DE SA A. The embodiment of carbon associated with Brazilian imports and exports[J]. Energy conversion and management, 1996, 37(6 - 8): 955 - 960.

[202] SCHMALENSEE R, STOKER T M, JUDSON R A. World carbon dioxide emission: 1950—2050 [J]. The review of economics and statistics, 1998, 80(1): 85 - 101.

[203] SELDEN T M, SONG D. Environmental quality and development: is there a Kuznets curve for air pollution emissions [J]. Journal of environmental economics and management, 1994, 27(2): 147 - 162.

[204] SELIM C, HAKAN M. Degree of environmental stringency and the impact on trade patterns[J]. Journal of economic studies, 2006, 33(1): 30 - 51.

[205] SENGUPTA R P. CO_2 emission-income relationship: policy approach for climate control[J]. Pacific Asia journal of energy, 1997, 7(2):207 - 229.

[206] SHAFIK N. Economic development and environmental quality: an econometric analysis[J]. Oxford economic papers, 1994, 46: 757 - 773.

[207] SHAFIK N, BANDYOPADHYAY S. Economic growth and environmental quality: time series and cross-country evidence [R]. Background paper for world development report 1992. World Bank, Washington, D. C., 1992.

[208] SHAHBAZ M, TIWARI A K, NASIR M. The effects of financial development, economic growth, coal consumption and trade openness on CO_2 emissions in South Africa[J]. Energy policy, 2013,61:1452 - 1459.

[209] SHAHBAZ M, HYE Q M A, TIWARI A K,et al. Economic growth, energy consumption, financial development, international trade and CO_2 emissions in Indonesia[J]. Renewable and sustainable energy reviews, 2013, 25:109 - 121.

[210] SHARMA S S. Determinants of carbon dioxide emissions: empirical evidence from 69 countries[J]. Applied energy, 2011, 88(1): 376 - 382.

[211] SHARIF HOSSAIN M. Panel estimation for CO_2 emissions, energy consumption, economic growth, trade openness and urbanization of newly industrialized countries[J]. Energy policy, 2011, 39 (11): 6991 - 6999.

[212] SHUI B, HARRISS R C. The role of CO_2 embodiment in US-China trade[J]. Energy policy, 2006, 34 (18):4063 - 4068.

[213] SIEBERT H. Environmental quality and the gains from trade[J]. Kyklos, 1977, 30(4):657 - 673.

[214] SMITH A, JOHNSON V, SMITH J. China dependence: The second UK independence report[R]. New economics foundation report, London, 2007.

[215] SONG T, ZHENG T, TONG L. An empirical test of the environmental Kuznets curve in China: a panel cointegration approach[J]. China economic

review, 2008, 19(3): 381 - 392.

[216] SPANGENBERG J H. The environmental Kuznets curve: a methodological artefact? [J]. Population and environment, 2001, 23(2): 175 - 191.

[217] STERN D I. Energy and economic growth[M]// Cleveland C J. Encyclopedia of energy, San Diego CA: Academic Press, 2004:35 - 51.

[218] STERN D I, COMMON M S. Is there an environmental Kuznets curve for sulfur? [J]. Journal of environmental economics and management, 2001, 41(2): 162 - 178.

[219] STERN D I, COMMON M S, BARBIER E B. Economic growth and environmental degradation: the environmental Kuznets curve and sustainable development[J]. World development, 1996, 24(7): 1151 -1160.

[220] SUN J W. The nature of CO_2 emission Kuznets Curve[J]. Energy policy, 1999, 27(12): 691 - 694.

[221] SURI V, CHAPMAN D. Economic growth, trade and the environment: implications for the environmental Kuznets curve[J]. Ecological economics, 1998, 25:195 - 208.

[222] TASKIN F, ZAIM O. Searching for a Kuznets curve in environmental efficiency using kernel estimation[J]. Economics letters, 2000, 68: 217 -223.

[223] TAYLOR M S. Unbundling the pollution haven hypothesis[J]. Advances in economic analysis & policy, 2004, 4(2): 1 - 30.

[224] TINBERGEN J. Shaping the world economy: suggestions for an international economic policy[M]. New York: The Twentieth Century Fund, 1962.

[225] TOBEY J. The effects of domestic environmental policies on patterns of world trade: an empirical test[J]. Kyklos, 1990,43(2): 191 - 209.

[226] TORRAS M, BOYCE J K. Income, inequality, and pollution: a reassessment of the environmental Kuznets curve[J]. Ecological economics, 1998,25(2): 147 - 160.

[227] TSURUMI T, MANAGI S. Decomposition of the environmental Kuznets curve: scale, technique, and composition effects [J]. Environmental economics and policy studies, 2010,11:19 - 36.

[228] TUCKER M. Carbon dioxide emissions and global GDP [J]. Ecological economics, 1995, 15: 215 - 223.

[229] TUNC G I, TÜRÜT-ASIK S, AKBOSTANCI E. CO_2 emissions vs. CO_2 responsibility: an input-output approach for the Turkish economy[J]. Energy policy, 2007, 35(2):855 - 868.

[230] TURNER K, HANLEY N. Energy efficiency, rebound effects and the environmental Kuznets curve[J]. Energy economics, 2011, 33(5): 709 - 720.

[231] UNEP, The Montreal Protocol of substances that deplete the ozone layer[R]. Secretariat for the Vienna Convention for the Protection of the Ozone Layer &

the Montreal Protocol of Substances that Deplete the Ozone Layer, Nairobi, Kenia, 2000.

[232] VAN BEERS C, VAN DEN BERGH J C J M. An empirical multi-country analysis of the impact of environmental regulations on foreign trade flows[J]. Kyklos, 1997, 50(1): 29-46.

[233] VINCENT J R. Testing for environmental Kuznets curves within a developing country[J]. Environment and development economics, 1997, 2(4): 417-431.

[234] VUKINA T, BEGHIN J C, SOLAKOGLU E G. Transition to markets and the environment: effects of the change in the composition of manufacturing output[J]. Environment and development economics, 1999, 4 (4): 582-598.

[235] WALTER I, UGELOW J. Environmental policies in developing countries[J]. Ambio, 1979,8(2/3): 102-109.

[236] WANG P, BOHARA A K, BERRENS R P, et al. A risk based environmental Kuznets curve for hazardious waste sites[J]. Application of economics letters, 1998,5: 761-763

[237] WANG T, WATSON J. Who owns China's carbon emissions? [R]. Tyndall briefing note No. 23, 2007.

[238] WEBER C L, PETERS G P, GUAN D, et al. The contribution of Chinese exports to climate change[J]. Energy policy, 2008,36(9): 3572-3577.

[239] WYCKOFF A W, ROOP J M. The embodiment of carbon in imports of manufactured products: implications for international agreements on greenhouse gas emissions[J]. Energy policy, 1994, 22(3): 187-194.

[240] XINGY Q, KOLSTAD CHARLES D. Do lax environmental regulations attract foreign investment? [J]. Environmental and resource economics, 2002, 21: 1-22.

[241] XU X. International trade and environmental regulation: time series evidence and cross section test[J]. Environmental and resource economics, 2000,17(3): 233-257.

[242] YANY, YANG L. China's foreign trade and climate change: a case study of CO_2 emissions[J]. Energy policy, 2010, 38(1): 350-356.

[243] YOHE G W. The backward incidence of pollution control — some comparative statics in general equilibrium[J]. Journal of environmental and economic management, 1979, 6(3):187-198.

[244] YOUNG C E F. International trade and industrial emissions in Brazil: an input-output approach[C/OL], XIII international conference on input-output techniques, Macerata, Italy, 2000[2013-09-11]. http://policy.rutgers.edu/cupr/iioa/iioa.htm.

索　引

后　记

本书系国家自然科学基金重点项目——气候变化背景下低碳农林发展战略及政策研究：基于作用、潜力和成本效益的分析（项目编号：71333010）的部分研究成果。

本项目研究的完成，首先要感谢国家自然科学基金委员会管理学部的全力支持，是他们通过组成重点项目群指导专家组，并组织项目启动会、年度交流会和中期检查交流会等，才使得本项目的研究能有序且不断深入地开展。

本项目的完成并成为书稿，得到了上海交通大学安泰经济与管理学院的于冷教授、史清华教授、朱保华教授、朱启贵教授、朱喜副教授、上海财经大学财政科学研究所的吴方卫教授、复旦大学社会发展与公共政策学院的赵德余教授的指导和帮助，对他们的辛勤付出表示衷心的感谢。

这里要特别感谢的是上海交通大学安泰经济与管理学院的朱喜副教授和上海对外经贸大学统计与信息学院的吴开尧副教授，他们在项目研究和书稿写作期间所给予的计量经济学方面的帮助和投入产出计算上的技术支持。

本书的出版还要感谢上海交通大学出版社的大力支持。

在书稿写作过程中，我们参考了国内外学者的相关研究成果，在此一并表示感谢。虽然对参考成果试图做到一一标注，但是难免有遗漏和不足之处，还请海涵。

需要说明的是，本项目完成时，只有 3 年（1995 年、2000 年与 2005 年）的中国投入产出表，因此书中关于隐含碳的研究也只能是这 3 年。然而本书出版时，世界投入产出数据库（world input-output database）和 OECD 官方网站里有了新的投入产出表，有待今后估算和深入研究。考虑到中美贸易争端正在进行，本书补充了最近 10 年中美贸易的隐含碳情形，分析了中国为美国承担的碳减排责任。

当然，书中肯定还存在不少缺点和不足，恳请同仁们提出宝贵的批评意见，促使本领域的研究不断深化，日臻完善。

许　源　顾海英

2019 年 12 月 18 日